是榜样

亦是缩影

致敬每一位中国科学探索人

森林是他的海

寻遍山川的
中国科学探索人

FOR SCIENCE
FOR FAITH

新京报·剥洋葱 著

中国纺织出版社有限公司

图书在版编目（CIP）数据

森林是他的海：寻遍山川的中国科学探索人 / 新京报·剥洋葱著. —— 北京：中国纺织出版社有限公司，2025. 8. —— ISBN 978-7-5229-2093-1

I. K826. 1

中国国家版本馆 CIP 数据核字第 20249V1P78 号

责任编辑：向 隽 史 倩　　特约编辑：韦 春
责任校对：高 涵　　　　　　责任印制：储志伟

中国纺织出版社有限公司出版发行
地址：北京市朝阳区百子湾东里 A407 号楼　邮政编码：100124
销售电话：010—67004422　传真：010—87155801
http://www.c-textilep.com
中国纺织出版社天猫旗舰店
官方微博 http://weibo.com/2119887771
北京华联印刷有限公司印刷　各地新华书店经销
2025 年 8 月第 1 版第 1 次印刷
开本：880 × 1230　1/32　印张：10
字数：235 千字　定价：69.80 元

中国考古学的黄金时代
与考古人的奋斗精神

呈现在大家面前的这本名为《森林是他的海：寻遍山川的中国科学探索人》的文集，以饱满的热情和散文诗般的文字，讴歌了20多个长年战斗在野外第一线的杰出中国科学工作者和团队的动人事迹，包括了植物、动物、地质、考古等四大学科的众多优秀群体，读后让人激动不已。我作为一个在考古战线上工作一生的老兵，有不少感悟想说出来和大家分享。简要概括起来就是两句话：首先要感谢我们赶上了"中国考古学的黄金时代"，同时要继承和发扬好中国考古人的优良奋斗精神。

考古学是只有两三个世纪历史的年轻学科，我们中国人从20世纪20年代才开始在自己的土地上正式开展科学的考古发掘工作。一直到20世纪六七十年代，全国专门从事考古工作的也只有两三千人，考古曾被社会认为是极少数人在"象牙塔"中做的一种"老古董"式的事情。

但最早的几十位中国考古先行者，一开始就具有了很高的学术起点。抗日战争之前，他们曾抓住了"北京周口店猿人遗址""安阳殷墟商代都城""山东城子崖龙山文化遗址"等重要地点，开展了人类起源、文明起源、国家起源等考古课题研究，在艰难的条件下取得了显著的成绩。

20世纪五六十年代，通过在大学开办考古专业和举办"全国考古人员训练班"，我国培养了新中国自己的考古队伍，在配合基本建设进行的大量考古调查发掘工作中，发现和发掘出了"西安半坡仰韶文化村落遗址""洛阳二里头夏墟都城""郑州商代早期都城"，以及长江流域的"巫山大溪文化""京山屈家岭文化"等重要的新石器时代和历史时期遗址，初步建立了中国考古学文化的年代体系。

改革开放初期，我国迎来了第一个考古学发展的"黄金时代"。在国家文物事业管理局的领导下，考古学界通过建立健全考古发掘报批制度和领队培训考核制度、连续召开"全国考古发掘汇报会"、进行"工地检查"和多种形式的专题学术讨论会等措施，使全国考古工作的正规化和科学化进程取得了重大进展。不但出现了辽西红山文化遗址、杭州良渚文化遗址、广汉三星堆文化遗址、秦始皇兵马俑坑、长沙马王堆汉墓等一大批重要考古新发现和新进展；而且学术思想上提出了中国文化的"多元一体"说，中华文明发展经历了"古国、方国（王国）、帝国"三部曲等一些新的学科理论，使中国的考古事业取得了长足的进展。1984年在成都召开的首次"全国考古发掘工作汇报会"上已经明确指出："我国考古工作和考古学发展到现在，已经进入了一个新时代。它的主要标志是：（1）已有相当数量的一批系统的而不是零星的、扎扎实实的而不是草率的田野工作、工地和原始资料；（2）已经初步形成具有中国特色的学科体系；（3）我们已有一批新中国成立后新培养、成长起来的专家、学者。"这标志着"中国考古学的黄金时代"已经开始到来。

进入21世纪，中国考古学又在更高层次上和更广范围内得到了迅速发展。国家全面启动了"中国文明探源工程""考古中国"等重大课题项目，对重要遗址和项目进行主动的发掘和深入的研究。通过逐年评审宣传"十大考古发现"等形式，广泛扩大了考古学成果的社会影响力。党中央高度重视考古学科的社会价值和重大意义，明确了考古学在树立民族自信心和国家自豪感上的重要作用，提出了要"建设有中国特色、中国风格、中国气派的考古学"的伟大号召，并通过建立"考古博物馆""国家遗址公园"，开展"公众考古"等多种形式，使考古成果深入人心，掀起了全民参观博物馆和考古遗址、进行中华传统文化教育和爱国主义教育的热潮，标志着"中国考古学的黄金时代"的全面到来。

面对这种前所未有的大好形势，我们考古人要保持清醒的头脑和良好的心态，认真继承和发扬中国考古人的优秀文化传统和良好工作作风，才能不负党和人民的希望，不负时代赋予我们的重任。本书中介绍的众多科学工作者的优秀事迹和奋斗精神，就是我们学习的榜样。这里我从自己的学习体会中提出几点印象深刻的优秀精神，与大家一起努力去继承和发扬。

首先，要有"脚踏实地"的奋斗精神。中国考古学的先行者们与地质学、动植物学一样，都是在做一些以野外考察为基础的科研工作。我国第一代考古人在创业之初就提出了"上穷碧落下黄泉，动手动脚找东西"的行动纲领，一直坚持以田野考古作为主要的工作场所，以取得第一手的实物资料作为首要目标。几代考古人不怕风餐露宿，不惧青灯黄卷，从以苦为荣到以苦为乐，取得了大量前所未有的工作成绩和学术成果。本书介绍的新疆考古所老所长伊弟利斯，就是其中一个优秀的代表，他上百次进入大漠深处，为解开"小河人"等千年谜团奋斗了一生，这便是"因为热爱，一辈子也不够"的真实写照。

其次，要有"刨根问底"的钻研精神。考古学是要从实证上去研讨"我是谁、从哪里来、到哪里去"这个人类终极哲学问题的，因此不但要有对人类历史与文化的系统了解，而且要具备多学科的广泛知识，更要有通过实物材料提出问题和解决问题的能力。正是这种"刨根问底"的钻研精神，使很多考古学家创造出了辉煌的业绩。如以焦南峰、马永赢为首的陕西汉陵考古队伍，经过数十年的不懈努力，最终解开了汉文帝霸陵位置的千古之谜。唐际根带领安阳殷墟考古队员，从提出问题到解决问题，最终发现并确认了一座商代中期的古城，命名为"洹北商城"，得到学术界认可，从而填补了以郑州二里冈为代表的早商文化和以殷墟为代表的晚商文化之间的时间缺环和都城空白，使商代历史的考古学编年框架更趋完善。

第三，要有"奉公守规"的无私精神。中国的考古人从进入考古队伍开始，就被告知遵守一个"考古人自己不得收藏文物"的行业规定，这条"行规"不仅保证了队伍的纯洁性，而且提高了考古的科学性和工作的准确性。国家还颁布了从《中华人民共和国文物保护法》到《田野考古工作规程》等一系列规章制度，中国的考古人也从自己多年的工作实践中，养成了良好的专业素质和工作作风，形成一支口碑不错的行业队伍。这种来之不易的成绩，需要所有考古人倍加珍惜和传承，才能更好地完成历史赋予我们的光荣使命。

第四，要有"合作传承"的共事精神。考古工作又是一个需要有多部门配合、多学科合作、多代人传承、多方面共事的长久性事业，越来越需要具有良好的"合作传承"的共事精神。从一次全程的考古发掘整理研究，到遗物遗址的修复保护，再到考古成果的宣传利用，都需要有众多的人员和部门经过长时间的共同努力才能做好，一些大型遗址和重大课题更是如此。

我们以本书中介绍的三星堆青铜神树等修复工作为例，就经过了北京专家来川指导、杨晓邬等多位文物修复师前后七年的艰苦努力，

"1号青铜神树"才大体修复到现在的面貌。又经过二十多年的不懈奋战，杨晓邬大师常挂在嘴边的"最得意徒弟"郭汉中又修复了大量文物，被评为了"大国工匠"；杨晓邬在大学里开设"文物鉴定与修复"专业班，班长杨平也已经在三星堆修复工作中挑起了大梁。但三星堆青铜神树等修复工作至今还没有全部完成，其中"2号神树"的修复，只是先运用高科技手段对多座坑中出土的树枝和铜鸟等进行了"预拼合"，尚未正式拼接在一起。三星堆文物修复馆目前已经拥有数十位专家组成的强大团队，正对上万件文物进行科学系统的保护和修复工作。至于参加第二次祭祀坑大发掘的专业人员，则是由30多个科研单位300多位专家学者构成的强大阵容。若加上三星堆考古工作站和三星堆博物馆的各方面工作人员，已经组成了一支上千人的强大队伍。因此，只有充分发挥好"合作传承"的共事精神，才能真正做好新形势下的文物考古工作。

我们要牢记时代重托，发扬优良传统，提高业务水平，加强团结合作，努力建设有中国特色、中国风格、中国气派的考古学。是为序。

赵殿增

2025 年 1 月 3 日

生命的礼赞

在人类的精神旅程中，探索自然不仅是对物质世界的认知，也是我们理解自身、理解宇宙秩序的重要方式。中国，作为一个幅员辽阔、地貌多样的国度，从高山峻岭到广袤森林，从大漠戈壁到江河湖海，孕育了无数探索自然奥秘的机会。《森林是他的海：寻遍山川的中国科学探索人》正是这样一本书，带领我们走近那些投身于山川湖海之间的科学探索者，感受他们脚踏实地、追寻真理的坚韧精神。

书中的每一个故事都展现了科学家们如何跨越艰难险阻，在自然的壮丽与神秘之间寻找真相。他们的工作，不仅是为了验证科学理论，更是对自然万物的敬畏与热爱。对他们来说，山川大地并不是单纯的科研对象，而是生命的一部分，是他们思考、研究和为之奋斗终身的广阔舞台。

本书的核心，是对大自然的热爱与探索。中国科学探索者们凭借无与伦比的好奇心和求知欲，走遍这片土地的每个角落。无论是天山南北的雪岭，还是青藏高原的深处；无论是云南的热带雨林，还是东北的原始森林，他们的身影遍布那些寻常人无法涉足的地域。正如书名所言，森林不仅仅是一片树木组成的生态，它是一片浩瀚无垠的

"海"，其中蕴藏着无穷无尽的生命故事和科学密码。

这些科学家们以脚步丈量土地，以心灵感知自然的脉搏。他们置身于风雪严寒、荒野险境，却从未停止过对科学问题的思索。书中，我们看到他们历经艰险与挑战，克服了无数科学难题，也见证了他们在自然中获得的心灵启迪。他们与山川大地海洋融为一体，他们所记录的每一个数据、每一个发现，都是对大自然的敬意，也是对人类文明的馈赠。

本书不仅记录了探索者们的发现与研究的艰险经历，还揭示了科学家在现代社会中所承担的更广泛的责任。今天的科学，早已超越了象牙塔中的纯理论研究，而是越来越深地介入人类生活的方方面面。生态环境的保护、生物多样性的维护、气候变化的应对等，都需要科学家们通过长期的调查和数据积累，为社会提供科学依据与可持续的解决方案。科学探索的意义，不仅在于发现自然的奥秘，更在于如何让这些发现惠及全人类。

科学探索不仅是一项职业，更是一种精神传承。书中的每一位科学家，都是这种精神的承载者和传递者。他们用行动证明，科学不只是冷冰冰的公式和理论，而是充满了生命力和创造力。每一个数据背后，都是无数次的研究与试验，每一个理论的提出，都是无数次的思考与论证。他们的故事，向我们展示了科学精神的力量：坚持、求真、好奇、不懈追求。

中国的科学探索历史悠久，但真正进入现代科学范畴不过百年。这一百年间，无数科学家在恶劣的环境中坚持科研，推动了中国在自然科学领域的崛起。他们不仅是知识的传播者，更是精神的引领者，他们将科学的火种在新一代探索者中传递，让科学精神代代相承。

阅读这本书，你会感受到一种特别的对话——自然与人类的对话。这本书不是单纯的科普作品，它带给我们更多的是哲学思考：我们如何与自然相处？在无数科学家不断探索的背后，是人类对自然认知的不断深化。从最初的征服自然到如今的和谐共处，科学探索者们的每一个脚印，都是人类文明不断进步的见证。

自然并不是人类的对立面，而是我们赖以生存的家园。书中的科学家们，正是通过与自然的对话，理解自然的规则，进而为社会提供智慧与远见。他们不仅在寻找科学的答案，更在思考人与自然之间的关系。这种深刻的思考，贯穿于每一个科学发现的背后，提醒我们：只有尊重自然，才能真正保护自然。

这本书是对中国科学探索者们的一次礼赞，也是对自然的深情告白。每一位探索者都是科学精神的践行者，他们用一生的时间去丈量山河，探寻自然的秘密。这不仅是他们的事业，更是他们的信仰。

对于读者而言，这本书不仅仅是了解科学的窗口，更是一次心灵的洗礼。它带领我们走进那些遥远的山川森林，感受自然的力量与美丽，启发我们对世界的深思与探索。希望每一个翻开这本书的人，都能从中汲取到力量，燃起心中的探索火焰，行动起来，为人类与自然的未来贡献智慧与力量。

付小方

2025 年 2 月 7 日

致敬中国科学探索人

斗转星移、沧海桑田，在这个科技飞速发展的时代，我们每个人都能感受到日新月异、白衣苍狗。人，之于浩瀚宇宙，不过是沧海一粟，然而，人类对于自然科学的探索精神却永无止境。

今天，我有幸品读这本汇集了 24 篇中国科学探索人和科研团队精彩故事的书籍，这些故事包括了植物、动物、地质、考古四大科学领域，共同绘制了一幅中国科学人勇于探索、不懈追求的壮丽画卷。

由于工作关系，本人长期参与野象保护、监测、科研和防范工作，与自然为邻、与大象为伍，一直以来默默无闻的工作因 2021 年云南大象的北上南归事件而出现在聚光灯下，同时也让全世界看到了中国有那么一群人，一直在追寻着、守护着这群丛林巨兽。本书第二章的"追象人　保护大象，也是保护人类自己"一节，真实地记录了追象人的日常工作，正如书中所述，"对于终日与危险相伴的追象人来说，寻找大象踪迹，及时预警、救护野象是职责，维护人象和谐是目的，但更重要的是：'保护大象，也是保护人类自己。'"自古以来，象在中国传统文化中是吉祥、太平的象征，象文化伴随着悠久的中华文化历代传承，国人无不对象喜爱。云南大象"北上南归"讲述着中华文明的包容厚道和勃勃生机以及中国人民的勤劳和友善，同时也讲述了追象人的艰辛、危险与付出。

　　自然界有着自己的法则，神秘而令人神往，人类一直在孜孜不倦地追求与探索。动物是自然界中最具活力的存在，它们以独特的方式诠释着生命的奇迹，中国科学探索者们在动物研究领域同样取得了丰硕的成果。从云南大象"北上南归"，到藏羚羊繁衍迁徙，从雪豹踏冰而来，到朱鹮万鹮翱翔，我们的科研工作者、巡护者们以实际行动守护着这个多彩的野性世界。他们不仅关注动物的生存状况，保护它们赖以生存的栖息地，更致力于维护生态系统的平衡与和谐。在他们的努力下，越来越多的野生动植物得到了有效的保护，生态环境的持续改善为人类的可持续发展奠定了坚实的基础。

　　"已知有涯，而未知无涯；我们如同立于荒岛之上，被苍茫大海所困。每一代人的任务，都是填出一小块新的陆地"。这24篇探索故事，是中国科学人脚踏实地、勇攀高峰、不懈追求真理的生动写照。他们以实际行动诠释了科学探索的艰辛与荣耀，展现了中国人自强不息的精神风貌。在未来的日子里，我们相信中国科学人将继续前行、不断突破、再创新高。让我们共同期待更多辉煌的成就，以饱满的热情和坚定的信念，共同见证中国科学事业的蓬勃发展！

　　在此，向所有为中国科学事业默默奉献的科学探索人和科研团队致以崇高的敬意！

陈飞

2025 年 3 月 8 日

入高山之险远，探深渊之奥秘

如果说有那么一项事业，虽不声名显赫，却是久久为功，那么科学探索必定名列其中。许多读者可能从未听过他们的故事，也没有接触过他们挚爱的研究。那么在某一个下雨的夜晚，这本书或许可以陪着读者深入高山之险远、探索深渊之奥秘，去领略一个又一个科学家执着探索的感人故事。

书中将科学探索的众多传奇故事分为四类，自然人文均有囊括，多层次和多视角地展示了中国科考人的精神面貌与学术风采。看着其中诸多的人物与故事，读到情深处，每每产生一种"天不生仲尼，万古长如夜"的激昂感。科学家们的专业素养与人文情怀在书中俯拾皆是。"也许就像当年发掘小河墓地、揭开'小河公主'棺木的时候，伊弟利斯发现它只有盖板没有底，她是直接躺在沙地上的。在他看来，人来自什么地方，最后就要回归于什么地方，这是小河人群的信仰，也是他的信仰。"细腻的心理与语言描述，勾勒出科学家们鲜活而又独特的灵魂。

不仅如此，文中大量的研究方法与工作细节，也细致地呈现和还原了各个领域考察研究的实况。其中的艰辛与苦乐，也能在饱读本书之后窥见一斑。"考古人善于寻找遗存的蛛丝马迹。有一次，曹龙在下雪后航拍，茫茫白雪中，有一处地方融得很快，土地裸露了出来，这意味着下面可能存在墓道。还有一次，他们看到一片绿色的麦田中，有一圈金黄的麦浪，'下面可能有城墙，麦子扎根扎不下去，熟得早。'"书中大量生动却又不为人知的考察细节可以拓宽读者的知识面，更能拉近科学家与普通读者之间的心理距离，为科学考察的宏大故事增添一丝亲历之感。

　　本书是新京报记者历年采访撰写的科学考察纪实合集，其中系统梳理了近些年来中国科学考察人的研究与事迹，可以反映这个时代中国科学家在田野工作中的务实态度。其中丰富的行业内容与专业知识在国内相关书籍中鲜有出现，这构成了本书的一大亮点。同时，由于每章的短篇由不同作者编撰，也使得全书呈现出了多元的写作风格，将为读者带来丰富的阅读体验。另外，由于采访文章的时限性，少量涉及科学新进展的文字不能同步更新，这也是科学纪实类书籍编撰的一个特点，希望读者在阅读的过程中辩证看待。

王孜

2025 年 3 月 23 日

第

一

章

植物探寻 ∘∘

森林是他的海

袁隆平

摄影 © 王精敏

2014 年 5 月 26 日，丰台区青龙湖国际文化会都，袁隆平出席 2014 年世界种子大会开幕式。新京报记者尹亚飞拍摄。

科学探索无止境，

在这条漫长而又艰辛的路上，

我一直有两个梦，

一个是禾下乘凉梦，

一个是杂交水稻覆盖全球梦。

袁隆平
我毕生的追求就是让所有人远离饥饿

2021 年 5 月 22 日,13 点 07 分,"杂交水稻之父"、中国工程院院士、"共和国勋章"获得者袁隆平在长沙逝世,享年 91 岁。

袁隆平是我国研究与发展杂交水稻的开创者,也是世界上第一个成功地利用水稻杂种优势的科学家,被称为"杂交水稻之父"。从 20 世纪 60 年代开始杂交水稻研究至今,袁隆平发明了三系法籼型杂交水稻,成功研究出两系法杂交水稻,创建了超级杂交水稻技术体系,使我国杂交水稻研究始终居世界领先水平。

在晚年的自述中,袁隆平多次提到:"科学探索无止境,在这条漫长而又艰辛的路上,我一直有两个梦,一个是禾下乘凉梦,一个是杂交水稻覆盖全球梦。"

梦想尚未完全实现,不会停歇的老人却离开了。

长沙下着小雨。下午 3 点多,越来越多的人聚集在中南大学湘雅医院的门口,有人默默地在医院门口的绿化带上放上一束菊花,有人摆上一束绿绿的稻谷,更多的人静静地站在那里,眼神悲痛地盯着医院的方向。

5 点多,灵车从湘雅医院开出,前往湖南杂交水稻研究中心,那是袁隆平生前工作的地方。据央视新闻报道,这是家属的要求,希望他能最后再看看育种实验室和试验田里毕生钟爱的杂交水稻。

"老骥伏枥"

迈入耄耋之年，袁隆平似乎真正意识到自己"时间很紧迫"，他为每个下一年都定下了"水稻增产"的目标。

2014年，84岁的袁隆平说希望能在自己85岁左右，杂交水稻亩产突破1000公斤，再过几年，90岁之前能够实现1100公斤。"我现在时间很紧迫，我还是有雄心壮志的，就是老骥伏枥的精神。"

2015年，在85岁之际，袁隆平卸任湖南杂交水稻研究中心主任一职——他已经在这一岗位上工作了31年。

卸下行政事务后，他全然回归了研究员的角色，依然专注于杂交稻的科研。身体尚好时，他跟随着稻子播种、生长、成熟的季节，奔波在全国各地的试验田。

每天，他要下田三四次，清晨去转一圈，上午和下午再去第二次、第三次"问诊"，有时傍晚，他还要第四次下田。晚上，他会守在电视机前听完全国的天气预报，听到持续暴雨等恶劣天气，他会在客厅墙上挂着的地图前，站上许久，摸一把脸，叹口气。

在下田的时间之余，他喜欢拉小提琴，也会游泳、打排球，院里组织老年排球队，他领队的那一边，经常是赢家，"和我打对手的那方谁都想赢我，我一去，就带动了队伍的情绪。"

后来他的身体跟不上了，球很少打了，也下不了田了，他调侃自己，"下田去了，起不来的。"他还是常到田边去看，特别是到了水稻抽穗期，知道一亩稻田有效穗多少、每穗平均多少粒，他在心里很快就能估算出大致的产量，他都"心里有底"。

经常晚上8点，固定的牌搭子会上他家，他们一起做1小时的"脑力锻炼"——打麻将。

"我是做研究的人，脑瓜子不行我就完了，我主要还是动脑筋，幸好还没痴呆，我最怕痴呆。"袁隆平在接受采访时说，比起同龄人，他的身体还可以。他常说，自己有着 70 多岁的年龄，50 多岁的身体，30 多岁的心态，更有 20 多岁的肌肉弹性。

生活里他似乎与同龄人一样，像个"老小孩"。吃饭时，餐桌上没有出现自己刚买的豌豆时，他会念叨着，非要吃豌豆才罢休。他会经常在家里藏好零食，3 个孙女过来时，让她们去"偷吃"。和老伴去逛手表店时，看中的手表价格太高，他找了借口拉着老伴出来，一边说着"不要手表了"，一边剥山楂片给她吃。

但袁隆平还是明显地衰老了。他走路变得很慢，背也佝偻了，走上三四百步就要气喘，走得远了，他步履蹒跚，身旁人伸过手要搀扶着他，扶了一会儿，他便摆摆手，"不要扶了，不要扶了。"

2019 年 10 月 12 日，国家杂交水稻工程技术研究中心，袁隆平接受记者采访。新京报记者王飞拍摄。

他的听力也不复从前，尽管戴着助听器，同行的人需要在他耳边，大声地一字一句地说，他才能听清。视力也不好使了，衬衣口袋里装着他的眼镜，办公桌上还摆着一只放大镜，戴上眼镜也看不清纸上的数字，他便举着放大镜看。

"中国人要解决吃饭问题，饭碗得掌握在我们自己手上"

家国动荡早早地在袁隆平身上烙下了印记——他 1930 年 9 月 7 日生于北平，被取名"隆平"。受父亲工作影响，一家人多年间辗转北平、天津、江西、湖北等地生活。

美好记忆与残酷现实同时出现在他的童年，出身书香门第、毕业于教会学校的母亲英语优异，伴着中外名著长大的袁隆平，英语水平也远远领先同龄人，直到晚年爱"飙英语"的习惯还是一直未改。

袁隆平多年来一直感念母亲的教育，在一封给母亲的长信中，他写道："无法想象，没有您的英语启蒙，在·片闭塞中，我怎么能够用英语阅读世界上最先进的科学文献，用超越那个时代的视野，去寻访遗传学大师孟德尔和摩尔根……"

袁隆平对学农产生懵懂的兴趣，始于小学一年级。在汉口，老师带孩子们郊游，在他的记忆里，园艺场"花好多，在地上像毯子一样，红红的桃子满满地挂在树上，葡萄一串一串水灵灵的"。

然而 9 岁时，刚随家人来到重庆的袁隆平就经历了日军大轰炸，一时间满地焦土，随处可见同胞尸首。

青年时的袁隆平极具"反叛"精神，他爱游泳，空袭来临，人人都急着躲进防空洞，他嫌憋闷，竟选择到嘉陵江里游泳躲避。数学老师教乘法"负负得正"，他偏要问个原因，老师"你只需记住就行了"的答案没能令他满意，多年后获首届国家最高科学技术奖时，他还和一同获奖的数学家吴文俊说起这段往事。

数学一直是袁隆平的弱项，他曾在采访中"自曝短处"，称自己和同学有个"交易"："我教他游泳，他教我数学，结果最后他游泳得了第二名，我数学还是不行。"

少年时的经历无形之中影响着袁隆平的人生道路，高中毕业后，袁隆平报考西南农学院，一是因农学课程中数学的比重小，二则是因为那次郊游的经历。

多年后，袁隆平曾在一次演讲中笑言，当时郊游看见的并非真实的农村，"如果当时看到的是农村的真实情况，我可能就不学农了。"因为1952年，他作为农学院的学生去参加土改，住进农民家，才知道真正的农村"又苦又累又脏又穷"。

1953年8月，袁隆平从西南农学院农学系毕业，服从统一分配，前往湖南省黔阳地区（今怀化市）的安江农校任教。

1959年到1961年，在袁隆平的记忆里，"那时大家都吃不饱饭，一天到晚都想吃餐饱饭，有个老婆婆讲，她说我现在吃餐饱饭，让我死都愿意。"

袁隆平不再游泳，时常梦见自己边吃扣肉边流口水。饿得急了，他会把米饭蒸两次，吃草皮和树根，他还曾亲眼看到5个饿殍倒在田埂和路边。

饥饿的记忆根植在脑海里，此后多年他不停地提起这段经历："现在的年轻人，不知道食物珍贵，浪费粮食，你们没有挨过饿，你们都是在米汤里面长大的。"

也是从那时起，袁隆平坚定了信念，"中国人要解决吃饭问题，饭碗得掌握在我们自己手上。"

"感谢稻田里那株与众不同的水稻"

23 岁的袁隆平在湖南省安江农校教作物育种课之余，开始从事传统水稻品种选育。同一年，大洋彼岸的沃森和克里克发现了 DNA 双螺旋结构，让人们开始从分子层次上了解遗传信息的构成和传递的途径。

彼时的中国，盛行的是苏联植物学家、农学家米丘林和李森科的"无性杂交"学说，否认基因存在，认为可以通过嫁接等手段，利用两个物种的优点，创造出新的物种。

曾经，袁隆平试图把西瓜嫁接到南瓜上，但最终"西瓜不像西瓜，南瓜不像南瓜"；也尝试过把番茄嫁接到马铃薯上，"希望它上面结番茄，下面长马铃薯"，但最终番茄种下去，番茄还是番茄，下面根本没有马铃薯；马铃薯种下去，上面也根本没有番茄。

有一次，袁隆平还种出了一个 17.5 斤的"红薯王"，以为自己找到了粮食增产的好办法，但"红薯王"并没有将变异遗传下来，这也让他对无性杂交的正确性产生了疑问。

4 年后，青年教师袁隆平在报纸上看到沃森和克里克的研究，转而开始从孟德尔遗传学上着手进行水稻良种培育研究。

安江农校老校门旁曾有 30 多亩水稻良种选育试验田。20 世纪 60年代初，7 月的一天，袁隆平像往常一样到试验田选种，一株"穗大粒多""鹤立鸡群"的稻株引起了他的注意，稻粒数有 230 余粒，远超普通稻株。袁隆平兴奋地给这株水稻做了记号，又将所有谷粒留作试验的种子，并于第二年播种。在他的计划里，这些种子长出的稻株，有望实现亩产上千斤的突破。

让人意外的是，同一批种子，种出的稻株却不一样：禾苗高矮不同，抽穗的时间也有先有后。"根据孟德尔遗传学理论，纯种水稻品种的第二代应该不会分离，只有杂种第二代才会出现分离现象。这让我陷入了疑惑：难道这是一株天然杂交稻？"在晚年撰写的回忆录中，袁隆平如此写道。

袁隆平仔细数了数高矮不齐的水稻，发现两者的分离比例正好是3:1，符合分离定律。袁隆平认定，前一年的"鹤立鸡群"优异稻株是天然的杂交水稻。

水稻是自花授粉、雌雄同花的作物，一直被学界认为"没有杂种优势"。稻粒数多的、天然杂交水稻的出现让袁隆平意识到，这或许是杂种水稻的优势：人工培育优势强的杂交水稻品种，可以带来粮食的大幅度增产。

袁隆平在安江农校撰写论文的照片（林承先拍摄）。新京报记者王飞拍摄于袁隆平水稻博物馆。

要培育杂交水稻，第一步就是寻找雄性不育的水稻材料。此后两年，每到了水稻开花的季节，袁隆平和科研人员都在稻田里寻找不育材料，并进行观察和试验。他和团队拿着放大镜观察了14万株水稻，最终找到了6株雄性不育水稻。

1966年2月底，前述内容整理成《水稻的雄性不孕性》，发表在中国科学院主编的《科学通报》上。"这还得感谢稻田里那株与众不同的水稻！"袁隆平说。

从"野败"到"超优千号"

1968年4月底，袁隆平将培育的700多株不育材料秧苗插在安江农校的试验田里。

但在5月的一个晚上，700多株秧苗全被人为地拔掉了。袁隆平悲痛欲绝，直到4天后才在学校的一口废井里找到残存的5株秧苗。也是靠着这仅有的5株秧苗，实验才得以继续。

从开始寻找雄性不育水稻，到培育出可以提高产量的杂交水稻，袁隆平用了近10年。早期，袁隆平将1000多个品种的常规水稻和最初找到的雄性不育株水稻及其后代进行实验，发现保持不育特性植株的比例在不断下降，实验陷入了僵局。

1970年11月，在读完国外相关杂交实验的论著后，袁隆平决定用远缘的野生稻与栽培稻进行杂交以创制不育材料，进而培育出合格的不育系和保持系。后来，在海南一个农场不远处铁路涵洞的水坑沼泽地段，助手们找到了一株此前从未见过的野生稻雄性不育株，这株珍贵的野生稻被命名为"野败"。

到了1973年，用"野败"杂交得到的水稻已经种植了几万株，都能保持不育特性，同期筛选出多个恢复系，杂交水稻的研究取得了突破性进展；同年10月，袁隆平在苏州召开的水稻科研会议上发表了《利用"野败"选育三系的进展》的论文，正式宣告中国籼型杂交水稻"三系"已经配套成功。

也是1973年，袁隆平培育出的"南优1号"在湖南、广西等地试种，平均亩产超过500公斤；1974年，我国第一个强优势杂交组合"南优2号"培育成功，在安江农校试种，亩产628公斤。

此后，全国又陆续选配出了"南优""矮优""威优""汕优"等系列杂交水稻，成功利用水稻杂种优势提高了粮食产量。

袁隆平的研究并没就此停止。1987年，他主持两系法杂交水稻研究。1995年，两系法技术研究成功。1997年，他又开展超级杂交稻研究。2021年5月，在三亚国家水稻公园示范点，"超优千号"超级杂交水稻开始测产，最终，得到结果为平均亩产1004.83公斤。

"禾下乘凉梦"

晚年时，湖南省农科院在袁隆平住宅旁安排了一块稻田，他推开门，站在阳台上，便能瞧见。清晨，他一起床便走到阳台，面朝着稻田，甩甩胳膊、晃晃腿，锻炼一下身体。

"虽然眼睛不如从前好使，但袁老师给稻田看病依然眼光'毒辣'。他当天看田满意了，就不会找我'麻烦'。不满意，早上9点30—40分，电话准时就到了我这里。"照看老爷子楼下试验田的湖南杂交水稻研究中心副研究员彭玉林，曾在接受采访时说。

每天都有全国慕名而来的人，向他请教"种田"的知识，他像个"活地图"，一问对方来自哪儿，哪怕很偏远的县，一说经纬度，他心里便有了谱。有人希望他能去当地指导水稻种植，他总说："我看明天身体好，我就去。"

也有太多专门来与"杂交水稻之父"合影的人。他说，只要身体上撑得住，他很少拒绝，一年毕业季，学生们希望与他一一合影，他微笑着，站了40分钟，被助理搀扶到家，坐在按摩椅上，面色苍白，神情呆滞，吃了药，吸着氧，很久才缓过来。他调侃地说："人怕出名猪怕壮，做名人一点都不好玩。"

"好说话"的袁隆平却在水稻种植这件事上，很有自己的原则。一次，来自东北通辽市的人找来，请教他当地的土质偏盐碱地，能不能种植袁隆平团队培育的超级杂交稻"超优千号"。一旁助理回复，可以种植试试看。

"不行。"袁隆平却摇摇头，"纬度超过40度就不行了，这个杂交稻最多种到纬度38度的地方。"

2019年，89岁的袁隆平的身体愈发差了，但他从没觉得自己应该休息，每次上医院接受检查后坚持出院，他在接受采访时说，自己身体还可以，就是有一个气喘病，"没有想过退休，一退休了就没有事情做，会有失落感。"

实际上，他有慢阻肺，医生多次建议他住院。"但他不承认、不接受，他以前身体太好了，一直认为自己就是个气喘。"湖南杂交水稻研究中心研究员、院士办主任辛业芸博士说。他以前身体很好，没想到后来一下差这么多。

他的精神却没随着病痛消磨，反而愈发矍铄。2019年10月，参加节目时，主持人告诉他，网友们称呼他为"90后资深帅哥"。袁隆平跟着念了一遍"90后资深帅哥"，反应过来，笑呵呵，用带着长沙口音的话说："哪个给我起的名？"在这之后，他便学会了自称"90后"。

2020年袁隆平90岁生日前一天，他到常去的那家理发店，盯着镜子问理发师："我是胖了还是肿了？"理发师认识他17年了，笑着回答他："胖了，不是肿了。"

无法停下去稻田的脚步、不肯休息的袁隆平，反复说起自己的两个梦，一个是"禾下乘凉梦"，"我们试验田里的超级稻，长得有高粱那么高，穗子像扫把那么长，籽粒像花生米那么大，我就跟助手们坐在稻穗下乘凉"；第二个梦就是"杂交水稻覆盖全球梦"，全世界如果有一半的稻田种上杂交稻，至少可以增产一亿五千万吨粮食。

他将自己的"两个梦"具化到每一亩稻田。2020年11月，90岁的袁隆平在接受采访时，目光炯炯，嘴角上扬，细数团队这一年的成果，湖南衡南基地双季杂交稻高产攻关田最高产量超过亩产1500公斤，在江苏南通的海水稻试验田，单季最高亩产802.9公斤。

他乐呵呵地说，自己接下来的两个目标，其一是发展超级稻种植面积到1亿亩，每亩增产最低100公斤；其二是海水稻，也搞它个1亿亩，每亩增产300公斤。

数字显得抽象，他用到一句类比，说增产100亿公斤，可以多养活4000万人口；增产300亿公斤，可以多养活1亿多人口。

对于杂交稻的亩产量，袁隆平从没说过满足了。在袁隆平身边二十几年的辛业芸博士说，他以前常常挂在嘴边的就是："我那个超级杂交稻要是研究成功了，我就心满意足了。"

这个愿望很快在2000年实现了。紧接着，他又说："要是亩产800公斤，那我就心满意足了。"现在湖南衡南基地高产攻关田，双季稻最高亩产超过了1500公斤，辛业芸再也没听到"心满意足"这个字眼了。"我意识到，他是不会满足了。"

文 | 李桂　肖薇薇　马延君

于2021年5月

15

尼玛扎西在田间调研。西藏自治区农科院供图。

尼玛扎西的一生，

是"把论文写在大地上、把成果留在农户家"的一生。

尼玛扎西
我为青稞而生

2020 年 10 月 23 日，是西藏自治区农科院院长尼玛扎西去世的第 50 天，拉萨已经进入深秋。

位于他家旁边的西藏农科院 3 号青稞试验地，一片金黄。以前吃过早饭，尼玛扎西总是来这里转转。他拿着记录本，先在田埂上望一眼，发现长势好的青稞苗，再走下去，一排一排细细地看。

年轻时起，他就立志从事青稞育种事业。在这条道路上的 35 个春秋，他先后主持选育出了 20 多个青稞新品种，为西藏自治区年粮食总产量突破 100 万吨做出了贡献。

他原本将带着团队继续突破，却最终倒在了岗位上。2020 年 9 月 5 日，在做第三次全国农作物种质资源普查与收集的途中，55 岁的尼玛扎西突遇车祸，猝然离世。

"他是自治区第一位藏族农学博士、农作物育种首席科学家，是我们西藏科技界的精神和标杆。"西藏自治区科技厅厅长赤列旺杰说，"他的去世，使得我们的科技管理干部队伍少了一位非常优秀的少数民族科技工作者。他一生从事青稞的育种，前后育出了多种青稞新品种，仅是藏青 2000，就给农牧民增收 7 个亿。"

农牧科学院的网站首页设置成了黑白色，讣告上写道：尼玛扎西的一生，是"把论文写在大地上、把成果留在农户家"的一生。

从小立志从事青稞增产事业

农科院的人们都知道，尼玛扎西院长对青稞的感情。

青稞是青藏高原的主要粮食作物，是西藏民众赖以生存的口粮。20 世纪 60 年代，西藏农民种植的青稞大多是普通的地方品种，平均亩产量只有 400 斤左右。

尼玛扎西曾在一次接受记者采访时，回溯了青稞育种的历史，青稞从 20 世纪 50 年代开展选育品种的科研，到现在先后经过 3 次大面积品种更换。"第一次是五六十年代老一辈科学家选育出来品种取代了当地农家的品种，然后到了我老师那一辈，杂交育成了藏青320。"

1993 年，尼玛扎西开始选育新品种"藏青 2000"，直到 2013 年通过品种审定，他的团队历经了 19 年之久。

过程是枯燥且繁复的：制定育种目标，选择亲本、杂交、分离和稳定性状、品种观察试验、品种产量比较试验，再到品种区域试验、生产示范等。"光记录性状，最少也有十几万个科研数据。"农科院的老同事禹代林说。

禹代林一直记得这样的场景：2002 年，在日喀则市白朗县的青稞试验田，尼玛扎西捧起"藏青 2000"青稞苗，充满信心地说道，它是理想的品种，株高、产量高、产草多、籽粒白、抗倒伏。

尼玛扎西曾说，他的愿望就是让青稞增产，农民增收，解决全区农牧民的温饱问题。

尼玛扎西四弟阿尼次仁说，从事青稞增产事业是哥哥从小就立下的志向。

1966 年 4 月，尼玛扎西出生在西藏扎囊县杂玉村一个贫寒的家庭，排行第三。幼时，他深刻地体会过饥饿。杂玉村土地少而贫瘠，种出来的青稞秆矮，穗粒也瘪，亩产只有 75 公斤，大半只能喂牲口。因为收成不够，哥哥辍学在家后，用陶器到邻县换粮食，一走十几天，扛回二三十袋青稞，维持全家的温饱。

尼玛扎西希望青稞长得好、产量高，这样哥哥就不用四处奔走。长大之后，尼玛扎西成为全村唯一的大学生，走向青稞科研之路。

1994 年，尼玛扎西在农科院工作时的照片。西藏自治区农科院供图。

1985 年 7 月，19 岁的尼玛扎西从西北农林科技大学农学系毕业，分配到西藏农业研究所工作。1992 年，他在加拿大萨斯科春恩大学深造一年，之后考入中国科学院攻读硕士、博士研究生，1999 年获得理学博士学位，他也成为西藏自治区农牧科技界的第一位藏族博士。

大学期间，每隔两个月，哥哥给他邮寄 50 块钱。同学欧珠回忆，尼玛扎西是个热心肠，经常帮同学补课，起初他成绩不好，但勤奋刻苦。"整日捧着书，床头贴满了英语单词和定理公式，早出晚归，没有假期，最后考了班里的第一名。"

彼时，他们班有 35 名同学，全部来自西藏，属于国家培养西藏农作物种质资源专业较早的一批人才。毕业后，尼玛扎西被分配到西藏农科院农业研究所工作，一年后，他被调到青稞研究室，开始从事青稞研究。

在农民当中管用的技术，才是好技术

2005 年年底，自治区农科院在白朗县成立了青稞培育的试验站，开展农业科技成果转化和青稞新品种的推广。高原之巅，炙热的阳光烘烤着金色的青稞田，试验站被包围在连绵山峦之中，边缘是一排平房，是试验站的厨房和宿舍。

禹代林回忆，试验站建立初期，条件十分艰苦。没有电视和网络，有时电话也打不通。白天，尼玛扎西走村串户，询问农民需要什么样的技术和品种，晚上来不及赶回县里，就在试验站过夜，饿了吃面条和糌粑。

夜里寂静。一个人的时候，尼玛扎西习惯一边在笔记本上记录，一边思索，他和科研人员们说："在农民当中管用的技术，才是好技术；农民生产上需要解决哪些问题，才是我们课题的立项。"

白朗县巴扎乡金嘎村村支书普琼记得，2013 年 4 月上旬，他第一次见到了尼玛扎西，瘦瘦高高、皮肤黝黑、嘴唇上留着胡须、谦和热情。

"支部书记，我给你提供一个新型的青稞种子，每亩能增产 25公斤。你有信心把它种好吗？"尼玛扎西用藏语问他，然后拿出了"藏青2000"的种子。

在村里试种后，尼玛扎西蹲点了13个昼夜，每天在田间地头走来走去，指导农民如何适时播种、施肥、加强田间管理。农民给他递根烟，他自然地接过来，一边抽一边比画，有时几个小时下来连口水都顾不上喝。

30岁的村民多杰还记得这位黑瘦朴实的小老头。"来我家里两次，指导我怎么种地，一起喝酥油茶，不像领导。"

普琼说，尼玛扎西再三婉拒留下吃饭的邀请，坚持回乡食堂吃10元的工作餐。要是恰巧赶上村里的丰收节，他就和农民一起唱祝酒歌，农民围着他跳锅庄舞。

"他与农民的感情深厚融洽，农民都信任、敬重他。他说，我们要把农民当成自己的亲人，把农民的土地当成自家的土地来经营。"禹代林回忆。这一年，为了推广"藏青2000"，尼玛扎西到白朗县下乡有十几次。

起初，"藏青2000"的推广并不顺利。很多农民适应了之前的品种，有了相对固定的种植习惯，突然让他们去种另外的品种，很难接受，甚至有些抵触情绪。为了让村民尽快接受"藏青2000"，尼玛扎西带大家在试验站进行了试种，邀请村民们到试验田里去参观，实地介绍"藏青2000"的优势。

第一年，试种的"藏青2000"迟迟没出苗，邻县其他品种的青稞已经出了苗，农民着急地围住他，担心今年没了收成。为了消除顾虑，尼玛扎西用手将土一块一块挖开，指着已经发芽的种子，"再过一个星期，它肯定出苗。"

苗长出来了，最后产量翻了倍。据统计，2013年，"藏青2000"在西藏推广种植逾10万亩，为西藏2015年粮食总产首次突破100万吨，发挥了重大作用。

时间都在路上

尼玛扎西办公室前有一个门牌，上面分别会显示"工作中""休息中""出差中"。同事们说，只要院长不在单位，他就是出差下乡了。

农科院统计，尼玛扎西每年下乡100余天，行程2万多公里。

青稞从播种到成熟，每一个环节，尼玛扎西都要去看，看试验田、农民的田地，检查项目，收集不同的种子……

同事唐亚伟说，每年尼玛扎西大概有三分之一的时间在下乡。最艰苦的时候，住在一个简陋的酒店。狭窄的房间里放着一张低矮的双人床，天气很冷，没有空调，提了一桶水，次日里面全是冰块。

禹代林说，尼玛扎西经常对他们说，要去享受工作，带着情绪下乡很累，但如果你把下乡看成一次旅游，欣赏一下沿途的风景，看看大自然，就会觉得这样的工作一点都不苦。

尼玛扎西的微信头像。

尼玛扎西的微信头像是他的一幅素描，穿西服，戴眼镜，唇边有一绺很浓的八字胡。下乡的时候，他喜欢在朋友圈不时记录几句感受。

"翻越东达拉山，越过觉巴拉山，穿越红拉山口，昨晚到达藏东第一大县芒康。"

"去往边坝县的路上，昨晚终于下了一场大雪，还在下，上山了。"他又发了张行走在雪山上的照片，"拉定拉山口的雪景。"

还有一次，从边坝到左贡，过拉定拉山，越八里拉山，翻莫攀山，踏雪地、过草地、穿河流，经12个小时，一天路程。他不禁感叹，"时间都去哪儿了？都在路上。"有时看着漫天大雪，他仍然想着，"雪对草地作物返青利好，但望尽快阳光普照以免雪灾。"

2017年开春，他来到墨脱背崩乡，这里依山傍水，雅江冲蚀整个墨脱沟，留下一小块平地，成为墨脱"粮仓"。坝地上的水田已经插秧，一个缓坡地上集中种植了柠檬，是6年前科技富民强县项目支持的，另一个坡地上种植了茶树。

他由此赞叹，这个茶园是方圆几百公里内没有被雾霾和云雾缭绕的环境，林间小溪浇灌，没有任何化学成分投入，生态有机，面积仅1000亩。

这些经历给了他无穷的科研视野。他感到自己更加热爱西藏的这片土地。"怒江边的青稞与桃花、峡谷与高山、蓝天与白云、民宅与村貌；多姿多彩的画境，多变多样的天空，美轮美奂的家乡。"

那年中秋，他依旧在下乡，没能和家人团聚。于是，他在朋友圈发了几张照片，是往年的中秋，也在路上：拉孜新村、高寒柳树、萨迦民居、遥望珠峰……

跟了他十几年的司机明久说，尼玛扎西常常显得很疲惫，有时在车上突然就睡着了，冬天时，他总是穿着那件黑色的长羽绒服，裤腿上全是灰。有时在地里用手挖开土示范，他的指甲里都是泥；有时，突然接到电话，要从乡里直接赶去参加学术会议，尼玛扎西就下车拍拍裤脚，用水管冲掉鞋上的泥巴。

他是图钉中间凸起来的那个钉头

西藏农牧科学院农业所所长杨勇记忆里，尼玛扎西身上总是充满干工作的激情。尼玛扎西好像不会谈什么大的理想抱负，就是扎扎实实做具体的事情。他会通过比较，发现西藏的差距在哪儿。西藏农业缺什么，他就想做什么。

杨勇说，尼玛扎西的想法是超前的，"西藏的农业科技战线一直处在比较弱势的地位，很多新的领域没人做，他感觉这些工作不做，我们会更落后，所以他试着去鼓励和发动大家。"

另一方面，尼玛扎西是孤立无援的。杨勇回忆，当时，他们面临很多困难，资金不足、引不进人才梯队等。他明显感到尼玛扎西肩上的压力重，周围人和他的差距大，跟不上节奏，只能靠他一个人往前顶，"农科院好像一根图钉，他是中间凸起来的那个钉头。"

也正因此，尼玛扎西渴望人才。

尼玛扎西的办公室是没有门槛的。全院的科技人员都能直接来跟他说想法。他的办公室门外，总是排着很长的队。

他爱惜和心疼这些人才，"专家为本，成果为王，有什么问题，我们一定要及时为他们解决。他们才是真正做事的一批人。"

院长助理刘秀群是内地派遣援藏的干部。刘秀群有时去高海拔地区下乡，尼玛扎西反复嘱咐与他同行的人，"氧气要备足了，要是他不舒服，立马告诉我。"

在一次院长办公会，他再次强调，科技人员下乡要派最好的车子，安全是第一位的，里面拉的可是专家啊，车子不好出事了怎么办？

尼玛扎西跟刘秀群谈过自己对人才的渴望与忧虑。西藏缺人才，但对外来人才的吸引力也的确有限。他曾跟刘秀群说，要是农科院每个所都能来个博士就好了。

2006年，大学生达瓦顿珠拿到了南京农业大学的硕士录取通知书，囿于学费的艰涩，他给时任西藏农牧科学院副院长尼玛扎西写了一封邮件。

邮件的措辞简单，就是希望农科院能资助他完成学业。达瓦顿珠说，他当时并不认识尼玛扎西，只是听学姐讲过，尼玛扎西是很传奇的人，资助过西藏贫穷的学生。他抱着试试看的想法写了邮件。

几天后，达瓦顿珠收到了回信。尼玛扎西答应了他的求助，还表示，不光是学费，遇到什么问题都可以找他。

达瓦顿珠顺利完成了三年学业。后来的一次偶然机会，他才知道，每年6000多元的学费，都是尼玛扎西个人资助的。

2009年7月，达瓦顿珠带着毕业论文来到了西藏农科院。"这是我们第一次见面。他坐在办公室，很有风度、帅气，语气高兴又充满尊重，他说，你将来可以做点事情。"

2015年，达瓦顿珠从中国农科院博士毕业。他准备在农科院继续博士阶段的课题——冬青稞改良。"我想得很简单，给我安排几个人，一起把研究计划做起来。"他没想到的是，尼玛扎西却安排他下乡调研。"你博士刚毕业，不能飘起来，要去接触老百姓，去下乡。"

"我一开始确实有点抵触情绪，后来才明白了老师的苦心。做科研，只有脚踏实地，才能久久为功。"

达瓦顿珠说，院长曾跟院里的同事反复讲，做"三农"工作，要热爱农民，把农民当自己的亲人，把土地当自己的土地。

在他的记忆中，这几年，老师越来越忙。有时去办公室找他，尼玛扎西会说他，"电话能说清楚的工作，你还站在这里讲了半个小时，浪费双方的时间。"

做青稞，一直做到退休

2016 年 12 月，省部共建青稞和牦牛种质资源与遗传改良国家重点实验室获得批准依托西藏自治区农牧科学院建设，是西藏第一个国家级科技创新基地。尼玛扎西担任实验室主任。不下乡的时候，他就事无巨细地操心实验室的项目申报。

"他执拗得像教小学生一样，改提纲、大纲、小标题……他是个追求完美的人。有时我劝他，你作为院长，办公室写完了材料，你批一下，把握宏观的方向就行了，他不愿意。"农科院青稞遗传育种研究员曾兴权回忆道。

工作以来，曾兴权几乎没有双休日，要么和尼玛扎西讨论项目，要么陪他下乡。他注意到，尼玛扎西办公室桌上的烟灰缸总是黑黑的。

曾兴权劝他，平时少抽点烟，多注意卜身体。作为厅级领导，很多事不必亲力亲为，别人都是多一事不如少一事，你偏要自己全部扛在肩上。

这几年，尼玛扎西眼睛花得厉害，愈发看不清电脑上的字。

于是，他在办公室添置了一台投影屏幕，修改项目申报书或者科研计划的时候，他把相关的专家叫在一起探讨，自己逐字逐句对着屏幕念。

"给实验室申报项目，他没日没夜地熬。但个人的荣誉材料，他只花了一个下午改。"科管处处长德吉曲珍记得，他申报院士和自治区科技杰出贡献奖，都是急匆匆弄的。次日要下乡，尼玛扎西就让同事帮忙，把他的论文汇总在一起。

周末的时候，德吉曲珍等人陪着院长加班，食堂师傅做两三个菜，或是简单的藏面，几个人在他办公室分着吃。办公桌上堆满了药、速溶咖啡，德吉曲珍问他，没见过你喝白开水，一天到晚杯子里的咖啡没断过，会不会不舒服？

尼玛扎西没吭声。他从来不在同事们面前谈论自己的病情。

同事唐亚伟回忆，2007年8月，尼玛扎西患胆结石做了胆切除手术，后来又得了糖尿病。每天早晨和晚上，尼玛扎西都要注射胰岛素。

德吉曲珍记得，这两年下乡，院长腰疼得特别厉害，一直用手扶着腰，却不肯承认自己不舒服。有时候，一连十几天，顾不上给自己打胰岛素，晕得受不了，才问他们，"有没有点心或者饼干吃？"

杨勇也注意到，他再也不是20世纪90年代刚见面时那个留学归来、意气风发的"加哥"。他枕着安全带睡去，神情苍老。可一到调研的村里，又像换了一个人，精神抖擞。

尼玛扎西曾告诉曾兴权，自己实在太累了。他年底想把院长的职务辞掉，这样就能专心做科研。

这样的话，唐亚伟也听过。"他告诉我想卸下院长的职务，踏踏实实去做青稞育种。"

尼玛扎西告诉唐亚伟，过去农科院的很多领域没人可以做，没人具备掌控的能力，所以他才不得已成了杂家。"我就想当个专家，做青稞，一直做到退休，这样才有成就感。"

思路很多，担心再也做不了了

对于尼玛扎西来说，育种是一个无止境的过程。

这几年，尼玛扎西又带领团队培育出了"13-5171-7"青稞新品系，较"藏青2000"增产10%以上。

2020年8月13日，尼玛扎西再次来到了白朗县巴扎乡金嘎村，观察5171青稞的长势情况。看完又去了隔壁的村子，回到县里已经是晚上9点，匆匆吃了一碗面条。

为了这个新品系青稞，从2018年开始，尼玛扎西已经来过金嘎村20多次。巴扎乡乡长滕斌告诉记者，该品种比藏青2000的抗倒伏性更好，粮食产量更高，他们已经推广种植了2285亩，亩产达到1030多斤。

这次，尼玛扎西在日喀则待了6天，还调研了拉孜、江孜、南木林等好几个县。他特意嘱咐日喀则农科所的书记拉吉，别安排任何干部陪同。

一天晚上8点，他还在地里忙活，突然对身边的唐亚伟说："给我拍张照片吧。"唐亚伟有点奇怪，在他身边20多年来，他从未提

2020年8月底，尼玛扎西和禹代林在日喀则考察，他让同事帮他拍了一张工作照。西藏自治区农科院供图。

出这样的要求。

尼玛扎西的手机里，拍的是各种各样的青稞穗子，从苗期到成熟期。哪怕下乡再苦再累，也没拍过自己的工作照。那天，他却格外高兴，端着照片欣赏了一会儿，又发到院里的工作群。唐亚伟笑他："你也会炫耀了。"

18年来，唐亚伟一直陪着尼玛扎西到处争取项目。两人到北京，去科技部、农业部，门口的保安和他们混熟了，一见面就认出来了，"哎呀，西藏来的！"

唐亚伟是真敬佩尼玛扎西，"你的思维、想法和执行能力都和别人不一样。"

尼玛扎西听到后，只是叹气说："我感觉有很多事，有很多思路，但总也发挥不了。"几天后，在一个百人参加的报告会上，他又重复了这句话："我的想法很多，但我担心我再也做不了了。"

有时，唐亚伟会从监控里看农科院试验地的情况。那几天，他看到尼玛扎西好几次一个人去了地里，背影很瘦，还有点孤独。

西藏科技厅厅长赤列旺杰和尼玛扎西是20多年的老友。赤列旺杰说，在他的印象里，尼玛扎西就是个工作狂。上班是院长，下班是科技工作者。要么在科研一线，要么在加班的岗位上，要么在下乡的田间地头。

"有时我说他，你那么忙，科研和管理任务这么重，事无巨细，你一个院长管签字干什么。他说，只能我去做这些工作。他有压力和焦虑，主要是因为他有很多对西藏农牧科技工作的想法，担心不能如期完成。他是在不断解决问题中，把农科院带到更好的发展路径上。"

永远的距离

2020年7月26日，阿旺次仁最后一次见到了父亲。阿旺次仁研究生毕业后，考上了北京的公务员。尼玛扎西来北京出差，父子俩一起吃了顿饭。当天是阿旺次仁生日。尼玛扎西用手机拍了一段视频，"阿旺，happy birthday。"阿旺次仁注意到，父亲的鬓角全白了。

这样共处的时间，并不多。小时候父母经常去内地出差学习，家里的亲戚开玩笑说你的父亲是"飞行员"，阿旺次仁还当了真，后面才明白过来。

在阿旺次仁的心里，留过洋的父亲才华横溢，英语讲得流利。父亲喜欢穿白衬衣、牛仔裤，戴一顶椭圆的帽子，像极了西部牛仔。他爱喝咖啡，一天能喝十几包；爱干净，碗筷烫了几遍才用。

妻子拉琼记得，丈夫每次出差下乡回来，把箱子扔在家里，就跑到办公室写材料，"他无怨无悔、真心实意地工作。除了工作，好像想不起其他的事情。"

2020年8月30日，尼玛扎西陪同北京来的专家，赴西藏那曲、日喀则、阿里等地开展农作物种质资源调查和收集工作。按计划，调研预计十多天的时间。

在日喀则岗巴县的一个边境村，种着4750米极高海拔的半亩青稞。尼玛扎西非常高兴，"在这样的极端气候，青稞竟能长得这么好。"

那片褐色的山峦上，挂着"祖国万岁"几个大字。随行的草原所副所长多吉顿珠回忆，尼玛扎西有点激动，接连给好几个同事发了照片，又说道："将来在'祖国万岁'的下面写一排'西藏极高海拔边境地区农业综合试验站'，为守护好神圣国土提供强有力的科技支撑。"

多吉顿珠说，他们在调研时，还意外发现了非常珍贵的野生红景天植株。

拉琼说："下乡的时候，丈夫会带着一个小行李箱，装着电脑、咖啡、烟和药。隔几天我就给他打个电话，聊得很简短。他会说，今天挺好的，已经休息了，让我放心。我也不多问，怕影响他。9月4号那天，我打他电话，问他何时回来，他说10号。他当时在工作，我不敢多打扰，就连声说好，挂了电话。那是我们最后一次通话。"

2020年9月5日下午，在那曲到阿里的国道上，尼玛扎西所乘车辆突然遭遇车祸。多吉顿珠回忆，车祸时，他们的车跟在后面，只看见前面都是尘土。停下车，他立刻冲了过去，尼玛扎西仰面躺在路边的农田，平静地合着眼。17时57分，这位一直奔波在路上的青稞专家，永远停止了奔走。

陪同调研的西藏农科院草业科学研究所副研究员秦爱琼也于同日去世。

距离尼玛扎西去世1个小时后，正在昌都出差的达瓦顿珠接到电话，"我们的老师没了。"

在达瓦顿珠手机里，保存着一张当时的截图，那是事发后他点开的地图定位，昌都距阿里，1700多公里。"这就是我和我老师的距离了。永远的距离。"

院长办公室的指示牌，一直停留在"出差"状态。助理刘秀峰每次经过他的办公室，总觉得院长有一天还会出差回来，在房门里招呼他，"小刘，这个问题我们再探讨一下。"

文｜王昱倩　胡杰　裘星
于2020年11月

科考队员吊在巨树上开展工作。受访者供图。

一群深绿与浅绿色的高树树尖在阳光的照射下，

宛若耀眼的明星。

巨树科考队
巨树"猎人"，"魔法"森林

这几个月，钟鑫时不时能回忆起攀测巨树的场景。爬至 40 多米高的位置时，太阳下山了，一切都安静了下来，静到钟鑫能听见河谷的水流声、森林里的虫鸣和自己的心跳。此时，大多数的阔叶树已经在他的下方，他看到森林层层叠叠的，巨树树梢斜插入空。

2022 年 10 月 9 日上午，"中国第一高树"刷新了纪录，一棵位于西藏察隅县的云南黄果冷杉，被测出了 83.4 米的高度。"中国第一高树"被发现，让更多人了解到巨树科考队。这是一个由研究植物的科研工作者、专业的攀树师和自然摄影师组成的团队。在国内没有攀测巨树的先例和资料的情况下，他们克服种种困难，一遍遍地练习，最终能爬上巨树进行攀测、科考、种质资源采集及拍摄。

这是国内第一次对 80 米以上的巨树进行专业攀树和科考相结合的综合科考，也成功跻身世界巨树科考行列。目前，仅有美国、英国、澳大利亚、马来西亚、中国等，有将专业攀树和科考相结合的巨树综合科考能力。

寻找巨树

2022 年 8 月 7 日下午 4 点左右，国家重要野生植物种质资源库辰山中心的负责人钟鑫、攀树指导刘团玺、中国科学院植物研究所博士研究生王孜等人组成的团队，终于抵达了察隅县的岗日嘎布河谷深处，爬过一个 3 米多的土坡，一个新世界向他们展开了。

"很不真实，就像电子游戏的场景切换一样，一下子进入了虚拟世界中的魔法森林。"刘团玺回忆，发现巨树的地方是一片保存完好的原始森林，人迹罕至，森林里很静谧，虽已是 8 月，地表植被已不算丰富，但仍有兰花在开，白的、黄的、玫瑰色的，仔细看，还能看到寄生在真菌上的附生植物。

察隅县上察隅镇位于喜马拉雅山脉与横断山脉过渡地带的岗日嘎布河谷深处。察隅县地势由西北向东南倾斜，平均海拔 2800 米，但海拔梯度大，高差可达 1000 米以上，群山和河谷切割纵横。由于地处偏僻，交通很不便利。有的路段柏油马路都没有，都是土石疙瘩路。路边就是大峡谷，河流十分湍急。路上，车辆要爬升 3 个垭口，最高的达 4700 米。一行人从云南大理出发，开了 3 天，才到达这里。

森林针、阔叶混交，底下有很多阔叶的树，很密，可视度很差，人站在地上往天上看，只能看到一个个树干，上面都被叶子遮掉了。站在树下，根本看不出哪一棵是巨树。这便是巨树一直很难被发现的原因，即使世代生活在周边的人注意到了这些树木异常巨大，但因工具与技术的限制，也很难知道树木的准确高度。

王孜是最早发现这棵巨树的人。2019 年起，他和中国科学院植物所的同事开始在中国各地找巨树。他们像侦探一样，拿到线索，通过多种方法推导巨树的位置，去了云南、广西、西藏，测了台湾杉、冷杉、柏木，总共 100 多棵树。

发现这棵云南黄果冷杉，是一次"阴差阳错"。2019 年，王孜做青藏高原生态系统的普查，遇到修路的勘探队。勘探队员告诉王孜，在他们的扎营地有一些很高的树，他们用全站仪测过了，有 80 米高。

王孜回忆，看到这片树，他确实震惊了，以前见过顶高的树也就 30 多米，从来没见过这么高的森林。

2022 年 4 月，王孜带着仪器回到这片森林，他用无人机在森林里飞了一圈，捕捉到了一棵高树，初步测量了一下，大约83.2米，就是这棵云南黄果冷杉。

攀树训练

在此之前，国内关于巨树攀测的经验是零。

技术指导刘团玺51岁，之前做过信息工程师，现在是一家攀岩馆的创始人，喜欢户外运动。在加入巨树科考队之前，刘团玺他们只在公园里攀过树，最多只攀到六七米高。项目组找到他时，他也有些忐忑，但他知道机会难得，"像这样的科考机会少之又少"。

现在科研可以借用激光雷达和无人机测量树高，也可以使用人工测量的方法——由人爬到树顶，确定最高树梢高度后，再将卷尺直接放下，下垂至地面测量。人工测量的精度比机器更高，误差更小，不会受到环境对信号的干扰。巨树科考队采用的便是人工测量的方式。

出发前的4个月，刘团玺和另外两位攀树师就开始为攀测巨树做准备工作。国内没有攀测的先例和资料，他们只能查国外的资料、装备，自己琢磨。自家攀岩馆有个29米高的顶梁，是3位攀树指导最常用的练习场所，他们经常在上面爬上爬下，推算攀爬中可能出现的各种意外情况，做大量的预案，寻找解决方法。

这次科考采用的方式叫单绳攀登，这是国际上一种成熟的高树攀登方式。它使用一根绳索，绳的一端被系在树的最高处，绳上有4个上升器，用来固定攀爬者的两只脚、胸部和手。攀爬中，人通过用大腿不断下蹲、起立的方式，实现上升。"有点像卷腹加引体向上。"刘团玺说。绳索上还有一个单独的下降器（Stop），调试下降器，可以实现下降。

攀爬过程中，科考队员需完成植物样本采集、调查、拍摄和测量的工作，攀树师则负责搭建绳索系统、教科考队员攀升技巧，并保障他们的安全。

科考队员在做样本采集工作。受访者供图。

在正式爬巨树之前，钟鑫等人先在云南做了两天的攀树训练。攀树指导先在一个攀岩馆里教授了攀树的动作，之后又找了一棵20米左右的大树，让他们训练。

三位攀树指导体重都不超过60公斤，身材精瘦，有明显锻炼的痕迹。钟鑫看他们爬树时不断蹬踏，"看着很轻巧"，但自己上去时，却发现很吃力。攀树技巧性强，需要找准节奏。刚开始，钟鑫都是使蛮力，身体很僵，爬得不快，又费力。后来，他发明了一个自己的方法，像尺蠖一样，手脚一并再伸开，一点点往上挪动。攀树指导开玩笑地说："他创造了一个新的攀树流派。"这种方法很锻炼腹肌，"相当于在树上做了几百个卷腹。"钟鑫说。王孜身体协调性和体力相对好些，学了一天多，他也找到了自己的节奏，采用蹬踏和"尺蠖"相结合的方式攀爬。

先把绳子挂上去

2022年8月8日，正式的攀树科考行动开始了。

而这所有工作的前提是要把第一根绳子挂上树。

他们最先想到的方法是用无人机把一根很轻、类似钓鱼线的辅绳挂到巨树的一个大树杈上；然后，辅绳的一头连接上攀登时用的主绳，人连拉带拽地把主绳也吊到第一个大树杈上。树的主干每隔1.5—3米，会出现一个很粗壮的树杈，领攀员爬到第一个大树杈后，把绳甩到下一个树杈。就这样，像蚂蚁垒窝一样，一边爬，一边甩绳，直至把绳子固定在80米左右的位置。

而光把辅绳挂上去，就难倒了整个巨树科考队。

巨树长得又直又细，30米以下直直的，没有树枝和树杈。第一天下午，他们用无人机尝试了5次，都没成功。

第二天早上，三位攀树指导早早出门，先是用无人机吊绳，还是没成功。原始森林太密，一次，无人机撞到一棵十七八米高的树上掉了下来，螺旋桨撞坏了。他们尝试第二种方法：打弹弓。攀树师先爬到一棵树上，用弹弓把绳打到巨树上。试了一次又一次，也总失败。几个攀树师的心情变得很焦躁。直到打了第十三次，终于成功了。此时已是下午2点。之后，领攀员蒋俊文开始攀登，用了两小时，终于把绳子布置到最高点。

领攀员在设置安全绳时，其余人站在树底等待。王孜听见一声闷响，是一个很粗的枯木掉了下来，刚到地上，立刻摔得粉碎。领攀员探路时，枯树枝连续不断掉下来，最粗的有几十斤重。"会出人命的！"现在想起来，刘团玺还觉得惊魂未定，幸亏当时没砸到人。

巨树上有很多细小的分支，很多是枯死的，长的位置又很刁钻，长的有四五米，一碰就会掉下来，对人爬树的干扰很大。领攀员最危险，因为他第一个上去，看不到上面的状况，树枝的承重能力也是未知数。

攀树师共布置了3条攀登主绳，其中两条为单绳、一条为双绳系统，同时可以上去4个人。当科考者上树采集样本、摄像师拍照时，攀树师也会上树陪同，以保障大家的安全。

云南黄果冷杉树顶主干较细，上不去人，攀树师爬到最高处，在离树顶还有两三米时，用伸缩测量杆测量树梢长度，最后加上卷尺下垂地面的高度，确定树的高度为83.4米。

50多米的高空处，心旷神怡

8月9日下午4点多，日落时分，钟鑫开始爬树。他的腰部系着采集袋，采集好样本，他会马上编上号，贴上标签，再放进采集袋的分隔区里，以免混乱。

钟鑫的高度一点点上升，肉眼可见巨树上的附生植物开始发生变化。距树根十几米高之处，潮湿荫蔽，树干表面缠覆着各种苔藓、附生植物及小型草本；至二三十米处，附生植物开始减少，藤本植物增多，紫花络石及西藏三叶地锦尤为密集。到了60米以上的树冠层，阳光通透，环境干燥，长着松萝、蔓藓等少数耐旱的附生植物。

一棵巨树就是一个生物系统，这棵云南黄果冷杉上，被发现有50多种附生植物。王孜在巨树上惊奇地发现了华山松、少毛西域荚蒾的小树。

以前，植物学家只能在水平尺度上研究亚热带到温带的植物带谱过渡。现在，一棵树短短几十米的距离，上面生长的植物类型就跨越了亚热带和温带。对巨树的科考、为垂直层面的物种研究，都提供了机会。

巨树不仅是巨树本身，还是一个建群种，很多植物靠这棵巨树获得了它们在别处达不到的一个高度，能够吸收到阳光、雨雾，从而获得生存的机会。"它就像从大地里伸出两只手，把很多生命都抬高了。"钟鑫说。

第一天爬巨树时，钟鑫用了将近两小时，第二天，熟练了，只花了不到半小时。但跟拍采访的摄影师爬到10多米时，手突然控制不住地发抖，他恐高了。藏东南地区多雨，攀测时，当地恰好都是晴天。早上9点多之后，林间的薄雾散去，视野就变得清晰了，看得清楚更容易刺激人恐高，其他人只好先协助他，把他放下来。最终，王孜和

茂密的原始森林遮挡视线，人站在巨树下，也分不清哪一棵是巨树。受访者供图。

钟鑫都爬到 50 多米，更高处的样本由攀树指导代为采集。

刘团玺身上带着对讲机，不断地和在地面及树半腰的队员联系。刚爬到 80 米的树顶时，他还是有点紧张。按照两位科研人员王孜、钟鑫的指引，他一点点采集完树顶的球果、树叶等植物样本后，心情反倒平稳了下来。

刘团玺盘坐在树枝上，抱住树干，往下看，U 形山谷清晰地展现在视野之中，乳白色的冰川融水流往东南方向，一层层森林植被一直蔓延到山脊之上，一群深绿与浅绿色的高树树尖在阳光的照射下，宛若耀眼的明星。

王孜初步考察发现，云南黄果冷杉所在的原始森林不仅有云南黄果冷杉这一棵巨树，而是以其为核心形成了一个巨树群落，他初步观察发现，除了 83.4 米高的冷杉，这里 70 米以上的高树有 5 棵以上，60—70 米的至少有上百棵。"这片森林太大了，很多树木都有研究价值。"王孜说。除了云南黄果冷杉，森林里还有大片国家一级保护植物西藏红豆杉大树。

8 月 11 日，所有科研任务完成后，一位攀树指导爬到巨树的 U 形分权处拆除了主绳，大家离开了巨树森林。走在森林里，刘团玺变得很小心，每次下脚的刹那都会迟疑一下，生怕踩着地上的兰花。

几个月过去了，大家依然时常回忆起吊在巨树上的场景。王孜说，在 50 多米的高空处，采集着样本，看着树上和脚下的风景，他想到的一个词是：心旷神怡。

文 | 王霜霜
于 2023 年 1 月

云雾缭绕的西藏柏木巨树群落。受访者供图。

李成说，未来，

他还会继续深入雅鲁藏布大峡谷保护区寻找更高的树。

森林是他的海，

他想找到更隐秘的针。

李成
寻找高树之路，不会止步

最难忘的永远是抵达高树底下的那一瞬。

茫茫原始森林，高树强势逼近视野，乍现的视觉冲击让大脑一片空白，从平视到仰视，翻山越岭者往往难以言传心中震撼，片刻"失语"反而是最自然的情绪流露。

用西子江生态保育中心负责人李成的话说，邂逅高树令人上瘾。于是他不停抵达，不断上瘾。近十年来，他频繁出入藏东南，以验证他2014年提出的猜想：藏东南可能存在中国乃至世界最高的树。

2023年2月，李成在位于雅鲁藏布大峡谷国家级自然保护区的林芝市波密县通麦镇境内发现了一片西藏柏木巨树聚生区域。不久，李成邀请曾经合作过的团队一起再去探探。

最终，联合调查队于2023年5月在通麦镇境内的西藏柏木巨树聚生区域确认了一棵高达102.3米的西藏柏木。这一数据同时刷新了中国与亚洲的最高树纪录。西藏柏木由此成为仅次于美国海岸红杉的世界第二高树种。

寻找高树，宛如大海捞针。在李成看来，愈往后，存在更高树木的可能性就愈小，而更高树木更大概率生长在更难抵达的地方。他说，自己不会就此止步。

在中国有没有那样高的树？

湖南邵阳市隆回县的一个平原和丘陵交界的乡村，是39年前李

43

成出生的地方，他在这里待到初中毕业，后去长沙读高中和大学。

他的童年野趣十足。四周丘陵起伏，一抬头就能看到大山，小时候，他总想知道山的后面是什么。他爱去农田和森林的杂交地带观察动物和植物，有时喊上三两小伙伴，有时则只身一人。胆子大是与生俱来的，各类蛇、蛙、虫子，他都不怕。

初中时，他拥有了第一个帐篷，兴奋地跑到自家后山的果园里露营一宿。他仍记得，翌日一早，帐篷上落了满满一层梨花。

大学读的计算机应用专业，出于对大自然未中断的好奇，他还自考了林业生态与环境管理专业。大学毕业之后，他在深圳做IT工程师，从事手机研发。

2021年，李成在墨脱。受访者供图。

工作之余，李成一直以野生动植物爱好者的身份在深圳周边参与野外调查活动，他发现，惠东莲花山脉一带拥有整个粤港澳大湾区很多地方都已寻不到的珍稀濒危物种。有时候，架设在野外的红外相机能拍到一些三条腿的野生动物，"盗猎现象严重，看到那些画面特别揪心。"

寻找高树的执念萌芽于2013年秋冬。彼时还是野生动植物爱好者的李成从广东前往西藏林芝墨脱县格林村，参加西藏自治区林业调查规划研究院的野生动物资源考察任务，主要帮忙回收红外相机。

某日清晨，他站在山坡远眺时，留意到对面山坡上有好几棵极高的树。雾气未能遮掩高树的顶部，反倒将伸往天空的枝干衬托得更加明显。直觉告诉他，这几棵树非比寻常。回家后，通过对相片的进一步分析，他预估那几棵树高逾70米。

李成曾看过《美国国家地理》关于世界最高树的一期报道，他从中受到一些思路上的启发，开始思考，在中国有没有那样高的树？

带着这样的疑问，2014年春天，李成在墨脱拍摄了大量高树的照片，通过山体的高度、江面的宽度、芭蕉叶的长宽度等信息，推断出树的尺寸和高度数据。

很快，李成在果壳网上发布了一篇题为《寻找中国最高的树》的文章，提出两个观点，第一是我国藏东南可能是世界上第四个世界级的高树分布区，第二是藏东南可能存在中国乃至世界最高的树。

李成提及，墨脱地区的热带雨林是确实存在的。墨脱的森林有明显的分层，有4至5个不同的高度结构，原始雨林中的顶层树种高度超过40米。森林中的大型藤本植物与附生植物丰富，终年常绿或半常绿。

文章发出后，有人质疑他是哗众取宠，有人称自己也去过墨脱，但并没有看到特别高的树。李成解释，墨脱常规路线上的确没有引人注目的高树，即便有，也容易被背景的大山大河干扰迷惑。

质疑声让李成更加笃定，要去验证已窥见眉目的猜想。藏东南的原始森林，他决意一去再去。

2018 年，沉淀多年的李成创立西子江生态保育中心，彻底告别 IT 行业，终于将曾经的爱好变为工作，全身心投入他挚爱的领域。

"狠人"李成

李成曾无数次一个人进出森林。

如果独自穿梭在藏东南的原始森林，除了携带可用于取火防失温的打火机外，脚穿雨靴的李成还会向当地人借一把砍刀，用于开路和防身。墨脱的门巴族人流传一句话，不带刀不进山，进山务必带刀。山路迂回，信号时断时续，通常，他靠山体和河流的走向辨别方向。

偶尔，李成也会带上防熊喷雾，但更多时候，他选择不带，觉得累赘。

李成和黑熊打过好几次照面，有两次还碰到母熊带着熊崽子。每一次同黑熊偶遇，李成都会站在原地不动，赶紧用相机记录下来，对他来说，这样的画面很是珍贵。

在李成看来，对野生动物的恐惧是源于不了解，若熟悉它们的生活习性，知晓在什么样的情况下会激怒动物，恐惧便会消逝。

李成坦言，露宿森林时，来自猛兽等野生动物的危险概率其实并不高，通常他不将其纳入"风险评估"的范围。天气和地质环境才是他首要考虑的因素。比如，露营地点不能选在悬崖峭壁，要优先选择平坦、舒服的地带；同时，要为潜在的突发山洪、塌方、泥石流、暴雨、大雪、失温等情况，事先制订好应急处置方案。

最让李成心惊的野外之行是他首次去墨脱的时候。

一日，下起了暴雨，李成所在的队伍遇见大塌方，前方整条路都因泥石流塌掉了，石头从天而降，不断向下滚动，空气中弥漫着石头碰石头的硝烟气。

2021 年，李成在墨脱无人区偶遇黑熊。受访者供图。

李成说，当时队伍里的当地向导想要带领大家冒险冲过那片泥石流区，在向前冲的过程中，一个大石头砸下来，差一点就落在向导的头上，幸好他的头歪了一下，石头砸中他的背篓，整个背篓被砸到底下的雅鲁藏布江里。队伍再不敢继续向前，花了几个小时，选择绕道而行。

在山水自然保护中心工作人员依严的眼中，李成是一个"狠人"，狠的点在于无所畏惧。

依严来自四川阿坝，比李成小一岁，长期在墨脱驻站。相见之初，

47

依严便发现李成对墨脱非常熟悉。后来他了解到，原来在墨脱还未通公路时，李成便已在墨脱的森林中自在穿行。认识李成之前，对于高树的保护和研究，依严个人没有太多的认知，李成对此很"火热"，愿意谈起他在藏东南看到的那些高树。

依严觉得，李成的观察力很强，善于捕捉到一些其他人忽略的细节。比如，很多土生土长的当地人都不曾留意到的公路附近的高树，大山深处的高树，李成总想探究个清清楚楚。

依严注意到，同许多野外动植物研究人员一样，李成不怕蚂蟥。随身携带一包盐，身上粘的蚂蟥一多，他就将盐撒在湿毛巾上擦一擦，蚂蟥便悉数掉落，但被咬得衣服染红是家常便饭，他觉得这一危险因素可忽略不计。

让依严感到意外的是，李成连蛇也不怕，还敢徒手抓蛇，看着蛇回头咬他，依严问："你就不怕被咬吗？"李成笑笑："没事儿，没毒的。"后来，依严总结：在李成眼里，没毒的蛇都算不上蛇，"瞧不上。"

途中

于李成而言，在野外，对大自然的体察是全方位的。

感官一打开，森林里的诸多生命力便难以割裂开来。探访高树的途中，势必会与鸟类、兽类、昆虫、藤本植物等擦身而过。有时，你一头扎进原始森林并不是为高树而来，然而冥冥之中最终亦能和高树产生交集。

正如 10 年前于墨脱格林村远眺的那个蒙着雾气的清晨，他原本是为回收红外相机数据而来，没想到通天高的不丹松自此逗留在他的心间。

他多次探访过这一不丹松高树区，不过，彼时限于设备及非全职的时间精力，区域内那棵最高树的精确长度一直不明朗。

时机于2022年4月酝酿成熟，受墨脱县林业和草原局的委托，西子江生态保育中心和北京大学吕植与郭庆华课题组、北京数字绿土科技股份有限公司组成了联合调查队，对墨脱境内的不丹松进行调查，历经为期10天的实地考察，联合调查队在墨脱县背崩乡格林村发现了高达76.8米的不丹松，该发现刷新了当时中国大陆最高树的纪录。

这棵高树身上生长着丰富的附身植物，包括节茎石仙桃、耳唇兰、眼斑贝母兰、匍茎卷瓣兰、墨脱越橘、小尖叶越橘、中型树萝卜等。调查队和当地村民为其命名"辛达布"，在本地门巴族人的语意里指"神树"。当地村民在"神树"底下装上了一个围栏，以防前来拜访它的人踩踏到树根附近的土壤和植物。

当时，李成注意到林芝市波密县境内的西藏柏木生长得也特别高，"西藏柏木有一个很大的优势，就是寿命比较长，比不丹松还长，我就在想会不会存在比不丹松更高的西藏柏木。"

2023年2月，带着这个疑问，李成再度进入墨脱，并预留了一段时间给波密，在波密县通麦附近发现了一片西藏柏木巨树聚生区域，并通过无人机初步测量出一棵西藏柏木高达86米，这一数据若经核实，将刷新中国第一高树的纪录。

回来之后，李成跟北京大学生命科学学院吕植教授分享了这一消息，并想邀请过去一起合作过的联合调查队再去探探。2023年5月，在国家林草局自然保护地管理司、西藏自治区林草局以及林芝市林草局的指导和支持下，由北京大学郭庆华与吕植课题组、西子江生态保育中心、北京数字绿土科技股份有限公司以及山水自然保护中心组成的生物多样性联合调查队在通麦镇碰头，加上李成、依严一行6人，

2022 年，"辛达布"（中）航拍。受访者供图。

开启了长达 20 天的野外工作。

发现"亚洲第一高树"

联合调查队的目标很明确。

首先是测出李成此前用无人机初测过的那棵西藏柏木的精确高度。其次是密集测量附近西藏柏木分布区潜在高树区域，排除其他更高树存在的可能性。

联合调查首日，团队对李成探访过的西藏柏木区域进行了精确测量。"结果特别让人惊讶，因为都特别高，旁边甚至有一棵底部被遮盖的高达 97.1 米高的树。当时大家特别高兴，因为这大幅提高了中国高树的纪录。"

此行发现的许多高树都离 318 国道不远，或者在视线范围内，有种"大隐隐于市"的感觉。为了严谨起见，在找到那棵97.1米高的树之后，团队又在这片区域逐一进行排除。

李成回忆，5月20日，郭庆华老师的无人机机载激光雷达发挥了大作用，在巨树群中找到了一棵102.3米高、胸径293厘米的西藏柏木，大家都特别激动，因为这一数据将直接把中国最高树从世界20名开外拉到世界第2的排行。

这棵西藏柏木隐于一堆高树之中，从远处看，并不出众。但它高达102.3米，若按2.8米的层高计算，相当于一栋36层的高楼。

"当树太大、太高了以后，从树根处仰望，是看不全、看不清这棵树的，这棵树的枝叶很密，光凭肉眼，也看不清上面藏了什么，基本上只能看到树高的三分之一。"用李成的话说，在现场和树对望的分分秒秒足以让人忘掉一切，仿佛一头扎进"小人国"，神秘和敬畏扑面而来。

"仿佛什么都不重要了。"在雅鲁藏布大峡谷国家级自然保护区内寻到亚洲第一高树，于李成而言，是一种奇妙的感觉。他进一步证明了自己当年的猜想，亦证明了中国存在这种奇迹。

后来的几天，团队对这棵树进行精确测量，并用无人机拍摄等身照片、视频等，同时也继续在附近逐一验证。"最终确认这棵高102.3米的树就是目前我们所能找到的这片区域最高的一棵。"

再三确认后，联合调查队将数据公之于众，引起媒体关注。这一数据同时刷新了中国与亚洲的最高树纪录。

此次调查，除最高树外，团队还发现了大量85米以上高度的巨树，其中包含了90米以上巨树25棵，大幅提升了中国乃至亚洲的树高纪录，是目前我国乃至亚洲经过精准测量发现的巨树高度和分布密度最高的区域。

步履不停

在全世界范围内，高树数量都非常稀少。

李成解释，高树的存在需要有适宜的土壤及气候条件，并远离风、火、雷电、人类干扰等限制因素，它们通常生长在生物多样性非常丰富的原始森林区域。高树的存在能够揭示其生长区域生态系统的原真性和完整性等特征。

除此之外，高树本身具有非常复杂的分枝系统与垂直结构，为一些特殊的动植物提供了必要的微生境或大量食物。

近两年，众多科研团队将科技手段和方法创新运用在生物多样性研究保护中，不断在雅鲁藏布大峡谷区域内发现巨树，持续刷新我国的高树纪录，"这充分体现了雅鲁藏布大峡谷地区森林生态系统的原真性与独特性和生物多样性的保护价值。"

李成总结，不丹松和西藏柏木有一个共同点，生长地海拔都在1700米到2400米，处于亚热带针阔混交林里。

研究高树，意义非凡。可以研究决定它们生长极限的因素，以及它们所代表的生态系统。"在国际上这算是一个研究热点，有人专门在研究巨树为何能生长那么高。还可以研究巨树生长到极高高度后自身的水分维持机制，有哪些不同于其他树木的特殊功能，比如说一些极高树能有办法直接从空气水雾中吸收水分。此外，像这种极高树，储炭量也相当惊人，它们组成森林的蓄积量和碳储量也是一个非常值得研究的方向。"

李成感叹，从某种程度上来说，"亚洲第一高树"的确认可以说是改变地理教科书的重大发现。一来是首次把藏东南作为一个生产高树的区域展示给全世界，让大家知道这个区域内具有大量80米以上的高树，"我们的藏东南被证实为是全世界四大极高树木产区之一，同时验证了我曾提出的观点：藏东南拥有中国乃至全世界最高的树。"

二来是刷新了大家对西藏柏木这一珍稀树种的认知，以前大家都不知道它属于极高树，因为在此之前没有关于它的高度超过70米的记载。"该树所在的雅鲁藏布大峡谷区域生物多样性十分丰富，巨树也是森林生态系统的完整性和原真性的代表。这次发现吸引了更多的人对雅鲁藏布大峡谷区域的关注，对促进这个区域的生态系统保护具有重要意义，希望也能推动将雅鲁藏布大峡谷尽快列入国家公园建设之中。"

在李成看来，继续寻找高树，难度势必会增加，愈往后，存在更高树木的可能性就愈小。往后寻到的每一棵刷新纪录的高树都可算作一个奇迹。作为世界级的生物多样性热点，藏东南保存了中国最好的原始森林，还有大量区域没被考察勘测过。理论上，这些区域也存在超高树木分布的可能性。

李成说，未来，还会继续深入雅鲁藏布大峡谷保护区寻找更高的树。森林是他的海，他想找到更隐秘的针。

文 | 吴淋妹

于 2024 年 1 月

黄桃翠在实验室。受访者供图。

与土地打交道，

来虚的，

研究不出好油菜。

黄桃翠
攥紧中国人的油瓶

2022 年 11 月 2 日早 6 点，天刚亮，黄桃翠就出发了。

自己开车是多年养成的习惯，长年累月奔波在田间地头，只能自己来。就连生孩子的前一天，她都是自己开车从油菜地里直奔医院。

上午，她要去重庆潼南，查看几个新培育的品种，千万马虎不得，辛苦劳作不说，就怕浪费了大半年时间；下午要赶去四川邻水，新品种油菜种子基地在那里，不去看看，她心里不踏实。

黄桃翠 44 岁，是重庆市农业科学院水稻研究所油菜研究室主任。长期从事特高含油油菜品种培育，她把"三碗菜籽一碗油"变成"两碗菜籽一碗油"。她培育的"庆油 3 号"创造中国油菜含油量最高纪录，"庆油 8 号"再次刷新纪录。

2021 年食用油消费数据显示，中国食用油自给率仅 31%、七成靠进口。通过科研力量，努力提升油菜产量含油量，把油瓶子拎在中国人自己手上，显得更为紧迫。2022 年的 2 月 22 日，中央一号文件发布称，在长江流域开发冬闲田扩种油菜，支持扩大油菜种植面积。

油菜育种 17 年，黄桃翠一直在与时间赛跑。当别人抬头欣赏油菜花开的浪漫时，她却低着头为油菜花授粉、配置新组合，期盼新的突破。

"嫁妆"

当《一颗种子要改写世界油菜历史》在 2006 年被媒体报道时，

黄桃翠已在老家湖北恩施的中学任教生物课 5 年。

文章讲述了西南农业大学教授、著名油菜专家李加纳的故事，其建立的黄籽油菜育种技术体系，将黄籽、双低、高产、高油、广适、多抗等性状聚合一体，育成的黄籽油菜新品种，种植区域涵盖长江中上游各油菜主产省份。

当年 28 岁的黄桃翠觉得这个培育的过程特别新奇，比魔术师还神奇，也因此迷上植物遗传学。2006 年，黄桃翠考上西南农业大学作物遗传与育种专业（现西南大学）的研究生，师从李加纳，主攻油菜单倍体育种研究。

有了李加纳教授的指导，加之储备丰富的材料，也就是用于油菜新品种培育的母本，她也开始培育自己的新品种，取名"庆油"。

事实上，黄桃翠考上西南大学的 2006 年，中国食用植物油种植面积不断减少，生产自给率越来越低，60% 左右依赖进口原料或直接进口食用原油。而国际安全警戒线标准为 50%。

中国虽是全球第三大油菜籽生产国，但也是第二大油菜籽消费国和第三大油菜籽进口国。

2009 年，黄桃翠进入重庆市农科院水稻研究所，当时所里除了试验田，没有一颗油菜种子。她把"庆油"带到农科院，包含一批基础材料，她称之为恩师李加纳和学校陪嫁的"嫁妆"。

水稻与油菜培育方式和所需科研设备一致，与杂交水稻的培育同类，将遗传上有一定差异且优良性状能够互补的品种进行杂交，通过人工授粉，培育出杂交种，逐步采取优胜劣汰的方式，选取所需的新品种。

南方油菜的播种季是在水稻收割之后，位于重庆农科院含谷基地的 10 亩水稻试验田，也就成了黄桃翠新品油菜的起始地。

正是这份沉甸甸的"嫁妆"，才有了她前行的基础，更有了多年后的庆油 3 号。

经过多年努力，黄桃翠为重庆农科院收集与整理了数千份不同性状的材料，有青海早熟品种，有安徽抗寒品种，也有孟加拉国收集到的野生品种，置办了一份厚实的家底。

"与土地打交道，来虚的，研究不出好油菜"

20 世纪末以来，我国油菜籽含油量在 35% 左右，用于物理榨油的话，通常是三斤油菜籽一斤油，也就是老百姓常说的"三碗菜籽一碗油"。

一位老专家一语点醒了黄桃翠：农民不仅关心一亩地能产多少菜籽，更关心一亩地能产多少油。

决定这一结果的有两个因素：产量和含油量。但是，产量高、含油多的油菜品种可遇不可求。

加拿大、欧洲、澳大利亚是国外油菜主产地。长期以来，国外油菜籽的含油量都比中国高。2013 年左右，加拿大油菜籽含油量在 44% 左右，而国内 2013 年才接近 40%。

不同于别类作物，如将加拿大油菜品种引进我国，播种在长江流域根本行不通，因气候、温差和土质的不同，适合当地的油菜品种也不相同，国内不同的区域适宜的油菜品种也有差异，如适宜安徽的油菜品种更耐寒。因此，培育适合本地的油菜品种，成为众多农业科研院所的攻克方向。

2016 年，"庆油 3 号"成功问世，含油量 49.96%。

培育"庆油 3 号"的 7 年时间里，陪伴黄桃翠的是重庆农科院含谷基地的农民王楚国。经过 10 多年的"熏陶"，现在的王楚国，也堪称油菜科研优秀技术员。

他原本是进城打工，机缘巧合下跑到农科院水稻所种地。45岁那年，成了黄桃翠的帮手。"她白天下地干活，晚上加班整理材料。"王楚国回忆，两个人在含谷基地种了10亩油菜，后来是30亩，全靠自己精耕细作，从育苗、播种、栽插到收割，只有农忙的时候才会在附近请几个小工，"科研种地，比老家种地琐碎得多，就连收割后油菜籽脱粒，都是用的老办法，用连枷敲打。"

最累心的是油菜花开后的授粉。重庆冬季温湿，春节后的2月到3月底油菜花就开了，他们要用镊子在花朵上人工授粉，根据试验要求，一年要完成2000多个组合，必须抢在一个月花期内完成。

他们最怕遇上下雨天，就要在地里搭上塑料棚，接着干，授粉完后还要一个个用袋子套起来，担心串粉。"干这个活，不仅要眼力好，体力也要跟上，白天在地里猫着腰站一天，晚上坐下来就起不来，通常是我口头念，黄老师就在电脑上记录整理科研数据。"

这样的工作，日复一日，年复一年。

为了争取科研时间，黄桃翠选择了贵州威宁，让重庆一年一熟的油菜，变成了有一年两地两熟的可能。

重庆油菜是9月播种，10月移栽，次年5月收割。因气候的差异，贵州威宁却是5月播种，当年9、10月收割。正是这种差异，让黄桃翠上半年收获的油菜新材料，接着下半年在贵州又能加代，把两年的科研时间缩短到一年完成。

王楚国还清楚地记得，他们是2011年去的威宁，从老百姓手里租了8亩地。威宁晚上温度低，冷得不行，白天最高却能达到28摄氏度，昼夜温差极大。

"没地方住，就租住老乡的房子。"王楚国说，当年住的是土坯房，房梁上挂满了玉米，每到晚上，房梁上的老鼠跑来跑去，第二天早上一看，被子上全是玉米粒，都是老鼠啃食后掉下来的。他也记得，油菜苗栽种后，等了一个月都不见下雨，两个人只能担水浇地。

10多年下来，王楚国看着黄桃翠干农活，"比我这个老农民还地道，做什么事都很专注用心，个性强、说话直，不然也出不来这么多的好油菜。"

黄桃翠自己也说，与土地打交道，来虚的，研究不出好油菜。

从"三碗菜籽一碗油"到"两碗菜籽一碗油"

2013年11月，黄桃翠培育的庆油3号品种到了关键期，必须去贵州铜仁观测苗情。

那时，她没有团队，每个示范点都要自己跑、自己跟。她至今还记得，晚上10点40分，在每天仅一趟的绿皮火车上，她手里握着一

黄桃翠给油菜花授粉。受访者供图。

59

张站票，到了重庆秀水才空出座位，当时她已怀孕两个月，妊娠反应十分严重，可实验数据不等人。

"一踏上拥挤的火车，各种难闻的味道让人喘不过气来。没过多久，胃里开始翻江倒海，一阵阵恶心让我浑身直冒虚汗，每一秒都是在煎熬，硬是在黑夜中撑过了9个小时。"

育种是枯燥的，只能机械式反复实验，只要停下来，努力就白费了。

怀孕期间，黄桃翠跑遍了全国十多个省份的油菜产区，无论路途有多遥远，山路有多颠簸，她一直坚持在田间地头。

她清楚地记得，2014年生二胎，医院都联系好了，7月22日剖腹产。前一天，她还在重庆含谷试验田里忙碌，赶着把手头的工作做完。中午，她自己开车直奔医院，准备第二天生孩子。

7月22日剖腹产，7月24日回到家，黄桃翠就接到新品种审定通知，要准备庆油3号的文字资料申请书，月底上交，赶不上需要再等一年。

申请的文字资料起码要100多页，包含各项数据，黄桃翠刚剖腹产，疼得不行，趴电脑前，眼睛也受不了，连电脑屏幕都看得不清不楚，只能睡一会干一会。

目睹这一切，老公气得不行，拿过电脑就给砸了。可事情还得接着干，黄桃翠不想停下来。事后，老公觉得对不住她，买了新电脑，还特意在床上装了一个小桌子。

孩子刚满40天，她就带着孩子和阿姨，住进了田埂边简陋的临时科研住所。房间没有门，就挂起一张床单。工作间隙，就在田地里找个空地喂奶，孩子就这样在油菜田中一天天成长。

2017年前，新品种的国审特别严苛。首先是将新品种申报农业部，后交地方科研机构按要求盲种检验，包括新品种的产量、含油量、抗倒性等方面，最后经过专家团队的审定论证后排名，整个国审耗时特别长。

庆油3号就是经此流程才被最终认定，在2018年通过审定，取得合法身份。创造了我国冬油菜区含油量的最高纪录，实现了从"三碗菜籽一碗油"到"两碗菜籽一碗油"的跨越。2019年的庆油8号再次刷新纪录，含油量达到51.54%。

如今，黄桃翠的庆油系列以高产高含油量著称，已经从庆油1号到了庆油11号。

当然，不是每个新品种都让黄桃翠满意。庆油5号，产量高，含油量也很不错，但是在云南的试种期间，一场大风后全部倒地。"经不住大风，也就是不合格，产量含油量高也不行，已经被封存。"

而当油菜花成为旅游网红地时，黄桃翠及团队顺手尝试，培育出的油菜开出的花五颜六色，花期也多达20天，一时引来了各地争相购买，订单不断，但黄桃翠却不让种子公司售卖。

"开始还觉得新鲜，但研究发现油菜籽含油量低，而且油的品质也不好，我们不能这么干。"

庆油3号是2022年全国油菜主推品种之一，集中于长江流域推广。截至目前，已累计推广约2000万亩，按每亩增产15公斤菜籽油估算，可增收60亿元。

除了庆油，黄桃翠及团队还开展了庆康、晶油两个系列的探路。

庆康系列攻克的是油菜的癌症——根肿病。2012年，黄桃翠在重庆南川一片油菜地里发现，油菜容易被根肿菌侵袭而患上根肿病，导致油菜大量死株。

据统计，根肿病在重庆十字花科蔬菜上的发病面积约占三分之一，虽然油菜的发病不是遍地都有，但蔓延起来不得了。"只要土壤含有根肿病菌，随着水流的传播，很快就能感染附近的农田，病菌七八年都死不了。"

花费 10 年，庆康 1、2、3 号应然而生。庆康 1 号在 2022 年通过审定，取得合法身份，开始推广。让黄桃翠惊喜的是，庆康 3 号含油量达 53.75%，根肿病发病率降低到 2%，比特高含油的庆油 8 号还高出 2.2 个百分点。

让"油瓶子"尽可能多装中国油

让"油瓶子"尽可能多装中国油，提高我国食用油自给率，还得靠科研。

但黄桃翠始终觉得，科研跟不上市场。当提高了油菜产量时，发现油菜籽的含油量又不够了；好不容易提高了含油量，发现抗倒性太弱，或是根肿病来了；解决这些问题，市场又有了新要求，需早熟来缩短生育期，必须适宜机械化收割……

国家统计局数据显示，我国油菜种植面积长期在 1 亿亩左右摆动，主要受耕种收综合机械化率偏低限制，生产成本过高。2019 年国产油菜籽价格为近 3 年来最低，此后逐步走高，2022 年已达到每斤 3.5 元，需求量仍是不够，导致市场上的菜籽油价格也在提高，进口油菜籽已接近每斤 3 元。

黄桃翠忧心的是，菜籽油虽越来越受到老百姓的认同，但是按照本年油菜籽价格计算，1 斤菜籽油成本在 12 元左右，负担不轻。

在黄桃翠看来，菜籽油市场占有率 22% 左右，有不少提升空间。解决这一难题，主要是充分利用长江流域冬闲田种植潜能。四川、湖南、湖北本是油菜种植传统大省，特别是湖北，有句俗话"中国油菜看湖北，湖北油菜看荆州"，但是，近些年当地小龙虾产业兴旺，经济利益更高，导致农民选择水稻、小龙虾复合种养模式，也影响了油菜的种植面积。

而制约我国油菜种植面积的关键因素之一就是全靠人工收割，在农村很难扩大面积。

"晶油系列的培育，主要是为了适合机械化收割。"黄桃翠说，不仅是庆油系列，国内高产高含油量的油菜，主秆有成年人高，极其不适合机械化收割，即便是强行机械收割，因达到收割标准的油菜果荚外壳极易开裂，油菜籽损失率达到20%，全部炸裂在地里。

他们努力的方向有两点，在庆油系列的基础上，培育植株矮小且抗裂角性强的新品种。经过反复尝试，培育个头矮小的问题已经解决，但果荚外壳开裂仍未让她满意。现在，晶油1号还是停滞不前，未有突破。

黄桃翠的一个理念是，不要单兵作战，团队合作才是解决难题的办法。

如今，国内研究油菜的团队不少，各有各的特点，有的善于抗寒，有的善于抗旱，各有千秋。她选择与各大机构合作，拿出各自的优势特点，培育需要的新品种。比如，提高油菜的宜机性，解决果荚外壳开裂的难题，她就选择与多方合作。

她相信用不了多久，肯定会有所突破。

文｜罗道海

于 2022 年 11 月

2013年11月以来，古嵝核桃树被种植在柳州市马鹿山公园奇石馆旁的绿地中。新京报记者咸运祯拍摄。

她期望着古树能恢复到它在森林中的模样，

"到那时候，救助就是真正成功了。"

邓耘
300年古树被盗后，持续9年接力救护

天儿不好的时候，邓耘便会来到喙核桃树旁看看，雷打不动。

这是一棵拥有300多年树龄的古喙核桃树，原本生长在距离柳州市45公里以外的鹿寨县拉沟自然保护区内。

2013年4月20日，古喙核桃树被盗。为了追回古树，广西壮族自治区、市、县三级森林公安成立了专案组。数十名警力赶往保护区设卡堵截可疑车辆，在附近寻找目击证人，跨省寻找树的踪迹。最终，在贵州一个私人苗圃中查获了失窃的喙核桃树。

经历了粗暴的盗挖和破坏，又经历了长时间的运输，古喙核桃树庞大的树冠被砍去，只留下一截光秃秃的树干。灰褐色的树皮渐渐脱水，裂出一道道干纹。吸收养分的树根，也出现了不同程度的坏死腐烂。

在马鹿山公园，一场漫长而精心的救治开始了。时任柳州市园林科学研究所所长的邓耘，是主要的救治人。园林专家们蹲在古树旁诊断伤情，仔细地处理每一处细微的伤口，公园的技术工人们日夜守护着喙核桃树，制定妥帖的栽后维护方案。精湛的手术和琐碎的日常维护，古喙核桃树渐渐得到调养，重焕生机。

在守护者们看来，被盗挖的古喙核桃树不是个例。近年来，除自然因素外，在巨大的利益驱使下，古树名木盗采盗伐现象屡禁不止，古树名木逐年减少。

"想办法让古树得到真正的保护，是最终的目标。"

300 年古树被盗挖

2022 年 3 月 18 日上午 9 点，邓耘一路迈着小碎步，往马鹿山公园赶。接连几日的雨水，浸湿空气，早晚还是有些冷。他的防水外衣里只穿了件薄衫，不由地打了个寒战，脖子一缩，把领口的带子抽紧。公园的工人见到他老远就打招呼，"邓老师，这么早就来了啊！"邓耘忙不迭点头，挥了挥手，嘴角的皱纹挤了出来，"老样子，看看树。"

"树干上有个 V 字形凹槽，雨水多可能会造成存水。"邓耘眉头紧锁，反复掏出手机查询天气预报，他担心降雨过多，树干积水，导致腐败。

喙核桃树"搬"来马鹿山公园 9 年了。相比于其他老年期的树，这棵高约 17 米、胸径为 2 米的喙核桃树更加脆弱。它的树枝不算繁茂，叶色略淡，一块块人工制成的仿生树皮紧贴在树干上，大片被修复过的痕迹显而易见。

2013 年 4 月 20 日，在距离柳州市 45 公里以外的鹿寨县拉沟自然保护区内，这棵喙核桃树被盗。

喙核桃树属落叶乔木，树高可达 30 米，是世界范围内较为罕见的树种。1999 年 8 月 4 日，喙核桃树被列入中国国务院批准的《国家重点保护野生植物名录（第一批）》二级，在《世界自然保护联盟濒危物种红色名录》（IUCN）中，评估级别为濒危。

从被盗喙核桃树所在的河滩，到自然保护区主干道有 1 公里的土路，碎石满地，人迹罕至。盗树者砍伐了沿途的小树，强行将大货车和作业吊车开进自然保护区，将古树根拔起，留下一个巨大的土坑。

拉沟乡大坪村的村民们打小就知道，在龙贡河的河滩上生长着一棵数百年的喙核桃老树，"每一辈村民都知道它的存在，年纪比爷爷的爷爷还大，突然就被偷走了。"村民们觉得，喙核桃树代表着一种图腾，是保护神一样的存在。

在 52 岁的村民韦振民的印象里，喙核桃树总是威风凛凛，树干粗得五六个成年人都抱不过来。每年春暖花开的时节，椭圆形的树叶会开散得密密麻麻，小麻雀也爱在树枝上做窝、下蛋。

这起古树偷盗案引起了有关部门的重视，原国家林业局、原国家林业局森林公安局对此案挂牌督办，广西壮族自治区、市、县三级森林公安成立了专案组侦办此案。

案发后，森林公安加紧了巡逻，一辆停靠在自然保护区附近的吊车引起了警方的注意。新京报记者从柳州市森林公安局得知，吊车司机廖某被捕后交代，在自然保护区内偷盗古树后，已经移交给别人将其运至贵阳。

时任柳州市森林公安局刑侦大队长覃庆军，带领办案民警连夜赶往贵阳，并在贵阳花溪区一个私人苗圃中找到了失窃的古喙核桃树。经柳州市林业和园林局专家鉴定，失窃的古喙核桃树树龄为 304 年，市场价格在 100 万元左右。

"经历了粗暴的采伐和长时间的运输，喙核桃树根部、树皮已经严重受损失水。"柳州市林业和园林局绿化科科长袁茜茜回忆，私人苗圃内没有适合喙核桃树生长的土壤，也没有在移栽前采取保活措施。简单医治后，办案部门及专家当即决定，让古树在贵阳就地修养，待第二年春季确定种植成活后，再移植到野外原生地。

彼时，喙核桃树奄奄一息地"站"在苗圃的角落里。仅剩的几根枝条向地面耷拉着，几个营养液袋子插吊在干裂的树皮上，像个没了精气神儿的病人。"它已经很虚弱了。"

几个月后，变数再次发生。贵阳的私人苗圃被征用开发，苗圃内的树木必须全部移走。"喙核桃古树已经不适合野外生存了，仅养护了半年，根系还没有形成土球，再次移栽更不易成活。"袁茜茜和参与医治的园林专家都为喙核桃树担心。

"手术"做了25个小时

2013年10月底，古喙核桃树在贵阳市的苗圃中再度起挖移植，运往柳州。时任柳州市园林科学研究所所长的邓耘，是被古喙核桃树需要的专家。

和花草树木打了30多年交道，邓耘见惯了植物的各种疑难杂症。第一次在马鹿山公园见到古喙核桃树时，他用放大镜仔细诊断树根的伤情，又拿出类似小木槌的工具，在树干上轻轻敲打。

"树根是嘴，是用来呼吸、吃饭的，根烂了，营养传输受阻，能不能活，要看树自身的生命力。"邓耘从未见过如此糟糕的喙核桃树，树皮上有一处1米多长的大裂缝，树根底部三分之一发霉，一处大侧根已经坏死。树体严重截枝，仅保留了主干。"成活率太低。"邓耘不敢对古树移栽打包票。

马鹿山公园奇石园管理处副主任何柳娴负责协助园林专家完成古树的救治和日常维护工作。"以前在柳州市城区内还没发现过喙核桃树，也没有救治'重病'古树的成功经验。"何柳娴的压力一点不比邓耘小，接手救治任务的前一天，她一夜没睡着，反复查阅有关喙核桃树的专业知识，试图了解更多关于它的生长习性。

树木移栽是季节性较强、环节多、技术含量高的系统工程。在邓耘看来，救治奄奄一息的古喙核桃树有三件事很重要：打造适合的生长土壤，修复医治受损的树根和树体，制定适合的栽后维护方案。

受父亲影响，邓耘从小喜欢各种植物。上大学时，他毅然选择了需要常年在户外作业的园林专业。大学毕业后，邓耘来到了柳州市园林科学研究所，负责园林、植保、土化、遗传育种等相关研究，一干就是 30 年。对于土壤，他有着丰富的实践经验。

邓耘说，对于移栽树木而言，土壤是第一个决定成败的环节，"这种树怕积水，普通泥土的透水性、透气性都远远不够，容易积水和产生细菌，导致根部更深度的腐烂。"掌握适合喙核桃树生长的湿度、温度、气候后，邓耘决定在树坑底部填入碎石和沙子，并设置了盲沟，用于排水。

在马鹿山公园，古喙核桃树安静地"平躺"在巨型拖板车上等待"手术"。它浑身是伤，十几个园林工人轮流看护它，每隔一小时，就洒一遍水，让树体保持水分。

邓耘蹲在树旁为它处理"伤口"。他用电锯仔细地将每一处坏死、腐烂发霉的树根切掉，再将黄泥浆和生根剂一点点地涂抹在伤口上。"就像给人动手术一样，必须把坏的组织彻底去掉，不能让它在土里继续霉烂。"9 年过去了，邓耘依然能清晰地描述出每一个细节。"任何一个纰漏都会导致古树死亡。"

伤痕累累的树皮同样考验着"医者"的耐心。"树皮的损伤极易造成树干形成空洞，降低成活率。"邓耘的身旁堆满了瓶瓶罐罐，那是给古树伤口进行杀菌消毒和防虫处理的药剂。他用刀具小心翼翼地刮掉受损的树皮，又拿起细小的毛刷清理伤口中的污垢，最后刷涂上一层具有黏合作用的专用环氧树脂等防水化合物。

伤口多，耗时长，每一个细节都需要妥善处理。修剪完打蔫了的叶子，邓耘瘫在拖板车的轮胎上休息。他给干活的技术工人们打气："把活儿干好，咱们都回家好好睡一觉。"

25 个小时的"手术"后，古喙核桃树的手术宣告成功。

随后，古喙核桃树被垂直吊起，树根被缓缓放入挖好的坑中央，工人们不断往树根坑里填进沙子和泥土。为防止大风将树体刮歪造成倒塌，还需要在树的周围用杉木桩顶住。一系列工作完成后，邓耘轻轻拍了拍喙核桃树说："加油啊，你要活着。"

"三分栽，七分管"

移栽仅仅是救治古树的开始。想要古树"复活"，只靠医治还远远不够，"手术"后的日常护理容不得一点差错。

"三分栽，七分管。"邓耘说，和人类一样，病重的喙核桃树需要有适合的术后维护方案。相比于给树注入大量药剂保活，邓耘更倾向让树本身得到调养。"虚不受补。"邓耘强调，古树的整体状况较为虚弱，不能过度施肥，也不能用太多农药。

"如果用农药维持生命，表面上树体可能恢复得快一些，但有可能只是假象。要是有一天停了农药，树就会发出'抗议'，甚至死掉。"他把古喙核桃树看成一个患了重病的孩子，伤了元气，受不住大补。

喙核桃树成活率不高，但邓耘并未因此气馁。古树入坑后的第一年，早晨6点半开始第一次巡查，每天检查七八次，邓耘几乎每天都是这样度过的。树干、树皮的细微变化，以及喷淋设备、围栏的情况，都要详细检测和记录。

到了晚上，公园里的游客都走光后，邓耘就会一个人在古喙核桃树底下坐一会儿。他对着喙核桃树说："你看我忙活了这么久，当作报答，你活下来给我看看。"和古树相处久了，邓耘仿佛能感知到树的状态，多看一眼就能多一些安心。

马鹿山公园的园林工人们用"琐碎"来形容日常维护的工作。但刘锦（化名）喜欢这份工作，看着古树一天天恢复，他觉得每天的工作都带劲儿。闲暇时，他开始钻研如何照顾古喙核桃树，"浇水、施肥的时间和多少，需要根据不同的日照、气候、湿度等决定。适时适量地浇水、除草、松土，可以提高树体的营养水平。"

一年后，古喙核桃树萌发出几枝新芽，但邓耘却没有因此喜悦。"树体很大，新发出的枝条很可能来自树体本身的营养，其实可能并没有长根。"他解释说，树木存在"假活"现象，死亡后的一段时间内，仍有可能发芽抽枝。"如果发新芽是因为从土壤里面吸收了水分和养分，才能说明它是成活的。"

古喙核桃的守护者们继续驻扎在马鹿山公园，观察着它每一个细小的变化。

2014年春天，古喙核桃树生出了更多的枝叶。"这一年，我们才稍稍有一点放心，从它的长势来看，基本可以判定成活了。"邓耘为这棵大树的生命力感到欣喜，但嘱咐技术人员再观察3年，要完全掌握它的生长规律。

每天清晨和傍晚，是马鹿山奇石公园游客最密集的时段。何柳娴

园林技术人员定期登上高空作业车，检查喙核桃树的生长情况。受访者供图。

准时从办公室跑到古树旁，以免游客进入围栏、接触古树。"古树还在恢复中，为了它好，咱们先不要打扰它。"她时常这样劝说着游客。

病虫害的防治也是救治古树重要的一环。2017 年 7 月，公园管理处的技术工人在对古喙核桃树的喷淋系统进行检修时，发现古树出现了大面积落叶。经诊断，是古树顶部处的切口因为受到白蚁"袭击"，出现了溃烂。"工人们将敌敌畏和乐果两种药物按比例混合，喷洒至切口溃烂部位，这才痊愈。"何柳娴回忆。

"白蚁和天牛是喙核桃树的天敌，稍有不注意，树就被侵蚀一大片。"每年 4 月开始，白蚁等害虫逐渐进入活跃期，何柳娴的工作也跟着繁忙起来。一旦发现成虫，她就和工人们一起登上高空作业车，用诱杀灯光消灭虫子，再涂抹上驱虫剂和保护剂。"树能不能好起来，全看这些细枝末节的工作。"

9 年间，何柳娴将古喙核桃树的生长情况和每一个变化都记录在笔记本上，有不懂的地方，就请教专家，查阅文献。每一年，她对"如何救治古树"这件事，都会有新的领会。"每一个参与维护喙核桃树的人，都是生命的守护者。"

给古树找来"小伙伴"

古喙核桃树脱离了"危险期"，但由于树根受损严重，枝叶的生长发育仍然较为缓慢。

相比于为古喙核桃树施肥增加营养，何柳娴觉得喙核桃树更需要一种环境上的疗愈。"或许在古喙核桃树周围种一些伴生树，模拟它的原生环境，能长得更好。"她提出了一个不算成熟的设想，在她看来，古喙核桃树应该找到"家乡的感觉"。

据公开资料记载，野生喙核桃树通常自然生长在热量高、相对湿度大的亚热带气候中，与城市中的环境有较大差异。为了比对与原生地的异同，何柳娴和几名工作人员决定前往古喙核桃树的原生地进行环境勘测，了解周边的生态环境。

2020年3月，何柳娴等人来到了距离拉沟自然保护区最近的村子里，一行人步行进入保护区。小溪缓缓流淌，沿途皆是参天大树，盐肤木、悬钩子被牵扯得"哗啦啦"响，越往深处走，蕨类植物愈发茂密。"在喙核桃树的原生地旁，生长着一棵与古喙核桃树树龄相近的同种喙核桃树，一些小喙核桃树围绕它而生。"何柳娴推断，眼前的喙核桃树和马鹿山公园里的那棵，应该属于同一族系。

技术人员对周边土壤进行了随机取样，并就地做了简单的酸碱度检测。何柳娴发现了许多掉落的喙核桃树种子，有的已经发芽。她将掉落在地上的种子带回柳州种植，希望为古喙核桃树的精细化养护提供可靠的依据。

邓耘认可这种设想。"森林树木能茁壮成长，与伴生树种的辅助具备密切关联性。"邓耘解释，伴生树种在森林中是不可缺少的种类之一，比如水冬瓜、暴马子、山里红等，都是常见的伴生树种，在森林环境中对主林层起到加快天然整枝、促进发育生长的作用。

辽宁省辽阳县林业局发表的研究报告《林木采伐作业中要保护伴生树》中，对伴生树的必要性和价值做出了详尽的解释。该研究报告指出，森林本身由多层次机构组成，林内有乔木层，有亚乔木层，也有低矮的灌木等，这样才使森林有机地结合成一个完善的体系。为了保护森林资源，应把伴生树种列为经营对象。

2022年，邓耘研究古喙核桃树伴生树种的选择。园林研究所的专家也曾多次来到马鹿山公园考察，研究通过了打造原生小群落的方案。"目前，古喙核桃树周围已经种有几棵老人葵和洋紫荆，我们计划继

2015 年以来，园林专家和马鹿山公园的技术人员曾多次前往拉沟自然保护区探访喙核桃树的原生长地。受访者供图。

续加种一些有利于它生长的蕨类植物和新的喙核桃小树苗。"

　　袁茜茜透露，柳州市林业和园林局为此成立了专家小组，专门在公园内打造喙核桃树小群落，"现在要做的事情，是做详尽的评估和实验，打造一个适合它的小群落，让它尽快适应这个环境，茁壮成长。"

重回森林之盼

　　与古喙核桃树相伴 9 年，邓耘见证了一棵古树的"死而复生"，更意识到了古树保护的重要性。

　　在柳州，古树比比皆是，市民们和它们保持着亲密且安全的距离。每一棵古树下面，几乎都能看到摆放整齐的棋牌桌，人们聚在树下打牌、聊天，"挥霍"茶余饭后的悠闲时光。

在 63 岁的市民李荣眼中，古树是古往今来的见证。壮年期的树木挺拔葱郁，古树却更像是一位年迈的老人，它们一生扎根在土地里，经历了数百年风雨，"这种年复一年的生命力，无可形容。"

邓耘的脑子里装着一张喙核桃树生长地的分布图，这张图的范围在逐年缩小。"大树可能有几百年甚至上千年的生命，它不仅是历史的见证，也是生态环境重要的组成部分，我们需要树。"邓耘说，保护古树刻不容缓。

至于古树名木逐年减少的原因，邓耘认为，除了自然因素，人为因素不可忽视。在巨大的利益驱使下，近年来，古树名木盗采盗伐现象屡禁不止。

这棵喙核桃古树从被找回到重生的过程艰辛且幸运，而更普遍的是，古树一旦被盗，很难被追回。一位不愿透露姓名的森林公安民警向新京报记者透露，"不法分子盯上一棵树，很快就组织行动，挖出来就立马转手。"案件发生后，仅靠现场的监控和目击者的证词抓人很难。而且即便追查到被非法盗挖的古树，也可能因为时间原因，古树已经变成了工艺品，无法"重生"。

全国政协委员、中国林科院森林生态环境与保护研究所教授杨忠岐曾多次公开呼吁重视古树名木的保护，他认为，应将我国现存的古树名木资源纳入保护范围，在全国范围内展开普查，登记造册，让那些散落在各个角落的、处在管理真空地带的古树被看见，并及时施救。

他提到，有些国家重点保护的古树名木出现险情后，很多得到了及时的处理。但那些偏远地区以及不知名的古树经常"难逃一劫"，即使被盗伐和摧毁，也可能没有机会出现在官方名单中。

2018 年 9 月 12 日，国家林业和草原局、国家公园管理局在《关于"进一步加强古树名木保护法制建设的建议"复文》（2018 年第 2209 号）中，充分肯定了古树名木重要的历史、文化、生态、科研价值和较高的经济价值，进一步明确了应尽快对重要古树名木和物种资源实施强制性保护。

截至2022年1月，我国已有包括北京、山东、河北等15个省份，先后颁布了地方性的古树名木保护法规和规章，并根据地方保护的原则，制定保护古树名木的方案及措施，开展为古树名木登记造册、修护医治等系统工程。

初春一场雨过后，"重生"的喙核桃古树有了新的变化。几根新生的细枝条刚从树皮底下钻出来，笔直地往天空上长，椭圆形的叶片深深浅浅，在湿润的空气中散发出细微的植物香气。前来散步的人们纷纷驻足，讲述着古喙核桃树的"往事"。

喙核桃树的维护工作也在继续。2022年3月18日傍晚，风打散了远处的云，阴霾散去，点点碎碎的余光穿过古树的枝丫，在湖水中来回闪动。何柳娴和马鹿山公园的园林工人们如常探视喙核桃古树，她期望着古树能恢复到它在森林中的模样，"到那时候，救助就是真正成功了。"

文｜戚运祯

于2022年4月

第
二
章

动物共生：
为生命留下未来

追象人

2021 年 12 月 17 日，云南省西双版纳州景洪市大渡岗乡高井槽亚洲象食源地，亚洲象监测员武俊会通过无人机寻找大象活动踪迹。新京报记者郑新洽拍摄。

保护大象，

不仅仅是一份工作，

更像是"保护人类自己"。

追象人
保护大象，也是保护人类自己

出走雨林，漫步村镇，穿越山谷河流，踏上元江大桥。2021年夏天，一路北上的亚洲象"断鼻家族"凭借一场"任性远行"，吸引了无数目光。

人们在山野间与其"斗智斗勇"。为保证人象平安，云南省先后投入应急处置人员及警力上万人，数百辆渣土车一路跟随，沿途村口设下路障，成吨的香蕉、苞谷撒在地上，试图引导大象转身回到"家的方向"。

而在北上野象的背后，还有300余头亚洲象和一群追象人正在密林中斗智斗勇。他们时常相遇，粗壮的象蹄飞奔而来，有力的象鼻卷起树干，人类只能在不远处屏住呼吸、静静躲避。

对于终日与危险相伴的追象人来说，寻找大象踪迹，及时预警、救护野象是职责，维护人象和谐是目的，但更重要的是："保护大象，也是保护人类自己。"

野象到访

眼前是破碎的防疫检查站，蓝色钢制棚顶被砸弯了，玻璃碎了一地，桌子躺在棚外看不出形状，断裂的电线搭在泡沫板上随风晃荡。附近的一片贝叶棕林，半米粗的树干断成几段，横七竖八地倒在地上，掘出的泥土堆成小山包，场面一片混乱。

那是21头野象到访的证据。

关坪村村民见证了野象们的到访，夕阳降临时，一头小象闯进一家院落，转了几圈，瞄准院里的芭蕉树，伸长的鼻子像婴儿的小手，抓住芭蕉轻轻一扭，"啪"的一声，整个树冠折落在地。

小象走后，家里的女主人悄悄溜下楼查看，铁门被撞出凹痕，门锁不知去向，门口3只小黑狗吓得脑袋耷拉着，蔫蔫地不敢抬头。

野象来临时，亚洲象监测员彭金福和普永兵藏在不远处的车里，彭金福趴在前车窗上观察野象的动向，"19、20、21，"他轻声数着，"整个家族全部下山了。"此后再未出声。

普永兵趴在后车窗上观望，确保没有摩托车忽视道路中央的警示牌，贸然驶过，惊扰象群。

车的右方紧挨着郁郁葱葱的雨林，山体被植物笼罩着，一眼望去，是浓得化不开的绿，那是西双版纳国家级自然保护区，近300头野生亚洲象正在其中自由穿梭。

关坪村位于西双版纳自然保护区（勐养区）边界，象群出没频繁，每当发现象群下山征兆，景洪市林草局的亚洲象监测员会第一时间发布预警，通过微信群和广播，确保每位村民都能及时得到消息，躲避人象。

尽管监测工作做了3年，预警流程也已经完备，每次出任务，彭金福和普永兵还是提着一口气。象群远远地走回来了，吼叫声比脚步声更先到达，震得人心和车窗一起发颤。

"19、20、21。"随着象群一只不落地踏入雨林，最后一只大象的身影被绿意淹没，两人才对视一眼，同时卸下劲儿来，瘫进座椅里。

夜色渐深，已经吃饱的大象家族不会再度下山，关坪村灯光一盏盏熄灭，监测员们赶紧开车奔回家中，那是少有的、不用在山里通宵守候的夜晚。

追大象的人

进入西双版纳傣族自治州首府景洪市，迎面而来的大象雕塑带着笑脸，憨态可掬。道路两旁的宣传画上，大象正微笑着向人招手。再往前是穿城而过的澜沧江。"澜沧江"在古傣语中称"南拉章"，意为"百万大象繁衍的河流"。

大象是傣族文化中神灵的象征，是科学研究中性格温和的动物，但在现实生活中，身高 2.1 米至 3.6 米、体重达 3 吨至 5 吨的大象，却有着不可预计的攻击力。

近年来，为获取食物，西双版纳自然保护区中三分之二的大象频繁下山，几乎每位生活在保护区周边的村民，都有一段大象登门入室，造访田地的回忆。

一位村民记得，2020 年夏天，大象格外喜欢光顾自家甘蔗地，几十亩甘蔗地尽数被毁。吃饱后，大象还会优哉游哉地晃进院中喝水休息，他和家人只能躲在二楼等待闯入者离去，"我都分不清谁才是这家主人。"

但这已是有关大象最温和的回忆，西双版纳州林草局官方数据显示，2011 年至 2019 年间，全州共发生野生亚洲象肇事事件 4600 多起，导致人员伤亡 50 余人、农作物受损面积 12 万多亩、保险补偿超过 1 亿元。

为避免人象冲突不断升级，西双版纳、普洱等地聘用了亚洲象监测员，以人力和科技结合的方式监测象群，提前向村民发布预警。在当地，监测员也被称为"追象人"，他们会一路追随大象的踪迹。

工作在早晨 9 点开始，景洪市林草局亚洲象监测员武俊会带着无人机出现在象群活动频繁的地点，显示屏上大象变成 1 厘米长的红色发光体，拖着一条尾巴，穿梭在丛林中，"像一群小老鼠"，他伸手擦擦屏幕。

工作结束时间不定，冬季大象下山次数增多，为实时监控象群，武俊会经常睡在车里，最长一次，他在山中留宿了半个月，无人交谈的夜晚，四周只有大象的吼叫声忽远忽近。

比孤寂更可怕的是突如其来的危险。勐海县林业局副局长周云华描述："100 米以内，大象若要攻击你，如果没有武器，基本无救；200 米以内，成功逃脱的人堪比刘翔。"

2021 年 12 月 11 日，经过一个多小时的山路颠簸，武俊会进入原始森林监控象群，数据显示，大象离他还很遥远，但预警中心突然打来电话，红外相机拍摄到还有象群正从另一个方向赶来。

他收起无人机，冲同事大喊一声，"跑！"无须多言，几人钻进车中，一路飞驰冲出了森林。再晚一步，难免和象群正面相遇。

无人机监测范围有限，雨天、雾重时又无法工作，更多时候，监测员只能依靠森林里的红外相机和经验判断大象动态。

彭金福和普永兵走路习惯盯着地面，大象粪便的干燥度、水坑的浑浊度、空气中留下的气味，都是用来判断大象是否刚刚经过的依据。

经验也有失灵时，一次上山监测途中，由于植被过密，遮盖了视线，彭金福几乎是走到大象身边才发觉不对，眼前是比树干还粗的象腿，象鼻垂在地上没有晃动，看上去像在休息。

他放轻脚步倒退，任何踩断树枝的声音都可能惊动大象，等退到安全区域，风一吹，冷汗已经打透了头发和上衣。

但工作还要继续，他跑回山下，从后备箱里取出"前方有野象出没，请注意安全"的警示牌立在路中央，路过的村民停下摩托车，好奇地问着："今晚大象还会来吗？"

被"收留"的野象

和监测员一样，保明伟也是一名"追象人"，他的任务是救助在野外不幸受伤的大象。在他所供职的勐养子保护区亚洲象种源繁育与救助中心，已经有8头被"收留"的野象。

每头来到救助中心的野象，都有独属于自己的名字和故事。第一头野象"然然"出现在2005年，那时它还是一头3岁小象，左后腿被兽夹夹伤，伤口撕裂皮肉，露出一圈血淋淋的象骨。

为了在象群中救出受伤的然然，工作人员不得已用上防暴弹和催泪弹，驱散象群，才将它抬回救助站。发炎的伤口已经化脓，很可能导致败血症，但然然不肯让人靠近，不停冲撞着笼子，发出怒吼声。

一些国外专家建议对然然实施安乐死，保明伟不同意，和饲养员配合着喂养了两周，使它放松警惕，再用高压喷雾器和改造后的吸管装上药物，远距离为它上药，最终让然然"捡"回了一条命。

第二头野象"平平"出现在2007年，还在哺乳期的平平被发情公象所伤，护林员发现它时，平平的臀部被象牙划出一道长伤口，严重感染发炎，身体瘦得只剩骨架。

保明伟找来国内外兽医专家，为平平做了4次手术，一层层刮去伤口周围的腐肉，救回了它的性命。半年后，平平被喂养得胖起来，只可惜落下了无法生育、小便失禁的后遗症。

2000年，保明伟从云南省畜牧兽医学校毕业，那时国内还没有医治亚洲象的先例，他凭借以往治疗野牛、马鹿的经验，逐步摸索着成为第一代"大象医生"。如今，他已在救助中心主导了近30次救助行动。

体型庞大的亚洲象看似没有天敌，但早年间，常有野象摔入农田蓄水池，为野猪设下的陷阱与夹子，无差别地伤害着野象；残存农药的作物，也会使小象不幸身亡。

2021 年 12 月 21 日，云南省西双版纳州野象谷热带雨林，"大象医生"保明伟与他救治的亚洲象。新京报记者郑新洽拍摄。

近年来，随着保护亚洲象意识增强，误伤野象的情况已大大减少，大象似乎知晓善意，多次被人类救助后，还有受伤的小象主动跑到村民家中，寻求帮助。

只是野象活动空间与人类生存边界的日益模糊，终究还是造成了难解的人象困局。

在救助中心有一头大象"维吒呦"，不同于其他被救助的大象喜欢与饲养员接触，维吒呦刚来时总是沉默地待在象舍中，一旦发怒便会四处冲撞，甚至撞掉了自己的象牙。

此前，维吒呦性格还未如此暴烈，监测员记得它喜欢在公路上闲逛，会吃村民的庄稼，偶尔冲撞汽车，但从不会突袭伤人。

直到 2019 年 3 月，维吒呦在争夺配偶时落败，被逐出象群。它所在的象群因澜沧江景洪水电站的修建，已被隔绝在澜沧江西岸 16 年，"落单"的维吒呦再也无法找到新的配偶和同伴，突然变得狂躁。

它每天堵在公路上，怒吼着撞向大巴车，用象鼻掀翻车子，还经常闯入勐阿镇，在村民家中大肆破坏。仅一周内就破坏了 16 辆车，损毁 5 处房屋。

由于攻击性极强，最终，经有关部门批准，2019 年 4 月 5 日，救助中心将维吒呦诱捕至笼中，运回收容。

保明伟为它做了两次手术，治疗好此前留下的伤口，两名饲养员日夜轮班看护喂养，在它平静时带它到空地上散步。

两年多过去，维吒呦逐渐接受了饲养员的存在，很少发怒。只是救助人员心里清楚，它已经习惯冲撞人类，放归后有着不可预知的危险，未来它几乎不可能再次回到山林。

"保护大象，也是保护人类自己"

断鼻家族北上期间，保明伟曾去协助进行麻醉工作，目标是一头落单的小公象，多年经验积累，麻醉早已不是难题，他对准皮肤最薄的象颈放了一枪，几分钟后，小象扑通一声，栽倒在地。

埋伏在旁的工作人员一拥而上，将小象抬入笼中，待小象苏醒后，它将发现自己已回到旅途的起点——西双版纳自然保护区。

完成工作，保明伟急着赶回救助中心，2015年救助的小象"羊妞"太过活泼，进山玩耍时崴了脚，抹药、输液近一个月还没好，正在"家"等着他回去医治。

回到救助中心没几天，护林员又送来一只出生没多久的小象，它走路时被藤蔓缠住左前脚，皮肤磨得血肉模糊，运到救助中心时已无法站立，小象鼻耷拉在身前，躺在地上奄奄一息。

救助中心又"热闹"起来，保明伟为小象清理伤口，还有工作人员用手轻轻托着象鼻，将奶瓶喂到小象嘴边，小象闭着眼睛，任由羊奶流进嘴里。

闲暇时，保明伟还免不了牵挂那群北上野象。与象相伴20年，见证了人与大象、象与自然的依存、纷争，对他来说，保护大象，不仅仅是一份工作，更像是"保护人类自己"。

沈庆仲也在为象群担心，他是北迁象群安全防范指挥部专家组成员，跟着断鼻家族从普洱前往红河，又走到玉溪。在他看来，那是一群性格温顺的大象，因为执意北上，一路经历了不少波折。

他曾留意到象群刻意避开一片森林，等爬到实地一看，才发现森林中修了路，大象闻到人的气息，宁愿绕路前行。走到元江县时，海拔已突破2200米，以往研究表明，亚洲象通常不会出现在海拔超1300米的地区，但象群以惊人的适应能力，硬是走了过去。

至于断鼻家族北上的原因，他推测："近些年，亚洲象数量翻了一倍，同时经济作物种植面积也在增加，大象喜欢的食物减少了，栖息地也不够了。"

"大象执意北上，或许是想找一个吃得好、睡得好的地方，却只能越走越失望。"说到这里，沈庆仲语气有些沉重。

北方没有新家园，断鼻家族最终还是迈上归途。2021年8月8日晚间，象群排着队，依次踏上元江大桥。

为了这一刻，人类保持了绝对寂静，附近的风力发电机关停，所有人员撤退远离，沈庆仲站在高处，目送大象走向"回家的路"，而在12月初，断鼻家族已全部回归西双版纳自然保护区。

回归后的象群生活一如往常，追象人的工作也在继续，12月24日一早，武俊会和队友带着无人机出发了，冬季象群下山次数增多，他还不知道将在哪里度过与象相伴的夜晚。

奄奄一息的小象伤势逐渐恢复，每天伸着象鼻讨要食物，救助中心为它取了新名字"龙龙"，外出散步时，没有要到食物的它会故意使坏，伸出后脚，企图绊倒饲养员。

而保明伟又一次见到了那头被麻醉送回的小公象，监控视频中，它来到救助中心门口，绕着保明伟的车走了几圈，甩甩象鼻，气定神闲地踱步离开了。

文 | 马延君
于 2022 年 1 月

女子巡护队在山上进行巡护。受访者供图。

这座山林和她们一样，

也在悄然发生着变化。

东北虎豹女子巡护队
"梳着马尾辫的汉子"

冬天的黑龙江省东宁市，平均气温在零下 20 摄氏度以下。

白雪出门前努力把自己裹严实，上身两件羽绒服，下身两层棉裤，脚上穿着军用棉鞋，还不忘塞上一双发热鞋垫。

她要进山巡护东北虎豹国家公园。2019 年 4 月，在黑龙江省东宁市林草局的召集下，7 位女护林员组建了东北虎豹国家公园里第一支女子巡护队。巡护队分为 4 支小队，每天固定时间出现在大山深处。

她们每天至少徒步 5 公里，最多的一次徒步 12 公里。山地徒步和平地徒步完全不是一个概念，有的山陡到接近直上直下，冬天，队员们只能用刀在冰上砍出一个个小坑，手脚并用向上爬。

爬山坡，钻树丛，蹚河蹚雪，给山林中的野生动物补饲点添粮加料，清除猎套，维修维护远红外摄像机……她们丝毫不逊于男生，于是多了个外号："梳着马尾辫的汉子"。

第一支女子巡护队

冬日里，东北虎豹国家公园内一片萧瑟，地上却散落着玉米、豆荚等食物，这是细心的巡护队员们特意留下的饲料。她们担心冬天野生动物难以觅食。

黑龙江省东宁市林草局朝阳沟林场副场长李刚记得，2019 年，林草局想利用女生心细的优势，把清除猎套和巡护工作做得更细致一些，决定组建女子巡护队。

他们在林草局中招募感兴趣的女护林员。她们需要保证自己管护区内没有乱砍滥伐情况的同时，承担起守护野生动物的责任。

在林场工作了8年的护林员徐春梅报名了。她对野生动物几乎一无所知，只是小时候听老人提过"山上有很凶的老虎"，于是既害怕又好奇地加入了。

其他报名的女生也是抱着类似的想法。当年4月，东宁市林草局女子巡护队成立了，7位女生也创造了一个纪录：她们组成了东北虎豹国家公园里第一支女子巡护队。

在此之前没人觉得女孩子可以做巡护员，连与徐春梅共事的男护林员们也以为姑娘们只是跟着溜达溜达，去两天就不去了。

结果她们坚持了3年。早晨揣上个面包和火腿肠就走，有时候中午吃饭，捡起两根树枝就是双筷子。冬天下了雪，积雪的平均厚度没过脚面，在最深的地方，姑娘们蹚着到大腿根的雪往前走。赶上下雨没带伞，黄泥粘在脚上，抬不起脚，一走一出溜，她们索性慢慢走，一边唠嗑一边唱歌。

老护林员们逐渐接纳了这群姑娘，一点一滴教她们认识这座山林。冬天，各种野生动物的脚印留在雪地里，是豹还是虎？是狍子还是梅花鹿？队员们看不懂，她们根据老护林员传授的经验学着分辨，并用GPS定位仪标记出来，带回单位用数据库进行分析。

她们还从老护林员那学到，冬天太冷的时候，野生动物会在向阳坡找一个背风的地方，在那里趴着，形成一个个小坑，这叫"卧迹"。

对于白雪这样在城市里长大的孩子来说，山上的一切都是令人新奇、充满吸引力的。夏天，山泉水清而泛着绿，把鞋脱了蹚着水过河，小鱼会围过来嘬人的脚。在山上走着，冷不丁，野兔野鸡就从草丛里蹿出来。

2021年10月，经历4年试点之后，东北虎豹国家公园正式成立。

东北虎豹国家公园管理局发布数据，东北虎豹国家公园内的野生东北虎、东北豹数量已由 2017 年试点之初的 27 只和 42 只分别增长至 50 只和 60 只，监测到新繁殖幼虎 10 只以上、幼豹 7 只以上。

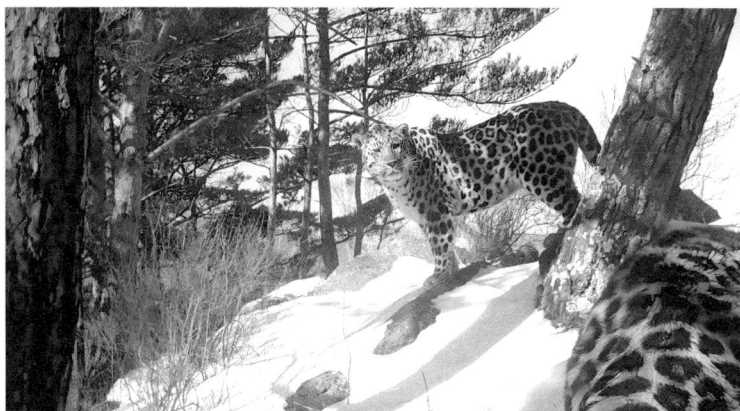

2021 年，远红外摄像机在东北虎豹国家公园里拍摄到的东北豹。受访者供图。

3 年清除 1 万多个猎套

成为巡护队员，姑娘们面对的第一个难题是学会"清套"。

猎套便宜，几毛钱就能买一个。小动物的腿卡在里面，越挣扎套得越紧，更致命的是套住动物的脖子，使它们无法呼吸进食，甚至在挣扎中被勒断脖子。很多时候等到队员们赶来的时候，猎套上只剩下小动物的残骸。"太绝望了。"白雪往往会不自觉代入小动物的心理。

老护林员们手把手教她们盗猎者的特点：下套的都是周边村子的村民，冬天没有脚印的地方也就不容易有猎套；从山上到河边的小路是队员们需要关注的重点，因为这是野生动物们喝水的必经之路。

有一次白雪和同事碰到一大片猎套，盗猎者知道小动物们需要补充盐分，就在泉水旁撒上盐粒，将树枝零散地插在地上做伪装，等待动物上钩。那一次白雪她们捡拾了几十个猎套，太重了带不走，两个女生拿根树枝把猎套串起来扛着走。

年久生锈的铁套像枯树的树皮，连巡护队员们都会偶尔"中招"。徐春梅一脚踩进过猎套里，还有一位男护林员弯腰扒着灌木走的时候，差点被猎套套住脖子。

徐春梅最喜欢山林里的梅花鹿，她觉得公鹿的鹿角很漂亮，鹿群又有灵性又可爱。有一次其他林场送来一只奄奄一息的梅花鹿，它的腿可能是被猎套勒得坏死了，一挤都是脓，散发着恶臭味，徐春梅太心疼了。最后鹿没被救过来，徐春梅至今记得那只鹿可怜的眼神。

猎套的危险性没有踩夹大，如果踩上了，腿直接就被夹断。在山林里转久了，白雪觉得自己会不自觉地去关心这些野生动物。她不理解，人们吃点啥不好，非要吃这些野生动物。

现在巡护队分为 4 支小队，轮流上山，为了她们的安全，每次还会抽调两三位男护林员一起巡护。每天山上都有巡护队的人，附近村庄的老百姓知道了，就不敢轻易去放置猎套。她们也会走进村庄，挨家挨户发宣传册，走进小学给孩子们讲述保护野生动物的重要性。

3 年间，巡护队员们清除了 1 万多个猎套，堆放在林草局朝阳沟林场的盗猎工具储存库里。有了她们的宣传，猎套的数量也在降低，有时候上山一天也捡不到一个。她们还打算建立一个野生动物救助站，救助那些受伤的动物。

"未知"的恐惧

远红外摄像机是野生动物监测过程中常用的一种工具，通过摄像机，可以更好地分析和研究野生动物的活动情况，帮助区分动物的种类、数量、性别、分布等。

队员们一般会选择水源地旁、陡峭的山崖上放置摄像机。对于野生动物来说，这也是新奇玩意，摄像机经常会被野猪拱得七零八落。队员们需要维修摄像机，并且隔一两个月给摄像机更换电池和存储卡。

距离野生动物生存地近也就意味着并不好抵达。有的山陡到接近直上直下，坡度很大，男队员就用刀在冰上砍出一个个小坑，大家手脚并用向上爬。

从远红外摄像机中导出文件的过程就像"开盲盒"，有时队员们会惊喜地发现东北虎、东北豹的身影。白雪第一次在监控里见到东北豹的时候，感觉它像极了一只大猫：摇着尾巴慢条斯理地走着，遛弯儿似的。"它真的特别漂亮，很想摸摸它的毛。"

2021年，东北虎豹国家公园东宁片区通过远红外摄像机一共监测到东北虎4次、东北豹100多次。

对于巡护队员来说，工作中不乏惊险的时刻。2021年2月，徐春梅经历了一次命悬一线。

她和同事进山维护远红外摄像机时，刚刚下过一场大雪，山路被积雪覆盖。爬山途中，她脚底一滑，整个人仰倒在悬崖边，头朝下地向下滑。危急之间她抓住了悬崖边上的大树，一动也不敢动。

悬崖距离地面近500米，下面就是中俄界河。其他队员赶紧抓住她的腿把她拽上去。徐春梅获救了，也吓坏了。晚上回家，她都没敢告诉爸爸这个老护林员。

很久之后父亲才知道了女儿的经历，他很担心，觉得这么危险，要不就别去了。徐春梅只是告诉他："没事，以后多注意就好了。"

对于巡护队员来说，她们想碰到野生动物，又害怕碰到它们。

前不久白雪和同事前往"土豹子沟"的时候，白雪在林子里远远听到一声低吼，她看到乌鸦一下子腾空盘旋，食草动物们像受了惊吓一样很快逃走，她也撒丫子往车里跑。白雪一直不知道那声低吼源于哪里，但是肯定是一些"未知"的食肉动物。

朝阳沟林场副场长李刚碰到过一次豹子，他坐在车里，东北豹在路边趴着，离车也就20米。他们对峙了4个小时，最后为了豹子的安全，他把它赶回了山林。

徐春梅经常和儿子讲起自己在山上巡护的故事，儿子天真地问："你今天上山看见了啥，有没有看见大老虎？"徐春梅打趣地和儿子说："妈妈看见大老虎就回不来了。"

"梳着马尾辫的汉子"

巡护队里的姑娘们都是"80""90"后，爱美，凑到一起会抱怨皮肤又晒黑了，多少张面膜才能"救"回来。山林里面枝丫多，膝盖经常会受伤。徐春梅的身上总是青一块紫一块，也不知道什么时候磕的。

白雪还给同事张昕起了个外号：每天上山必一拜。每次张昕上山都会被树枝或者猎套卡倒，三天两头挨摔，白雪调侃她"拜山神来了"。上山坡陡，下山更难，硬邦邦的鞋子把姑娘们的脚指甲磕得淤青充血。

因为受冻，有的姑娘手脚被冻伤，半夜又疼又痒睡不着，有的姑娘经期推迟了4个月。这群能吃苦的姑娘有个外号："梳着马尾辫的汉子"。

李刚也知道姑娘们的苦。有一次在山上，白雪突然被吓得大叫，李刚正弯着腰给相机换电池，心想：完了，不会真碰上虎或豹了吧。四处望了望，什么也没有。白雪指了指他的头，上面趴着一只毛毛虫。

从小害怕虫子的白雪，在成为护林员之前，连菜园都没进过。刚来时，她蹚灌木前总要扒开看看有没有毛毛虫，到最后索性"闭眼进"。

2021年，徐春梅在儿子脸上发现一只蜱虫，蜱虫已经喝饱血了，胀得跟黄豆粒那么大，她又懊悔又心疼地帮孩子处理伤口。孩子一直住在市区，蜱虫只可能是她从林子里不小心带回家的。她想想就后怕。

7岁多的儿子没有在意这点小伤，依旧和小朋友们夸耀自己的母亲。"今天我妈妈又上山了，山上有好多野生动物。"他对濒危动物还没有概念，只知道以后要保护好它们，绝对不能吃它们的肉。

开始时，徐春梅只是想试一试。后来这份工作对她来说有了更大的意义，她希望通过自己的努力，让野生动物们不只存在于博物馆里，更能奔跑在山林上。

"劳累辛苦、工资低、不着家"是小时候的白雪对护林员父亲的印象。她觉得自己怎么也不会去做这种工作。结果这个"林二代"在山林里一待就是3年。

猎套、踩夹少了，小动物们也没有那么怕人了。狍子看到人，扭个头瞅一眼再蹦走；梅花鹿看到人，不紧不慢地啃着路边的小嫩芽，和人对视十几分钟。白雪知道，它们没有受到过伤害，所以才会这么悠闲。

山上的雪还没有化，现在一上山，巡护队员们就能看到一大片聚集的动物脚印。徐春梅很开心，这座山林和她们一样，也在悄然发生着变化。

文 | 郭懿萌
于2022年3月

北京雨燕。中国观鸟会志愿者张为民拍摄。

这种以一座城市命名的鸟儿，

见证了四九城的繁盛与消逝，

也见证着北京的重生与发展。

追踪北京雨燕的人
揭秘"无脚鸟"的万里迁徙

暑热时节，北京雨燕结群在颐和园、天坛、雍和宫等地展翼盘旋的场景，定格成许多"老北京人"童年记忆中挥之不去的"解暑"画面。

与寻常家燕不同，北京雨燕的体形稍大，外身羽毛呈黑褐色，翅膀狭长。

形似镰刀的双翼擦过晨昏、扎进薄雾，于夏天结束前，消失无踪。人们知道，来年春天，它们会再度现身北京，无一年缺席。

但它们从何而来，又将奔赴何地？

"这个谜底近些年才被揭晓。"

2021年1月8日，新京报第十四届感动社区人物评选颁奖典礼上，已在北京观鸟、护鸟10年的英国环境法专家唐瑞在分享环节提到了由原北京观鸟会发起的"追踪北京雨燕项目"。

2014年5月24日凌晨，约50位中外追踪高手、鸟类学家、环志能人在颐和园昆明湖畔的八方亭首次碰头。第一批迷你光敏定位仪藏身于31只北京雨燕背部。

翌年5月，其中的13只在八方亭被重捕。回收数据显示，7月下旬，它们出京后，于10月末抵达非洲西南部越冬，迁徙路径往返约3万公里。

萦绕在诸多鸟类学家心间多年的迷雾，基本明朗。

"我们关心北京雨燕的生态，不仅是要揭晓雨燕迁徙的奥秘，更想保护这些神奇的旅行者。"项目现场总指挥、北京师范大学鸟类学及鸟类环志专家赵欣如在接受采访时表示。

楔子

一颗鸡蛋的重量约为 50 克。

而一只北京雨燕的体重仅在 31 克至 41 克之间。

根据国际环志领域内的一个普遍适用规则，为飞行动物网捕的装置重量必须小于其体重的 3%，"这个重量对鸟正常活动的影响基本可忽略。"赵欣如说。

若以一只 35 克重的北京雨燕为例，其身背的定位仪净重须小于 1.05 克。

在此规则下，适合北京雨燕的追踪器极其难觅。

但朱雷未曾预料，9 年前自己的一席话，竟使追踪北京雨燕的"楔子"开了篇。

2012 年 4 月，德国柏林，世界普通雨燕研讨大会上，朱雷在发言中强调，北京雨燕的迁徙路线至此仍是个未解之谜。彼时，他 24 岁，是瑞典乌普萨拉大学鸟类生态保护专业的研一学生。

作为"北京土著"，朱雷对北京雨燕有着一种道不明的特殊情愫。

他是原北京观鸟会（现称中国观鸟会，隶属于中国生物多样性保护与绿色发展基金会，以下简称"观鸟会"）的一名志愿者，在北京林业大学就读期间，曾连续 4 年担任"北京燕与雨燕调查"项目的执行负责人。

在朱雷眼中，电影《阿飞正传》里提及的一生都不落地的"无脚鸟"距离我们并不遥远。它们，即是北京雨燕。

1870 年，英国博物学者罗伯特·斯温侯在北京采集到一种区别于欧洲雨燕的标本，他将之命名为普通雨燕的另一个亚种。北京雨燕（*Apus apus pekinensis*）因此得名。

此后，偏爱在城内古建筑和老旧屋檐逗留繁殖的它们逐渐被更多的北京百姓谈及。

于北京雨燕而言，燕雀亦有鸿鹄之志。从破壳而出到衰亡，除繁殖期间需短暂降落外，进食、饮水、交配、睡觉基本都在空中进行。

它们脚不沾地。北京雨燕每只脚的 4 个脚趾均朝前，利于悬挂、攀附在悬崖峭壁、古建筑及墙体的缝隙中。

"这种以一座城市命名的鸟儿，见证了四九城的繁盛与消逝，也见证着北京的重生与发展。"朱雷说。

近几十年来，由于旧城改造、农药使用等，北京雨燕的种群数量急剧下降。公开资料显示，北京雨燕已从 20 世纪的上万只减少到现在的两三千只。

"北京雨燕是我们身边著名的食虫益鸟，与生态环境联系紧密。"赵欣如说，想要保护它们，需得从研究北京雨燕的迁徙路线、迁徙规律、越冬地点、停留时间、飞行速度等信息入手。

自 2007 年起，观鸟会在颐和园八方亭做北京雨燕环志。

鸟类环志是世界上公认的研究候鸟迁徙动态及其规律的一种重要手段，至今已开展了 120 余年。

赵欣如投身鸟类环志工作始于 1983 年，据其介绍，基于我国环志的技术规范，一般是将金属鸟环佩戴在鸟的跗跖部（脚部），"脚部的粗细、长短基本不会受体重变化或发育影响。"

精妙之处在于，被环志的鸟，它脚上的标志环就像一张身份证，有唯一的编号，当被回收时，发现者可据此查阅佩戴鸟儿的相关信息，并将自己看到这只鸟的地点、日期等信息报告给环志机构，以上传到环志数据共享平台。

若同一鸟或同一种鸟在世界的越多位置被越多人看到，上报数据生成的迁徙动态就会愈详尽。

但环志也有其局限性：地理信息的记录具有偶然随机性，高度依赖迁徙沿线地的发现者上报的信息，不太稳定。

赵欣如认为，鸟类的种群数量变化、寿命、回巢率等数据虽可通过传统环志知悉，但如要提高研究速度，破解含越冬地、滞留地、停留时间在内的鸟儿行踪秘密，"还是需要采用数字化技术，如定位仪。"

搭桥

"传统环志历经上百年的回收数据，可能都不及定位仪一年记录到的数据翔实。"赵欣如说。

而定位仪的价格相对昂贵，且对操作者的技术有一定要求。也因此，观鸟会记挂已久的"追踪雨燕计划"一度搁浅。

世界普通雨燕研讨大会现场，朱雷提到，观鸟会每年在八方亭做北京雨燕环志，回收率稳定保持在 30% 以上。这意味着，头一年在八方亭筑巢繁殖的北京雨燕中，至少有 3 成来年还会如期归来。

待朱雷发言结束，一名中年金发女子有些激动地走向他，称得知北京有一个如此稳定的雨燕"回巢点"，她喜不自禁，愿与中国的鸟类学家合作，助力揭秘北京雨燕的迁徙路径。

对方即是先于他发言的瑞典隆德大学进化生态学教授苏珊娜。

早在 2009 年，苏珊娜及其团队曾在瑞典的 2 个普通雨燕繁殖地，给 8 只欧洲雨燕装上了迷你定位仪。次年，其中的 6 只被成功捕捉。

追踪数据显示，6 只欧洲雨燕最终在非洲中西部的刚果盆地越冬。

在朱雷的"搭桥"下，苏珊娜开始与观鸟会接洽。2014 年年初，在外方联络人唐瑞和中方联络人、观鸟会志愿者吴岚的积极"搭桥"下，观鸟会的中国专家顾问和外方专家小组达成共识，追踪北京雨燕的专家团队应运而生。

102

此次团队阵容堪称"豪华"，包含：项目总策划、鸟类环志与保护专家赵欣如，鸟类生态与演化专家刘阳；来自瑞典的鸟类迁徙专家苏珊娜，来自英国的雨燕保护专家迪克，以及来自比利时的鸟类环志、标记物专家林顿。

专业设备很快亦被锁定——一款由英国 Migrate Technology 公司生产的光敏定位仪，折合人民币约 1300 元一枚。

此款光敏定位仪的净重仅 0.65 克，符合严苛的"3% 适用规则"。

据比利时皇家自然科学研究院的鸟类环志、标记物专家林顿介绍，定位仪整身长 16.3 毫米、宽 6.1 毫米、厚 5.6 毫米。

唐瑞回忆，2014 年筹集到的首批迷你定位仪共 31 枚，其中，光敏定位仪公司捐赠了 1 枚；瑞典隆德大学和来自英国的雨燕保护专家迪克个人为项目的捐款，分别采购了 20+10 枚。

开展追踪的地点依然定在颐和园八方亭。

在北京雨燕的诸多巢址中，八方亭的雨燕巢密度居于前列。"结合首师大高武教授此前的研究，这里的巢大概在 50 到 100 个。雨燕奉行一夫一妻制，一般一窝有 2 只成鸟。"赵欣如介绍。

起初，团队中有外国专家认为，基于此前追踪欧洲雨燕迁徙路径的经验，在颐和园走完"布网—捕捉—分类—佩戴—采样—放飞"的流程，至少需要两三天。

但赵欣如对志愿者们颇具信心。他觉得，一天时间绰绰有余。

原北京观鸟会会长付建平透露，早在 2014 年初，项目准备前期，观鸟会便早早筛选出一批拥有 10 余年网捕、环志经验的资深志愿者，并针对性地开展了几期培训。

赵欣如根据志愿者们各自的擅长项，将他们安排到特定的小组，"来自各行各业，有老有幼，对鸟类环志都有极大的热情。所以我们聚到了一起。"

2014年5月24日凌晨，指挥组、网捕组、管理组（分配组）、环志组、佩戴组、采样组、图片采集组（羽毛拍摄组）、宣传组（在展板前向游客讲解）、疏导组（劝阻游客进入八方亭）、媒体组（摄影记录组）的志愿者们配合默契，整套工作流程有条不紊地走完，仅用了 5.5 小时。

布网、捕捉

凌晨 2 点半，5 盏头灯齐亮，网捕组率先进场了。

由 8 张丙纶丝线网组成的"天罗地网"须在 1.5 小时内布下，将亭子围住。4 点之后天将擦亮，八方亭的北京雨燕会陆续出巢。一些习惯从亭内柱子间穿过的鸟儿按计划将落入细软的网中，并极难挣脱。

网捕组骨干黄伟上一次独自来此"踩点"，是在一个多月前。改装网具前，他被派来实地勘察八方亭内每根相邻柱子的间距、柱高和柱周长。

八方亭又称廓如亭，坐落于颐和园内，始建于乾隆十七年，面积约 130 平方米，八角重檐，是我国现存的最大古亭。

团队依照黄伟绘制的图纸，8 张布满菱形小格（边长约 1.3 厘米）的鸟网很快改装完毕，通过现场安装试验后，被妥善保存，只待"出征"。

时年 42 岁的黄伟是北京某服装公司的管理人员。打小喜欢观鸟的他，本科选择了生物学专业。

从 1998 年开始，黄伟便定期跟随赵欣如等鸟类专家前往北戴河参与鸟类环志，由此接触了许多鸟类。

给鸟上环，需将其捕捉、控制。捕捉前一步，是布网。

布网、捕捉皆是烦琐的"活儿"。

志愿者黄伟说，历次参加野外鸟类环志时，一般有经验的专家会先确定鸟儿频繁飞经的地点和方位，"之后再用两根纤绳将穿挂在下粗上细竹竿上的鸟网拉起来，垂直于地面，再把网杆固定。"

较之野外，八方亭的情况要复杂得多。

亭子四周并非空旷的平面，而是被许多支撑的柱子"切割"开来。在此情况下，整片大网须改装成几个部分，以填满遮挡柱子间的空隙。此外，八方亭是古建筑，不能在柱子上钉钉子来固定鸟网。

"我们只好将细长的网杆贴靠在部分柱子上，用软绳缠绕固定，网其实是直接固定在网杆上的。"黄伟回忆，为了方便在亭子高处布网，网捕组携带了2个约2.2米的梯子，除了亭子上面的椽子、避雷针、长凳下方等位置没有布网，基本完全覆盖所有立柱之间的立面空间。

还未到凌晨3点半，网已布好。

早于雨燕"苏醒"的是蝙蝠和麻雀。蝙蝠的脚上爪子不少，一旦误入网，会将网裹得很紧，不好"下网"。同时，蝙蝠可能携带诸多病毒，在触碰它们的过程中，若被咬伤或抓伤，后果将不堪设想。

为此，网捕组的5名志愿者均戴了2层纱线手套，蝙蝠下网后，暂时被关在笼子里，以免放飞后再次撞网。捕捉到的蝙蝠至少有30只。人一旦凑近，有的蝙蝠会龇开尖细的白牙。

"任务量比较大。要保证自己安全，也要避免伤到蝙蝠，还要确保速度。"黄伟说。

凌晨4点半之后，"迷迷糊糊"出巢的雨燕开始大规模撞网。

下手前，志愿者需先判断雨燕是从哪一头撞网的。鸟网不具黏性，但却能"吸附"鸟儿的羽毛，让其深陷，在外观上形成一个兜，"辨别方向需要一定的经验。如果'摘'鸟方向反了，将会越'摘'越紧、越'摘'越乱。"

黄伟形容"摘"雨燕的手法像轻轻地夹起一支香烟。那一天，佩戴组总共"夹"到100余只入网的雨燕。

"把雨燕的头从网上摘出后，再把翅膀和两条腿理出来。最后，用食指和中指夹住细细的脖子，其他手指轻轻地落在雨燕背部。"

在"摘取"雨燕和麻雀时，网捕组成员均不戴手套，黄伟解释，"手套会影响灵活性，并干扰我们下手力度的判断，容易误伤鸟类。"

在他看来，北京雨燕并不易"摘"，若运气好，几秒下网，绕得紧的，得用几分钟。雨燕属攀禽，爪子锋利，"被它们的爪子划出几道血口子算是家常便饭了，之后会上点酒精、药水消消毒。"

每一只雨燕下网后，即刻被送至一旁管理组的鸟袋中。从未戴环的，被移交到环志组上环；戴过环的回收个体对巢址的"忠诚度"较高，志愿者会根据它们的健康状况，考虑是否为它们佩戴定位仪。

连续多年返回八方亭筑巢的北京雨燕，会被优先选择，"有利于确保来年的回收率。"赵欣如说。

待天已透亮，为降低雨燕的重复撞网率，网捕组成员拆除了一片网，留出部分飞行通道。"因为我们是随捕随测随放，已经上环或装上定位器的雨燕，捕食归巢时，有可能再次撞网。"黄伟说。

佩戴定位仪

凌晨4点半，余下的所有小组同步进场。有的支起工具台，有的搭设样本架……佩戴组的6人则快步走向管理组领取雨燕。

如果说网捕是体力活与技术活的统一，给雨燕佩戴定位仪则倾向于巧和细。

时年39岁的梁烜是北京教育科学研究院的一名教研员，作为佩戴组骨干，她恰巧有一双骨节分明的巧手，十指修长而纤细。但这双手，每一次接触雨燕，都容易被锋利的爪子挠出血痕。

为一只选中的雨燕佩戴好定位仪约需 5 分钟。同样是"裸手"操作。

"戴上手套，便没法干活了。"梁烜说，若硬要避免被雨燕误伤也不是不可能，但这样她的目光就全集中在其爪子上，而非背部的定位仪了。

后来，苏珊娜教给她一个招儿。把鸟袋蒙在雨燕的脑袋上，"它们一下子就'乖'了。"梁烜笑着说。

这款光敏定位仪比梁烜想象中的还要轻。算上 2 条加固绳，光敏定位仪的重量也仅为 0.733 克，不过芯片大小，将其摊放在手心，梁烜几乎感觉不到它的重量。

安装它时如穿针引线。轻细而结实的固定绳从两侧翅膀下方套过，之后在定位仪的 2 个小孔上打结。绳子 1 毫米宽，软涤纶材料，质地较亲肤，不会勒伤雨燕，且不影响雨燕正常飞行和换羽。

当打结位置、松紧皆确认无误后，会在打结点刷上一层专用速干"超级胶水"，算是双重保险。

在一旁观看梁烜操作时，林顿直呼其手法专业，连连称赞。

梁烜记得，前一日培训时，待她操作完成，林顿顺利地将一支铅笔推入定位仪下方，"若铅笔不能进入，说明绑得太紧，会影响雨燕的正常活动。"

与常佩戴在大型鸟类身后的 GPS 定位仪不同，低耗能的光敏定位仪无法实时传回鸟儿飞经的地理位置，只能待重新捕获后下载数据。

项目论文的主要执笔人、中山大学生命科学学院博士研究生赵岩岩介绍，光敏定位的原理是依靠日照变化来推断地理信息，因此在春分、秋分前后和途经赤道时，定位仪会被严重干扰，导致数据出现较大误差，"优点则是较便宜、电池较轻，适宜安装在小型鸟类身上。"

现场，每一只落网的雨燕，都会进行常规数据的测量，包括体重、喙长、翅长、尾长、体长等。而被选中佩戴定位仪的雨燕还需拍摄至少 10 张不同部位的羽毛特写。

走完几组步骤，还不能一放了之，"这时得赶紧送去管理组补水使其恢复体力。"赵欣如说。

放飞前的最后一步是进行生物样品采集。为此，中山大学生态学院副教授、博士生导师刘阳专程从广州赶来。由他带领的采集组，在现场负责采集雨燕的血样、羽毛、身上附着的寄生虫等生物样本装入试管，"如果有雨燕出现排便现象，也会顺带采集些它们的粪便。"

据刘阳介绍，单凭肉眼，即便资深鸟类专家凑近仔细观察，也难以准确辨别雨燕的雌雄。

因此，明晰雨燕的性别需将采集到的血液带进实验室，"鸟类的翅膀下面有一段较明显的肱静脉，用采血针刺破血管采一滴血珠就可以了。"

除此之外，还需进行羽毛的采集，"一般是直接用手拔下少量尾羽，用剪刀剪的话提取不了羽根部的 DNA。"刘阳说，"每一份样本的数据分析结果一般要 3 至 4 天才能出来。"

重捕

时隔 12 个月，2015 年 5 月 24 日凌晨 4 点半，约 50 位中外追踪高手、鸟类学家等再度聚首八方亭。

不过两个小时，13 只身背光敏定位仪的北京雨燕相继入网。"重捕的喜悦真的难以言传。"黄伟说。

随后，志愿者在林顿的指导下，对定位数据进行下载分析，飞行轨迹在世界地图上浮现。这是一程来回近3万公里、飞经约19个国家和地区的长途迁徙，"可称作史诗级别的。"迪克感叹道。

回收数据显示，7月下旬，上述北京雨燕出京后，先后飞经内蒙古、天山北部、中亚、阿拉伯半岛、中非等地，最终于10月末抵达非洲西南部，在纳米比亚、博茨瓦纳和南非西开普省"休整"约3个月。

翌年2月，越冬完毕，它们如朝圣般向着北京重新启程，于4月中上旬"到站"。

整段路程，它们依然在天上吃喝拉撒睡，脚不沾地。赵岩岩分析发现，北京雨燕每年有连续9个月的时间都待在天上，"有的个体甚至在繁殖期，都很少进巢。"

"作为一名环志者，迁徙一直让我着迷并驱使着我。雨燕在空中体现了生命的全部奇迹。我很高兴有机会参与这项里程碑性的研究。"林顿表示，揭开谜底，是一个至高无上的时刻。

于赵欣如而言，追踪北京雨燕迁徙路径，是为了摸清它们的迁徙动态和规律，从而"对症下药"。

"毕竟，研究是保护的前提。"

他提到，在北京城市化的过程中，伴随大量古建筑的拆除，越来越多的北京雨燕不得不"另寻出路"，钻进立交桥的空隙、洞穴、楼房的伸缩缝造巢。如今，天宁寺桥、广安门桥等地也逐渐成为北京雨燕的新巢址。

"它们亦在积极适应城区的变化，事实证明，雨燕没我们想象中那么脆弱。"

他亦坦言，筑巢建筑物的变化是制约北京雨燕种群数量的客观因素之一，再者就是城市上空的昆虫锐减、大气污染、水污染、农药喷洒等，"若它们食用的昆虫富集有毒成分，雨燕会中毒而亡。"

此外，北京雨燕的越冬地、迁徙途中飞经国家（地区）的环境状况亦需考虑，"以及当地会不会有食物短缺或猎杀。"

追踪不止

对观鸟会来说，只要北京雨燕的迁徙不止，追踪雨燕的路途便没有尽头。

赵岩岩透露，自2014年起，"追踪北京雨燕项目"团队连续4年在颐和园八方亭，给66只雨燕佩戴上同款光敏定位仪，最终回收到25只，"数据量足够大，满足分析要求。项目研究论文现已完稿，预计2021年2月前向专业期刊投稿。"

2020年6月末，一则喜讯在观鸟会传开，开展多年的雨燕同步调查数据显示，雨燕自早年的2000只次至3000只次增到6189只次。

赵欣如认为，严谨来看，上述任一制约因素若发生改变，都会引起北京雨燕的种群数量变化。同时，雨燕自身繁殖能力的强弱变化，作为主体因素，也应纳入分析。

"同时也不排除志愿者记录到的有个别重复。这是出现大幅波动的第一年，还需长期观察。"

近年来，北京对空气污染问题的有效治理有明显成效，"蓝天天数多于往年，也有利于留住更多的雨燕。"赵欣如提到。

"扩大绿植面积，恢复北京地区湿地，能使昆虫数量增加，给食虫鸟类提供更多的食物资源。园林绿化部门普及了很多年的生物防治，我觉得也有一定效果，减少园林农药的使用，也能有效避免昆虫体内富集有毒物质，避免食虫鸟中毒。"赵欣如补充道。

2021 年，观鸟会亦打算在 5 月为新的一批雨燕佩戴定位仪，"了解北京雨燕途经的国家和地区，仅是开展保护工作的第一步。"赵欣如说。

下一步，项目的专家和志愿者渴望加强国际间的保护和合作，确保北京雨燕每年的迁徙之路是绿色、安全的。

唐瑞也已向相关单位提议，希望北京雨燕可以成为"一带一路"沿线国家和地区加强生态保护合作的"生态大使"。

他提到，北京雨燕前一半的迁徙路径与丝绸之路较吻合。在雨燕途经的所有国家中，至少有 18 个都是"一带一路"成员国或与中国签署了合作协议，"这有利于伙伴国家将生态环境的保护计划落到实处，更好地共建绿色的'一带一路'。"

梁炟能想象，北京雨燕一路跋山涉水的艰辛。

2015 年 5 月 24 日清晨，当首次与亲手"绑过"的北京雨燕在八方亭重逢时，梁炟的心情很微妙：她双手触握过的仅 30 余克重的小生命竟能飞越高山低谷，一路裹挟着霜雾风雨，热浪沙尘后，依然惦念着繁殖的"应许之地"——北京。

万里路程，它们没有被身下的其他土地诱惑，而是以日均 220 公里的速度扬翅，笃定无疑地朝八方亭涌来——比它们离开时更快。

见证 13 只北京雨燕归来后，林顿眼中亦有微光闪烁，他轻轻点了点一位长途旅行者的翅膀，略有感慨：此前他追踪到的欧洲雨燕最终也会飞抵非洲越冬。

"也许北京雨燕路过刚果盆地时，它们会在空中互道'你好'，'嘿，你们也来非洲过冬啦'。"

文 | 吴淋妹
于 2021 年 1 月

2022 年 9 月 7 日，江西都昌县大咀头附近水域，一头江豚露出水面，岸边有许多垂钓爱好者。新京报记者郭延冰拍摄。

江豚多，

说明湖里的鱼多。

没有了江豚，

说明湖里的鱼也少了。

江豚救护队
守护鄱阳湖的"微笑天使"

"前面有两头，母子豚，盯一会儿就出来了。"49 岁的江西都昌县江豚救护队队长占柏山站在甲板上，手指船前方的水域，提醒船上的队员留意江豚的动态。

随风浮动的湖面，等待着江豚出水的瞬间。一头江豚冒出一颗灰色的脑袋，打破湖面的平静，又迅速沉入水下。这头江豚消失后，又一头江豚露出水面。"这是两头江豚，后面的那头个头小，是一对母子豚。"占柏山解释道。

在鄱阳湖上生活了 49 年，占柏山对江豚再熟悉不过。从渔民到江豚守护者，他与江豚也有着 49 年的情感。

2021 年 2 月，经国务院批准，长江江豚由国家二级保护动物升为国家一级保护动物，被称为"水中大熊猫"。据央视新闻报道，2022 年 5 月监测发现，鄱阳湖的长江江豚数量已增加至 700 余头。

然而 2022 年 7 月以来，鄱阳湖水位迅速下降，提前进入枯水期，江豚面临搁浅等一系列危险。占柏山和江豚救护队员每天在湖面 24 小时巡查，在水面和滩涂之间守护江豚的安全。

一天遇到近 20 头江豚

进入枯水期的鄱阳湖，湖面已经收缩成一条河。驾船行驶在湖中，才能更清楚地感受到鄱阳湖的干旱状况。

船前右侧的湖岸隐没在一片灰扑扑的土地外，左侧的滩涂在往年的 9 月里还没在宽阔的湖面下，现在已经成了一片灰色荒漠，零星的几只白鹭站在水边觅食，偶尔四处张望。

2022 年 7 月以来，鄱阳湖地区遭遇干旱天气，湖水水位迅速下降，威胁着江豚的生存环境。

"水位下降、湖面变窄，江豚进入主航道活动，增加受伤的可能。"占柏山说，为了避免影响江豚，他们的巡逻船只尽量沿着湖边行驶。同时，控制巡逻船的行驶速度，避免误撞江豚。

据江豚救护队员占大旭介绍，鄱阳湖里多湖汊地形，湖水后退太快，江豚不能及时游回深水区，会搁浅在湖汊地区。"船到不了的滩涂地带，我们就徒步巡护。"

江豚救护队每天出船巡查湖面都昌鄱阳湖水域，驱逐在禁钓区域的钓鱼者。湖边有以前留下的废弃虾笼和垃圾，救护队员都会带到湖区外处理。同行的还有 2 位渔政执法人员，将每天的巡查情况填入巡查登记表中。

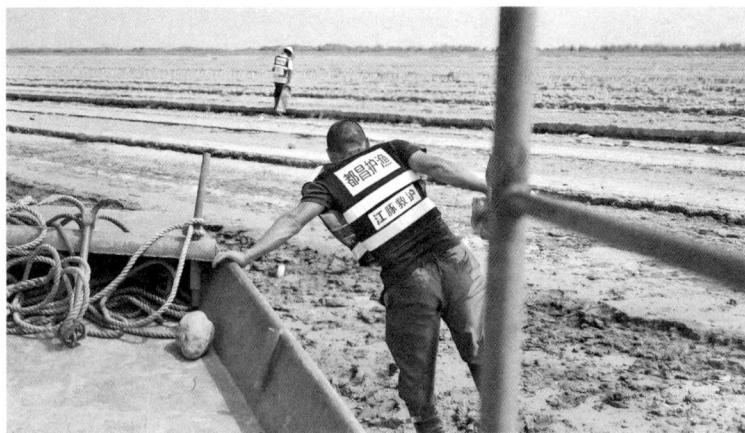

2022 年 9 月 7 日，都昌江豚救护队队长占柏山跳下渔船与队员们一起清理干湖床上的垃圾。新京报记者郭延冰拍摄。

2022 年 9 月 3 日，江豚救护队的船沿着湖面巡护一天，队员遇到近 20 头江豚。随着水位下降，江豚集中在挖沙形成的深水区域。往年的 9 月份，鄱阳湖还处在丰水期，江豚活动的范围会更大。

江豚跃出水面的画面虽令人欣喜，占柏山的注意力还在湖水水位下降后显出的滩涂上。巡护船行过滩涂时，占柏山把双筒望远镜挂在脖子上，望向远方。"能在水里跳来跳去的基本都是健康的，巡护主要看有没有江豚搁浅在滩涂上。"

"江豚多，说明湖里鱼多"

席地坐在鄱阳湖边，看着鄱阳湖的水面，占柏山讲述着小时候对江豚的记忆。

占柏山出生在鄱阳湖上，从小跟着父母在船上长大，摇着木船桨在鄱阳湖上击水而行。

跟着父母出船捕鱼，小时候的占柏山看到江豚游到船边，以为是一条大鱼。回忆起第一次看到江豚的场景，49 岁的占柏山语调中还透着儿时的懵懂和激动。父亲告诉他，那不是鱼，是"江猪"（江豚的俗称）。

有着灰白色的皮肤、圆滚滚的头部的江豚时常出没在渔船附近。江豚亲人、性情活泼、被称为长江水域"微笑的天使"。占柏山说，在老渔民的心目中，江豚并非吉祥之物。渔民使用传统的木渔船船体小，抗风能力差，经常被掀翻在风浪之中。江豚出没，意味着风浪将来，在经验丰富的渔民心中，是不宜出船的信号。

儿时的占柏山还意识不到风浪的危险，对游到船边玩耍的江豚心存怜爱，"跟养的狗和猫一样，它会游到船边玩，距离不到 1 米。"

占柏山在湖上生活，没有进过学校读书，生活经验几乎都来自老渔民的教导。在渔民看来，灰白色的江豚还透着"邪恶"，打鱼时捞到江豚要放回湖中，避免厄运临头。渔民的迷信，使得江豚反而得以躲开捕杀。

占柏山说，江豚虽然常在湖中出没，但从未听说过渔民捕杀或者售卖江豚。

但20世纪90年代中后期，鄱阳湖渔民使用柴油动力渔船，湖面上的挖沙船也开始增多，湖面上经常响起往来船只上机器的轰鸣声。

20世纪90年代，鄱阳湖的水质也一度恶化。占柏山回忆，渔民到湖中捕鱼，曾习惯取湖水在船上煮饭。后来就没有人再用湖水，出船时都带上干净的饮用水。水质的恶化，也会造成江豚感染皮肤病，灰白色的光滑皮肤上出现斑点和溃烂。

渔民的生活已经不似从前，占柏山出船到湖中捕鱼，就很少再看到江豚的身影。"可能是发动机的声音吓走了江豚，也可能江豚数量确实少了。"

根据国家渔业部门的普查数据，江豚数量确实锐减。20世纪90年代初，江豚还有3000多头。到了2006年，长江淡水豚类考察发现，长江流域剩下的江豚只有1800头左右。2012年的调查数据显示，长江江豚只剩下1040头。

20世纪90年代初，国家渔业部门进行普查，鄱阳湖湖区鱼类共有158种。此后的近20年间，鄱阳湖鱼类减少了30余种。鲥鱼、胭脂鱼等濒临灭绝，湖区鱼群数量也在明显减少，江豚的种群数量随之下降。

"江豚多，说明湖里的鱼多。没有了江豚，说明湖里的鱼也少了。"多年的捕鱼经验让占柏山意识到，江豚的数量变化与渔民的收入存在着某种联系。

从渔民到江豚救护者

2009 年，中国科学院水生生物研究所到鄱阳湖区科研，需要经验丰富的渔民带路。因常年在鄱阳湖上捕鱼，熟知当地的水域环境，占柏山当上了协助科研的志愿者。

对江豚的怜爱，第一次战胜了迷信。"老人觉得江豚影响运气，我不在乎。专家都在保护江豚，我也应该去。"但占柏山明显感觉到，刚参加江豚救护时，一些渔民朋友并不理解。

占柏山有着一双粗糙的手，但指甲短到不能再短。这是因为所有参加救护江豚的队员必须把指甲全部剪掉，避免划伤江豚。

占柏山的手机里还保留着第一次抱着江豚的照片。江豚躺在湿淋淋的担架上，占柏山穿着橡胶防水服，对着镜头露出牙齿微笑。

江豚一天进食八九公斤鱼，一旦被困在浅滩，很容易陷入食物匮乏的境地。救护队员得到江豚受伤或搁浅的信息后，要及时赶到现场救助。

2022 年 9 月 7 日，江西都昌县，江豚救护队员站在船头寻找露出水面的河道垃圾。新京报记者郭延冰拍摄。

讲述救助江豚的过程时，占柏山语气中透着小心翼翼，"所有的人这时候都不能说话，船上和水中的队员只能用手势交流，声音太大会惊到江豚。"

救护人员会使用超过江豚活跃范围一倍的渔网，把江豚收拢到靠近岸边十几米的位置。占柏山提醒说，江豚的皮肤嫩滑，拉网时渔网不能触碰江豚，不然会划伤江豚。

靠岸后，救护队员下水，改用密如帆布的渔网固定江豚，再用铺满海绵的担架抬出江豚，转移到医院或深水区。占柏山伸开左臂上托，右臂向前做出从下往上的环抱动作。"就像抱小孩一样，一条胳膊托着头，一条胳膊固定住尾巴。"

结束水生生物研究所的志愿者服务后，占柏山彻底转变了心态，"外地的专家都到鄱阳湖保护江豚，作为本地渔民，没有什么理由不去保护。"

渔民虽然经常遇到江豚，但缺乏保护意识，看到搁浅或受伤的江豚也置之不理，任其自生自灭。"很多渔民迷信，不愿意去动江豚。"

参与江豚救护后，占柏山也会向社会和渔民朋友普及江豚知识，希望他们发现搁浅或受伤的江豚后，联系渔政或江豚救护队。

2019 年，鄱阳湖实施全面禁捕后，都昌县渔政执法部门回收渔船 2850 艘，销毁网具 179.92 万公斤，全县 9611 名渔民上岸转产转业。都昌县挑选 4 条回收未拆解的钢制船只，统一标识，作为日常护渔和江豚救护的巡护船只。挑选 6 名江豚救护队员进行江豚巡护和救护。占柏山也"洗脚上岸"，卸去渔民身份，专职做江豚救护队员。

在都昌县渔政执法大队工作人员詹定鹛看来，占柏山等江豚救护队员都曾是经验丰富的渔民，并且学习专业的江豚救护知识，熟悉江豚的习性。救护队员发现搁浅或受伤的江豚须及时上报，根据江豚的身体状况，把江豚转运到深水区或送往医院救治。

在詹定鹏的办公室柜子上，存放着一副救护江豚专用担架，以备紧急救护江豚使用。为了避免江豚在转运途中受伤，担架上专门开了两个孔，固定江豚的鳍。

24 小时巡护

对江豚的保护，已经深入当地人的日常生活。

2020 年 12 月 28 日，鄱阳湖畔的都昌县湖滨小学挂牌成为江西省第一所"保护江豚示范学校"。校内设立江豚文化长廊和江豚教室，宣传江豚相关知识，呼吁学生提高生态环保意识，从小保护江豚。

据湖滨小学教师叶春梅介绍，学校通过开设江豚科普知识等特色课程，让孩子们从小接受生态文化、湿地和江豚保护等知识教育。每年的开学第一课，江豚相关知识内容都是必备的板块。

湖滨小学专门设置的江豚教室内，浅蓝色的色彩配合鱼形吊灯，把教室打造成一个水底世界，墙壁上彩绘的长江江豚分布图、江豚形状的书柜增加了教室的江豚元素。叶春梅介绍说，每年的儿童节和江豚保护日，学校都组织学生到江豚教室上课，邀请江豚保护专家和志愿者为孩子讲述江豚的故事。绘本中的江豚淘淘的故事，也常被学生用作写作文的素材。

书柜上摆放的江豚彩绘中，一头深蓝色的江豚模型上，涂着"3000+"的字样。江豚教室的彩绘墙上也画着这串数字，这是因为以前江豚有 3000 多头。在手绘环节，一位学生在自己的江豚上写上了这串数字，"孩子也是希望江豚越来越多，能像以前那么多。"

湖滨小学还会组织学生到湖面上，跟江豚救护队员一起巡护江豚，听占柏山讲述江豚救护故事。

叶春梅说，学生从书本上和电视上看到江豚，与实地观察江豚的感受是不同的，"看到湖里的江豚，孩子能感受到江豚鲜活的生命。"

占柏山有 3 个孩子，从小都在学校上学，假期跟着占柏山出船捕鱼。孩子对江豚更加亲切，每次在湖面远远地看到江豚都很激动。2022 年，小儿子已经 22 岁，开始和父亲一起担负着江豚救护工作。

鄱阳湖十年禁捕后，湖中的鱼、蚌和候鸟也逐渐增多。占柏山明显感觉到，近两年，湖区可观测到的江豚数量在变多，"几乎每天都能在湖上看到江豚。"据央视新闻报道，2022 年 5 月监测发现，鄱阳湖的长江江豚数量已增加至 700 余头。

2022 年 9 月 7 日，江豚救护队员用力拉起沉在淤泥里的垃圾，这是江豚救护队员日常的工作。新京报记者郭延冰拍摄。

占柏山称，禁捕前，湖面渔船来来往往，螺旋桨和渔网常会伤及江豚。"禁捕后，受伤的江豚明显比前几年少很多。"

如今，持续的干旱让江豚面临又一次考验。詹定鹏担心，干旱天气若持续，鄱阳湖冬季的水位有可能达到历史最低点。水质恶化、食物资源短缺，江豚搁浅或被困的可能性增加。人类活动密集，对江豚构成的威胁将进一步加重。

在詹定鹏提供的应急预案中，对江豚保护有一系列的举措，建立智慧化监测预警系统、加强沙坑等重点水域巡护、加强对母子豚的重点关注等。都昌县在全县重点水域乡镇组建了 17 支护渔队、263 名护渔队员，24 小时全天候巡查湖面，加强江豚的保护宣传和救助。

提及江豚可能遭遇的危机，詹定鹏仍紧蹙眉头。"不能人为干涉太多，但又要有效保护。"在他看来，在加强湖区巡护的同时，还要大力宣传江豚保护，动员更多群众参与到保护行动中来。

文｜聂辉

于 2022 年 9 月

2022 年 7 月 1 日，叶红心在保种场内检查边鸡状态。新京报记者聂辉拍摄。

边鸡曾是我国著名的特产鸡，

在山西北部和内蒙古南部的长城两边广泛养殖。

由于当地人习惯称长城为"边墙"，边鸡因此得名。

边鸡保种研究组
留给未来的种子

绒毛未退的边鸡雏鸡挤在角落里，乳黄色鸡喙在光线下透亮。墨点的眼珠，怯懦懦地四处张望。

2022年7月5日，山西省晋中市国家边鸡保种场内，山西省农业科学院畜牧兽医研究所（下称山西省畜牧兽医研究所）副研究员叶红心将雏鸡捉出笼托在掌心，为这些破壳一周的边鸡雏鸡打疫苗。

2022年的边鸡孵化比往年推迟了一个月。6月28日，新一批边鸡破壳，2500只"叽叽喳喳"的雏鸡是边鸡保种场第17世代主角。

因生长在山西北部和内蒙古南部长城两边而得名的边鸡，在我国北部地区已繁衍数百年。作为历史文化交融的产物，边鸡拥有独特的抗寒性和粗饲性。在供给百姓日常肉蛋的同时，它也成为山西北部地方名特产的主要食材。据研究人员介绍，边鸡蛋的蛋黄比重高达30%，远高于普通鸡的22%—23%。

然而近年来随着外来商品鸡冲击以及农民进城，边鸡失去了生存空间，被排挤进了历史的角落。

边鸡独特的基因，既是满足未来变化的基因库，也是培育新品种不可或缺的原始素材。国家边鸡保种场负责人魏清宇表示，边鸡品种一旦灭绝，种质资源的遗失将无可弥补。

2006年，边鸡被列入国家级畜禽遗传资源保护名录，成为濒危的地方家禽品种。十几年来，山西省畜牧兽医研究所的两代科研人员从事着边鸡保种工作，留下边鸡的基因资源，为未来的研究和市场开发保留着一种可能。

带编号的鸡

山西省晋中市东阳试验基地，标着号码的试验玉米田间，简陋的红砖墙围成院落，构成边鸡种鸡的世外桃源。

要不是门口悬挂的"国家级边鸡保种场"牌匾，农田中间的养鸡场会被认为是一座储存粮食的仓库。

叶红心走进鸡场，公鸡高亢的打鸣声和母鸡的"咯哒"声此起彼伏。从外面看起来冷清的边鸡保种场，显出了热闹和活力。

从孵化室、雏鸡鸡舍，到成年鸡舍，围成了一个圆环。叶红心说，种蛋进入孵化室孵出小鸡后，会转移到雏鸡鸡舍；雏鸡满7周后搬进成年鸡舍，生长、产蛋并提供保种科研数据。

每年春季，工人会按照种蛋的父系和母系关系编号，放进孵化器中，孵化新世代的边鸡。

叶红心抽开闲置的孵化器，能看到每一个网格上标注着一个数字。从种蛋收集、孵化，到雏鸡出壳，数字伴随着鸡蛋变鸡的转变。

边鸡出生的第一天，完成疫苗注射后，会在翅膀上固定铝制号牌，再按编号归入鸡舍。"看到这个编号，就可以知道鸡蛋是哪只母鸡产的，它的父亲是谁。"

叶红心托出了编号"0947"的雏鸡，看了看它的羽毛和鸡冠，"这属于麻羽单冠。"麻羽是指鸡的羽毛呈麻色，边鸡的部分血统就来自山西麻鸡。

边鸡保种研究组根据边鸡的羽毛颜色和鸡冠形状，将它们分为了麻羽单冠、黑羽单冠、白羽单冠、白羽复冠、有色羽复冠5个品系。

叶红心介绍说，刚出壳一周的2500只雏鸡，是第17世代边鸡，也是他们2022年的保护和研究对象。

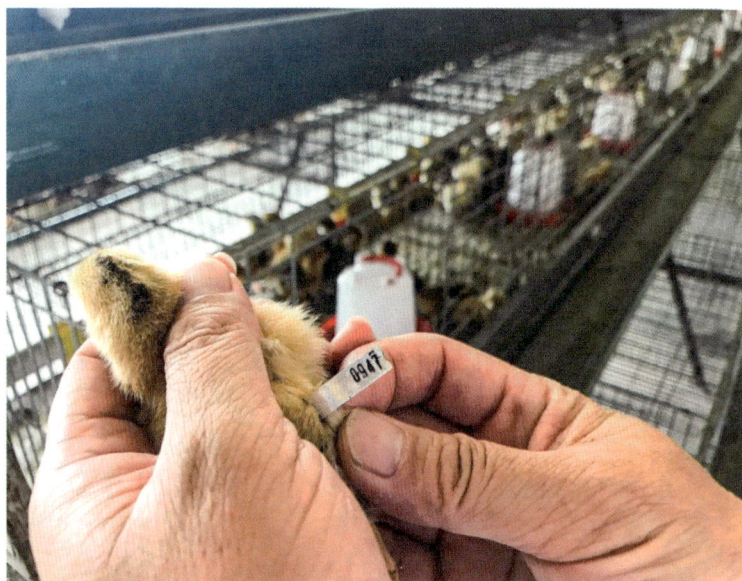

2022 年 7 月 1 日，叶红心托出编号"0947"的雏鸡。新京报记者聂辉拍摄。

保种场工人田云青负责每 4 个小时喂一遍饲料，保证雏鸡吃饱的同时，又要留足空腹时间。

在雏鸡舍的角落，摆放着装满水的桶。叶红心说，雏鸡敏感，饮用水接近室温，才能饮用。

雏鸡鸡舍的室温要求同样严格，四周装着温度计，随着雏鸡周龄增长而调节温度。一周龄的雏鸡，温度要控制在 34 摄氏度至 36 摄氏度。两周龄的雏鸡，温度下调 3 摄氏度。

田云青严格执行着这些保种规范。夏天中午气温过高时，他会用水喷雾降温，夜里要打开电暖器给雏鸡取暖。

7 月 5 日，一周龄的雏鸡要接受第二次疫苗注射和断喙。叶红心托着雏鸡小小的脑袋，鸡喙对准断喙机上烧热的铁片融掉尖端。"下嘴角长得快，多磨去一点，不然长大就成了'地包天'。"断喙后的雏鸡重新放回鸡笼，10分钟后，雏鸡开始正常啄食。

鸡嘴都是角质，断喙不会造成损伤。"断喙可以避免雏鸡相互啄伤，还能提高饲料的利用率。"

病故的雏鸡会做无害化处理。在育雏期记录表上，每一只病死伤死的雏鸡都留下了记录。"6月29日，1518号雏鸡病死。""6月30日，2195号雏鸡病死。"

雏鸡难分雌雄，魏清宇介绍说，一个月后，会根据边鸡的雌雄筛选出优质的公鸡和母鸡，组成新的育种家系，观察记录边鸡的生长曲线和各项性能。更重要的是，为下一个世代的培育留下种蛋。

成于清朝，走向濒危

边鸡的得名缘于长城。

研究人员说，边鸡曾是我国著名的特产鸡，在山西北部和内蒙古南部的长城两边广泛养殖。由于当地人习惯称长城为"边墙"，边鸡因此得名。因在山西省右玉县广泛养殖，在当地更以"右玉鸡"的名称广为人知。

据魏清宇介绍，20世纪70年代初，边鸡最高峰的养殖量达到100万只。

丁馥香退休前一直从事家禽研究，是边鸡保种场的第一代负责人。她梳理了边鸡的发展史。

边鸡成型于清代雍正乾隆年间"走西口"的人口迁徙中，是我国区域间文化交流的产物。右玉县的杀虎口是"西口"之一。随人口迁移到长城周边的辽宁大骨鸡，与当地的麻鸡杂交形成边鸡品种。

长城是农耕文明和畜牧文明的交融地带，而边鸡也是我国历史文化融合的缩影。丁馥香介绍说，边鸡的体型大、蛋型大，契合北方地区居民的饮食习惯。闻名全国的大同熏鸡，就是以边鸡为主要原料，至今，右玉县仍有食客搜寻边鸡制作美食。

边鸡耐寒，能在零下30摄氏度的环境中生存，而且产蛋周期长。在历史上，边鸡一直处于农家散养，小规模孵化养殖，自给自足。

20世纪90年代初，随着人们生活水平提高，对肉和蛋的需求上升。快速生长的肉鸡和蛋鸡进入中国市场，大型养鸡场开始向农村和城市供应肉和蛋。散养的肉鸡产蛋少、生长慢，承受着外来品种的冲击。

山西省农科院畜牧兽医所此前培育出的晋阳白鸡，曾在全国率先走上了笼养蛋鸡的现代化道路。但随着国外品种的引进，晋阳白鸡被市场的洪水淹没，直至消亡。

晋阳白鸡曾是丁馥香的科研项目。对于晋阳白鸡的消亡，她虽感到遗憾，但毕竟属于培育的商品鸡，"没有就没有了。"但边鸡是本土发展起来的原始品种，丁馥香更看重边鸡基因的保存。

魏清宇说，农作物的种子能在真空中保存，牛羊的精子和卵子可以冷冻保存，但鸡作为最常见的小型家禽，保种只能依靠鸡和蛋的循环。失去了鸡或种蛋的任何一环，边鸡也就意味着永远消亡。

2000年前后，由于大量农民进城务工和居住，离开村庄和院落，散养家禽逐渐失去土壤，地方鸡种的养殖越来越少，边鸡饲养逐渐边缘化。"人不在村子里居住，就没有了养鸡的条件。"

2006年，原农业部开展了第二次全国畜禽遗传资源普查。边鸡被列入"国家级畜禽遗传资源保护名录"，属于国家级保种级别的优良地方家禽品种。

魏清宇称，在右玉县等原产地，边鸡的存栏数已不足1000只。

在保种场鸡舍，每一只鸡都有自己的编号。新京报记者聂辉拍摄。

"抢救"边鸡

为保护边鸡遗传资源，2007 年，山西省农科院组织科研攻关项目，研究边鸡的特性和品种选育，丁馥香成为项目主持人。

丁馥香解释说，培育的商品鸡产蛋多、长肉快，但基因相似，"基因图谱就像一张一张复印出来的一样。"而历史遗存的畜禽地方品种具有独特的基因资源，对未来培育新品种格外重要。

丁馥香带队，到可能保留边鸡的偏远村庄寻找种源。丁馥香回忆，一行人徒步沿着山路河道寻找，看到体貌相似的鸡，撵着鸡追到农户家中。"能买鸡买鸡，能买蛋买蛋。"

右玉边鸡在当地广为人知，食客甚至到偏远山村以高出其他活鸡一倍的价格收购。价格高，数量少，一些养殖户为增加养殖数量，品种混杂严重。参与收集的魏清宇和叶红心都感到寻找纯种边鸡的困难。

半个多月的时间，项目组在两县7个村庄，只抢救性采集到5只公鸡、4只母鸡和439枚种蛋。

据丁馥香回忆，原本预期收集500枚种蛋，但收到的数量太少，从一个农户家中只收到5枚鸡蛋。只能把成年的鸡全部收回，"有一个就收一个，尽可能多地收集。"

收集到的每一只鸡，都被丁馥香视为掌中宝贝。从右玉县运回太原途中，一只公鸡中暑，丁馥香抱着鸡送到动物医院，输液抢救。

采集的种蛋孵出了211只雏鸡，育成104只母鸡和96只公鸡。没有鸡舍，项目组在办公楼内调用了三间办公室养鸡。这些育成的边鸡，组成保种场的原始群（0世代），成为保种选育的基础资源。

研究所的柜子中，至今存放着边鸡建立原始群以来所有的记录。尘封的记录中，丁馥香记下边鸡雏鸡的不同状态：温度合适时，雏鸡在笼中分布均匀，休息时头腹部俯卧伸直；温度低时，雏鸡密集成堆，发出"叽叽叽"的叫声。

开展项目的第二年，项目组开始承担起保种任务。丁馥香的团队完成了边鸡多个世代纯种繁育，形成了5个具有不同外貌特征的品系，并建立了完整的系谱档案。

通过边鸡保种项目申报，2015年3月，原农业部授予保种场"国家级边鸡保种场"牌匾，边鸡成为全国唯一一个在科研院所保种的禽畜品种。

边鸡保种，就这样成了丁馥香和同事们此后十几年的工作。

人进鸡退

太原市小店区电子西街 2 号线地铁站口外，20 世纪 60 年代建成的畜牧兽医研究所办公楼，隐身在杂乱的树丛后，与远处成片的高楼形成鲜明对比。

路过电子西街与欣荣路交叉口，叶红心指着路口被围起的一片空地说："这里曾是边鸡保种场的鸡舍。"

从第 1 世代边鸡开始，保种场搬进研究所的养鸡场内。20 世纪 80 年代建起的标准养鸡场，养殖设施完备，还配套有饲料加工厂、生活区。养鸡场周围环境空旷，丁馥香回忆称，养鸡场外是成片的农田，少有居民居住。

随着城市的发展，研究所旁的土地高速开发，新建的高楼向研究所周边蔓延，研究所的原有部分土地也建起楼房。

2013 年，太原市小店区电子街道路西延，新修的道路从畜牧兽医研究所原土地上穿过。

边鸡保种场与周围的现代化居民楼格格不入，人畜共存的矛盾接踵而来。养鸡场被围在一片高楼之中，每年临近春节，魏清宇就担心居民放鞭炮，引起边鸡炸群。丁馥香回忆，保种场经常接到周围群众投诉，保种场的规模逐渐被压缩，"从占地 50 亩，被挤进 5 亩大的角落。"

太原市政府官网显示，2017 年初，有群众向中央第二环境保护督察组举报，"养鸡场噪声扰民、鸡粪臭气熏天"，还有群众担心感染禽流感。督察组将举报交办属地处理，约谈养鸡场负责人，责令鸡场搬迁。

小店区划定为禁养区后，保种场不能继续养鸡了。2018 年 3 月，位于小店区禁养区内的边鸡养殖场关停搬迁。

回看保种场转移时拍摄的照片，魏清宇仍不住叹气。边鸡转移容易出现应激反应，影响饮食和产蛋。临时租用的迎泽区龙池洞养殖场，鸡舍条件简陋，只能用塑料薄膜临时搭起天花板，为鸡舍保温。

边鸡保种场在外漂泊了两年，2019年年底终于搬进了农科院的东阳试验基地废弃的砖窑库房。

魏清宇带工人连接水电，抹平地面，做好保温，改建成了国家边鸡保种场的鸡舍。虽然条件仍显简陋，魏清宇已心满意足，"至少有稳定的地儿，不用把鸡搬来搬去。"

砖砌的库房墙壁无法安装空调和风扇，除了在鸡舍顶安装的无动力风机散热，鸡舍降温只能依靠人工喷水。

消毒也依靠人工操作。据叶红心介绍，出完一批鸡后，密封鸡舍要用高锰酸钾和甲醛全面消毒。鸡笼收养新一批边鸡前，工人会用燃气喷火高温消毒，"保证将每一个角落和缝隙完成消杀。"

"国家保种场"

2022年7月5日，魏清宇进入边鸡保种场为雏鸡注射疫苗。穿上防护服后，魏清宇又换上场内专用的胶鞋。

魏清宇介绍说，为保障保种场的安全，外人不允许进入保种场。送饲料的车辆和人员进入保种场也必须消毒。"没有先进的消毒设备，手动使用喷壶消毒。"

保种场的边鸡，并不仅是普通的饲养，研究人员要搜集边鸡的相关数据。日常登记每天的产蛋量，每只鸡是否下蛋。每两周统一称重，300日龄、500日龄都要称重登记。

在做雏鸡孵化时，每只母鸡产蛋后，要按照母鸡的编号将鸡蛋摆放进孵化器。确保每只鸡蛋都有唯一的编号记录它的代系关系。同时

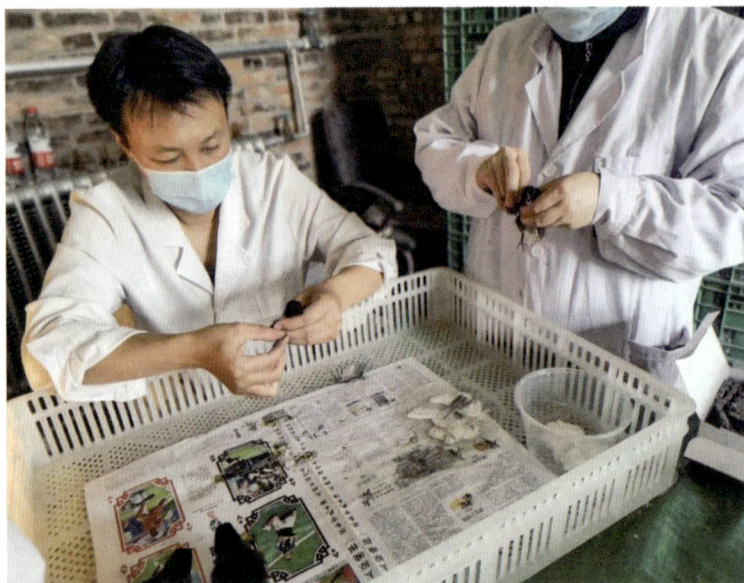

雏鸡出生第一天，科研人员给每一只鸡带上铝制编号牌。受访者供图。

还要避免保种时近亲杂交出现衰退。

丁馥香退休后，边鸡保种的接力棒交到魏清宇他们手中。讲起保种场，魏清宇常称是"我们的保种场"。魏清宇很自信，"山西省所有的保种场里，边鸡保种场的条件可能是较差的，但执行规范却是最严的。"

保种场内的孵化器，即使闲置也从不接受为别人代孵蛋。"那个钱不能挣。"有人找到魏清宇，想利用保种场技术和孵化器代孵孔雀蛋，被魏清宇一口回绝。

边鸡保种场的东西概不外借，出场的东西不允许返场。委托企业代孵雏鸡后，魏清宇宁愿把蛋筐送人也不带回。"即使消毒，也担心有角落消毒不干净，把病毒带进保种场。"

魏清宇计算着保种场的日常开销：一只成年鸡每天吃 2 两饲料，

项目组按照保种标准研究饲料配方，满足边鸡各个阶段的发育要求，一斤饲料比市场饲料贵两毛钱。加上水电费、人工费和交通费用等，保种场 2021 年花费近 70 万元。保种场一年销售鸡和蛋的收入，加起来也只有十几万元。"如果计算收支，我们都不能叫投资，我们是砸钱保种。"

经费是边鸡保种场的命门，也最让魏清宇为难。在经费有限的情况下，保种场每年维持着 2000 只左右的边鸡。2000 只的规模，符合国家保种的需求，也可以保留边鸡的原始性状。魏清宇担心，保种鸡数量太少，容易造成近亲繁殖，丢失重要基因。

2015 年，因保种需求，补充血缘。在一些偏远山区有老人居住的村庄，研究人员找到了 100 多枚种蛋。魏清宇后来再沿着原来的路线寻找，都空手而归。"村子都空了，人都没有了，更不用说养鸡了。"

魏清宇（左一）和研究人员在保种场检测鸡蛋、记录科研数据。受访者供图。

2021 年 8 月，在国家资源普查的基础上，农业农村部重新认定并对山西边鸡国家保种场重新授牌"国家边鸡保种场"。重新认定的国家级保种场中，边鸡保种场继续名列其中。魏清宇说："说明咱们的工作还是得到国家认可的。"

项目组的办公室墙壁上，张贴着边鸡的图片和每一个世代边鸡的管理规范。谈及边鸡保种成果，魏清宇说："到鸡舍逮住任何一只鸡，都可以查到它的祖宗。和家谱一样，已经做到第 17 个世代。"

期待市场化

魏清宇也担心，边鸡会从人们的意识中消失。

新京报记者采访发现，太原市多家农贸市场的鸡蛋和肉鸡经销商，均没有边鸡和边鸡蛋出售。多位市民也都表示，对边鸡一无所知。

龙池洞散养基地负责人韩润生，曾在山林中散养过边鸡，计划以高品质的边鸡和边鸡蛋抢占市场。但在经营了两年后，韩润生放弃了规模化养殖边鸡，留下了 30 多只母鸡，产蛋供家人食用。

"很多人不了解边鸡，没人愿意花高价买边鸡。"韩润生说，边鸡蛋的颜色与普通鸡蛋相似，很多人宁愿选择颜色泛青的土鸡蛋。边鸡体型较大，很多人认为边鸡的肉质不如体型瘦小的土鸡。

魏清宇介绍说，鸡蛋中富含卵磷脂，是人体需要的重要营养物质。普通鸡蛋的蛋黄比重只有 22%—23%，边鸡蛋的蛋黄比重远高于普通鸡，可以高达 30%。

为了适应市场发展，边鸡保种场开发出两个品种的配套选育，满足市场对于边鸡的肉蛋需求。

为了推广边鸡蛋和边鸡，魏清宇在研究所外竖起边鸡的宣传栏，推着三轮车到高校家属院推销，"不管赔多少，主要想让人们知道边鸡蛋，知道这是好东西。"

魏清宇到各地山区农村提供科技服务时，都带着边鸡材料做推广，"虽然说不搞销售，但也带一点销售的性质。"

从保种边鸡而言，科研院所比企业更具有技术优势。魏清宇说，推广利用保存下的优良边鸡资源，还需要市场宣传和推动。"单纯的保种缺乏活力，保种的最终目标还是开发利用。"

2022年6月，农业农村部启动第三次畜禽遗传资源普查，为边鸡做了全基因组测序。

魏清宇期待着，随着基因测序完成，边鸡的保护政策更加完善，实现边鸡保种和市场开发之间的良性互动。

结束第17世代边鸡的疫苗注射，魏清宇衣服已经被汗水浸透。望着鸡舍中欢腾的边鸡，魏清宇开始考虑联系商家，将结束保种试验的第16世代边鸡推向市场。养殖户可以继续养殖，结束下蛋周期后，还可以当作肉鸡销售，"这也是边鸡肉蛋共用的特性。"

文 ｜ 聂辉

于 2022 年 7 月

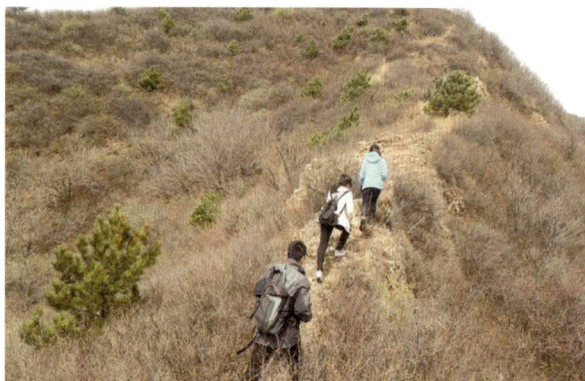

李春旺和同事在野外工作。受访者供图。

我们总说坐在家里看《动物世界》，

但到了北京的郊外，

你就会发现，

周围就是动物世界。

生物多样性调查组
描绘北京生物图鉴

似乎很少有鸟会这样自信。

密云区石城镇，一只胖胖的领岩鹨（俗名大麻雀）站在青石上，"披"着一身棕褐色的羽毛，"隐身"在周围的枯枝落叶里。面对距离不到3米远的人类，一动不动，丝毫不慌。

但这逃不过高晓奇的眼睛。

这位"鸟类博士"能熟练识别北京市的各种鸟，他拿出相机，连续按下快门。照片拍摄时间是2021年1月5日下午4点，也是高晓奇进行野外调查时，离鸟最近的时候。

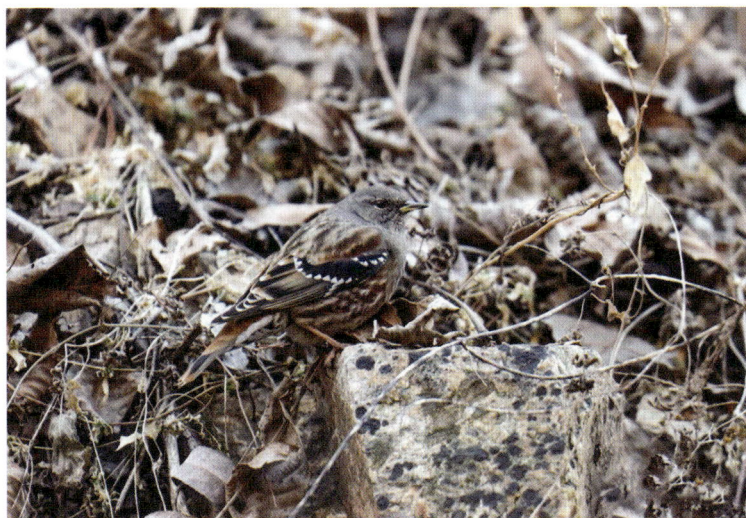

领岩鹨，高晓奇于密云区石城镇拍摄。

从 2020 年开始，高晓奇参与了北京市生态环境局首次在全市范围内开展的生物多样性调查。"有点像自然界的人口普查。"

市生态环境局自然生态保护处副处长冯晓光提到，此次调查涉及哺乳动物、鸟类、大型真菌等 10 余个类群，预计在未来的 3—5 年时间里，摸清全市生物多样性的本底情况。

2020 年的调查已经进入了数据统计阶段，在此基础上编撰的"北京生物图鉴"也开始与读者见面。生态环境局计划每一到两周发布一期，图文结合，像唠家常一样，给读者介绍北京常见的和不常见的生物，以增强人们保护生物多样性的意识。

"我们总说坐在家里看《动物世界》，但到了北京的郊外，你就会发现，周围就是动物世界。"

丛林中隐蔽的兽

光影斑驳的山地上，一个灰色的小家伙踩着散落在地的枝叶，"漫步"前行。它看起来像是一只猫，但体形似乎更为纤细；几条黑白相间的条纹从它的鼻子延伸到两眼间，看起来又像是幼年的豹子。

这是红外相机在门头沟区清水镇小龙门林场拍下的画面。

李春旺最终确认，这是北京目前唯一确认的野生猫科动物——豹猫，属于国家二级保护动物，主要生活在山区森林地带和林缘村落附近，仅在门头沟区和延庆区，他和同事们就发现了 140 余条豹猫的分布信息。

李春旺有着 30 多年的野外调查经验，他是中国科学研究院动物研究所的副研究员、中国科学院大学生态学博士，也是此次北京生物多样性调查中哺乳动物调查团队负责人。

豹猫等兽类活动比较隐蔽，生性害羞，发现有人类靠近就迅速"逃离"，要想观察到它们，放置红外相机是目前最有效的方法。

李春旺一般选择叶落的季节去布放相机。

草木枯黄，地面植被少，调查人员更容易发现动物的足迹。不论是悬崖下边，还是茂密的林子里，他总能凭感觉准确摸出那条虚虚实实的小路——那是哺乳动物漫步行走的兽道，可见动物走过、蹭过的痕迹。

把相机固定在这里和一些水源点附近的树干、岩石上，才能尽可能多地捕捉到影像。

闯入动物的领地，红外相机用镜头开始了自己悄无声息的观察。只要感应到动物的温度，便会被触发、自动开始拍照和录影。

尽管它们不过巴掌大小，有着迷彩色的外壳、便于和周围的枯枝落叶融为一体，"暴露"也是常有的事。会有野猪凑过来一对湿漉漉的鼻孔，嗅来嗅去；还有穿着迷彩服的驴友站在镜头前，用一口北京话讨论着"这是个什么"，最终通过相机上的"科考专用"四个字得出结论——这是拍野生动物用的相机，随后离开。

野外调查的经验告诉李春旺，红外相机被动物弄倒、折腾坏，或者被人拿走，都不是什么新鲜事。只要这个相机没被破坏，就会留下非常珍贵的影音资料。

从 2020 年春天开始，李春旺和同事们用了一个半月的时间，走遍了北京的城区、平原和山地，放置了 200 余台红外相机，等到 2021 年 3 月，将全部收回。

那些小小的"盒子"们已经在外"生活"近一年，他不知道里面盛着什么样的收获，但内心的期待仿佛是要拆开一款款盲盒。

清晨的大山是个"宝藏"

这些隐蔽的"小盒子"并不总是万能的。

老鼠等啮齿类动物体形小，夜间行动迅速，红外相机往往不是它们的"对手"；蝙蝠多栖息于悬崖峭壁的山洞里，而刺猬、黄鼬一类的夜行性的动物，常在人类聚集的城区出没……在这些地方，红外相机不宜布放。

李春旺和同事们想了更多的办法。

他们在傍晚时分放置活捕笼，早晨一早去收，对老鼠进行分类判断、拍照和取样后，再把它放走。寻找山洞里的蝙蝠太过危险，但在城区一些桥的涵洞和废弃的房屋建筑物里，也可以捕捉和拍摄蝙蝠。

针对刺猬、黄鼬，李春旺往往在晚上来到城区的公园，打着手电筒寻找踪迹。

"北京很大的，不可能每个地方都跑到。"为了更精准地确定兽类数量，李春旺和同事根据它们的栖息地情况、地形地貌等，划定了30个10乘10公里的网格，涵盖北京所有的区，覆盖了山区、平原农区和城区。

在每个网格中，他们会再选择至少两条线作为"样线"，这些样线就是他们的行动路线。中国科学院参与哺乳动物调查的共有8人，3人为一个调查小组、一起走样线。

沿线走的时候，他们要寻找动物的足迹、粪便、啃剩的枝叶，拿望远镜观察是否有动物出没，用手机GPS记录下行走路线和沿途获得的数据。幸运的话，还要用相机拍下动物的影像。

"（一条样线）长度大概在5公里到7公里的样子，我们通常会走得更长一些。"李春旺和同事常常早上7点出发，下午三四点钟下山回城，一天下来，他们最多能走一条样线。

2017 年至 2018 年，李春旺在延庆拍摄到野猪。受访者供图。

夏天天亮得早，李春旺早上不到 6 点就起床。他知道清晨的大山是个"宝藏"——或许有机会和狍子、斑羚、獾打个照面，如果睡个懒觉，等到明晃晃的阳光不那么新鲜的时候再进山，动物早都躲起来了。

"除了夜行性的，很多哺乳动物都是晨昏型的。"李春旺解释道。

从 20 世纪 90 年代开始，李春旺就一头扎进秦岭做调查，到如今已是 30 多年，看惯了动物的各种姿态，反而觉得队里年轻人的适应过程是有趣的，"一开始很害怕，很回避，到后来慢慢克服困难。在野外他们跑得很开心，工作一天回来还要发个朋友圈。"

但在安全问题上，李春旺一直没有松懈，他每天都会跟队员重复注意事项，"要注意回避野猪和蛇，尤其是在夏天繁殖期，带着幼崽的野猪往往会有一定的攻击性。"

他提醒年轻人，走路不要看手机，如果需要做观察和记录，就停下来。他曾在野外边走边记，有条腿不小心陷进暗河里，相机狠狠地撞到胃部，李春旺疼了好半天，喊也喊不出来，下山都比别人慢了半个多小时。

从 2017 年开始，李春旺开始在北京的部分地区做野外调查。曾有欢腾的大野猪拖家带口、一家子整整齐齐地跑进他的红外相机镜头，他也拍到过受了外伤的狍子、反复出镜的獾，还有国家二级保护动物中华斑羚。

"我觉得北京的生态环境是得到了改善的，人的素质也提高了，很多动物出现在公园和居民区，比如奥林匹克公园里，这在以前是难以想象的。"李春旺说。

这件差事不辛苦

在这次生物多样性调查中，高晓奇是专门找鸟的人，能熟练辨识北京的各种鸟。

要想发现鸟，一靠看，二靠听。

6 年的野外调查将高晓奇的感受力打磨得愈发敏锐，他甚至能感知到鸟翅膀扇动起来的风。"有的鸟会唱歌，有的鸟会发出特定声音，当听到小鸟紧张而急促的警报声的时候，往往就需要观察周围是否有'危情'——比如猛禽飞来。"

有些鸟，如猫头鹰，白天很难发现它，高晓奇便会用一些录音回放设备播放它的叫声。"有时候同类鸟会回应，就能确认周围是否有这种鸟。"

有的水鸟离人太远，高晓奇总会备好单筒望远镜，诸如密云水库，面积大，鸟离得太远，仅凭肉眼难以分辨清楚；有的猛禽飞得快，长焦相机就派上了用场，"看不清的时候，可以先用相机记下来。"

夏天的时候，日出早，高晓奇和同事凌晨 4 点就要起床。

2021 年年初迎来了 21 世纪以来的最低温。高晓奇记得，降温那几天，他正在北京郊外的怀柔和密云，"手刚掏出来，一下子就凉了。"好在还是能看到很多鸟在觅食，一只只都鼓鼓囊囊的，"这些鸟不是胖，而是为了御寒，让羽毛蓬松起来，创造隔热空气层。"

人没有这样的本领，只能裹得更厚。

"爬山本来就很累，穿多了对体力也是一个考验。"电子设备也遇到了考验，锂电池的相机和数据记录设备的续航时间开始缩短。下雪后，山阴面铺着一层雪、藏着一层冰，看不清状况的调查人员开车上山做调查，差点下不来。从那以后，要去山上的观测点，高晓奇都选择步行。

他不觉得这是一件辛苦的差事，只觉得有意思。

他见过伯劳鸟吐轴，这是一种性情凶猛的小型雀鸟，"有些食物伯劳鸟吃了后消化不了，就会把这些东西吐出来，叫'吐轴'。"

红隼是隼科的小型猛禽，也是北京最常见的猛禽。高晓奇曾见过红隼在半空中"刹车"，羽毛和翅膀小幅度抖动，但既不向前飞、也不往下落，而是定在空中不动，像是被钉在了空气里，一双眼睛认真地观察地面环境。

灰喜鹊和雀鹰也爱骂骂咧咧地打架。"雀鹰有时候会闯入灰喜鹊的领地，但是灰喜鹊非常团结，遇到这种情况，它们会迅速组织起来把雀鹰给赶走。"

高晓奇最偏爱的，还是北京的大嘴乌鸦，"鸦科鸟是最聪明的一类鸟，它们会利用工具满足需求。"他见过大嘴乌鸦抓着坚果站在高处，等待时机，汽车一开过来，它就把坚果丢下去。坚果壳轧碎了之后，它再过去享用。

每一种鸟都不能少

在高晓奇看来，这一次调查，北京的每一种鸟都不能少。

"北京所有的区都在调查范围内，会先选出有代表性的、可抵达的、生物多样性高的一百平方公里的网格，将其作为一个样区，全市一共有 40 余个。"这 40 余个样区，高晓奇和同事一年内要跑 4 遍，也就是 160 多平方公里。

高晓奇同样使用样线法。

"简单来说，沿着样区里一条两公里的线走，观察、记录两边的鸟。"为了防止重复记录，对于飞行中的鸟类，调查队伍要控制好行走速度，不能走得过慢，而且只记录朝自己方向飞来的鸟。"以一个方向为准，要不然，因为鸟是飞来飞去的，有可能它飞过去你记了一次，转了一圈飞回来你又记了一次。"

调查队伍采用抽样估计的方式来计算北京市鸟的数量。

"比如在进行黑头鸭（鸭科鸭属的鸟类，俗名贴树皮、桦木炭儿、松树儿）数据调查时，选择一个针叶林进行调查，然后用这个针叶林的黑头鸭分布密度乘以北京市针叶林总体面积，可以测算北京市所有针叶林的黑头鸭的数量。同理，可以以一块田野为样本测算北京市所有田野的黑头鸭数量。"

一趟线走下来，如果树林茂密、鸟类繁多，通常需要两个多小时。

队伍一般有 6 个人，有的负责观察拍照，有的负责记录沿途所见鸟类的数量和栖息高度等信息，有的负责录下鸟类的鸣叫声。一行人总是保持安静，生怕惊扰到鸟；他们多数穿着迷彩服，"不能穿得鲜艳，要和环境融为一体。"

日出前半小时到日出后 3 小时，以及日落前的 3 个小时，是鸟最活跃的时间段。"鸟休息了一夜也饿了，日出后第一件事就是觅食。"

在这段时间去观测，调查人员才能找到尽可能多的鸟。

一年中，高晓奇和同事要出动4次，分别在鸟的夏季繁殖季、秋季迁徙季、冬季越冬季和春季迁徙季去野外调查，一去就是25天。

目前，高晓奇完成了3次调查，虽然红外相机的数据还没有回收，但他已经记录到了200多种鸟。等到春天来，鸟儿回迁，他和同事要再去走一次样线，据他估计，"这个数字可能要增加至300。"

有数据统计，在二十国集团（G20）所有国家的首都中，北京的鸟类种类排名第二，仅次于热带的巴西首都巴西利亚，从生物多样性的分布规律来讲，温带的条件并没有热带好，北京能有这样一个排名，属实不易。

高晓奇说，在钢筋林立的北京，人们可能想不到，就在几公里外的山林里，每个生命都活得生机勃勃。"虽然大家都感觉大都市的城市化进程很快，但是在相关部门的保护下，我个人感觉，北京的山区自然环境还是保护得非常好的，而且近些年还有变好的趋势。"

确定一棵蘑菇的身份

"和动物不一样，反正它只要长出来就长在那里了，直到腐烂。"

"它"是大型真菌，也就是"肉眼可见、伸手可摘"的一类真菌，是这次生物多样性调查工作中，中国环境科学研究院刘冬梅博士的调查对象。

7月到9月是北京的雨季，也是大型真菌集中生长的季节。

刘冬梅和同事便每天清晨带着采集刀（铲）、采集篮和照相机出门，有的大型真菌长在地面，有的挂在树干上，有的和昆虫共生，还有的晶莹剔透，隐藏在枯叶枯枝里，人一不小心就能踩倒。

和动植物相比，人们对菌物等微生物的探索是一个处女地，但这不代表菌物不重要。"微生物和动植物的地位是并列的，它具有分解的功能，把营养物质归还到大自然界当中，促进物质和能量循环，有很重要的生态功能。"

正是因为已有的可参考材料不多，而且很多大型真菌的形态往往相似，所以，要确定一棵蘑菇的身份，刘冬梅往往需要把它带回实验室，用微观、分子手段做鉴定。

"手拔的话可能会拔断，尽量不破坏它，很小心地采出子实体（肉眼可以看到的部分），然后放到采集篮里，要用吸水纸给它包上，防止破坏失水。"刘冬梅等调查人员细心地对待这些柔软的生物，晚上回到驻地，他们把一棵棵菌物放在脱水干燥器里烘干，小心割开，观察，测长度，再带进实验室，进行分析。

等到完成这些工作，往往已是午夜。

"但总会发现一些东西把你的疲惫感减轻一些。"一次，在平谷四座楼自然保护区，刘冬梅一行人在山上待了一天，中午只吃了面包和饼。到了下午四五点钟，她感觉身体又累又沉，突然一簇鹅膏菌闯进她的视线，"长得很大，又很可爱。"就像是被玩具叫醒的小孩，刘冬梅一行人一下子就精神起来了。

大型真菌中，她很喜欢鲍姆桑黄孔菌。这种菌既可以生长在活的阔叶树上，也能在垂死木上生存，可以把木材分解成木质综合纤维素，让物质回到自然界当中。

在北京，这种菌原本只在海淀区有发现，这次调查，刘冬梅一行人在延庆也发现了它。

"它长得挺可爱，形状像耳朵，边上有点黄，中间有点黑，我们在延庆还拍了一些照片，当时还挺兴奋的。目前好像有研究发现桑黄对抗肿瘤有一定作用。"

对这些菌物感兴趣的，不只有刘冬梅等科研人员。

她在城市公园里曾遇到过拎着小竹篮、采摘蘑菇的市民，"有的市民很热情，对我们的工作也很好奇，知道我们做什么之后，还会问问哪些蘑菇能吃。"有游客在直播分享自己的见闻，觉得大型真菌调查工作有意思，也把蘑菇拉进了直播间。

"大型真菌和人类生活密切相关，这次本底调查，就是要试图了解北京有哪些物种、分布情况，还有它的经济价值，哪些是食用菌，哪些是药用菌，哪些有毒。"刘冬梅说道。

刘冬梅拍摄的地星属。受访者供图。

见证每一种生物的"成长"

为何要在北京全市范围内开展生物多样性的调查？

"不了解北京都有什么物种，就很难去制定政策或者一些措施，因为你没有本底数据。"高晓奇解释道，这次调查，就是使用标准化的调查方法，搞清楚各种生物在北京各个区的分布规律，再对其现状和受威胁状况进行评估，在此基础上提出保护和监管措施。

到目前，这项调查工作已开展1年时间，2020年的调查也到了数据整理阶段和扫尾阶段。

北京市生态环境局自然生态保护处副处长冯晓光提到，此次调查涉及维管植物、哺乳动物、鸟类、鱼类和大型真菌等10余个类群，计划在未来的3到5年内持续进行。

冯晓光进一步总结说，通过调查，人们可以更清楚地了解自己所处的生态环境，"而且我们也想试着逐步把生物多样性监测工作，纳入到生态环境监测体系当中。"

在现有调查基础上编撰的"北京生物图鉴"也开始在微博上与公众见面，每一期图鉴介绍一种生物，截至目前已发布8期。

从敏感胆小的豹猫到敏捷机警的黑鹳，从水里的水毛茛到林间的鲍姆桑黄孔菌，人们开始熟悉这些"生物居民"。冯晓光提到，他们后续会争取一到两周出一期，至少持续到2021年的五六月份。

"希望能用这种方式让人们感受到一种亲切感，觉得这些生物就在身边，就跟唠家常一样，或者像谈论身边的小宠物一样，引起群众对这项工作的关注，也增强大家保护生物多样性的意识。"

李春旺说，他从不怀疑人热爱生物的本能，"因为人自己就是生物。人对生物是感兴趣的，孩子们为什么那么喜欢去动物园？孩子们是喜欢生物的。"

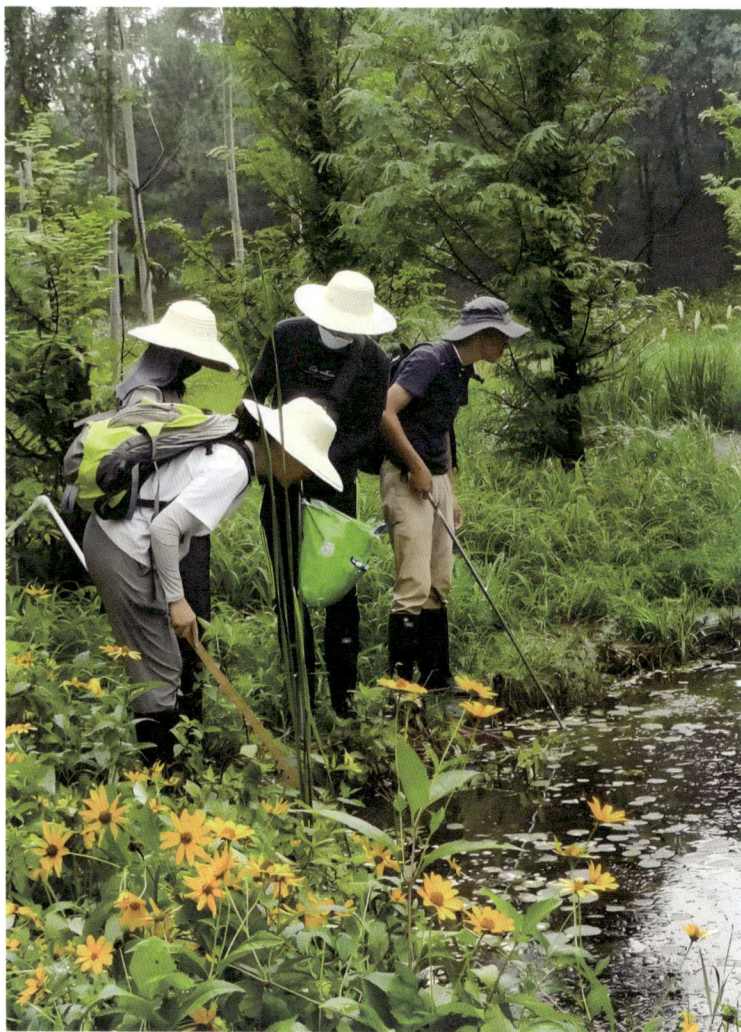

水生植物调查组在工作。受访者供图。

他很喜欢去看公园里的松鼠。

"其实它是几种离人距离最近的动物之一，在城区都能见得到，也是很漂亮的一种动物。"有时候，松鼠会忙着搬家，把自己在一个树洞里储存的全部"家当"搬到另外一棵树里。

看看动物们努力又从容地生活，似乎也成了现代人解压的方式。高晓奇希望，这个城市的每一种生物都有机会继续成长，而每个人都能有机会去见证。

他一直忘不了，在怀柔的雁栖湖，他和同事正在走样线、找鸟，忽然发现前面远远的一处山顶上，一只比羊还要大的中华斑羚正站在高处的岩石上，一动不动地盯着他们。"这不是能轻易在野外亲眼见到的动物。"高晓奇很兴奋。

他一遍一遍感叹，"北京市的生物多样性基础其实特别好，随着人们对美好生活环境需求的不断提高，丰富的生物多样性将给市民带来巨大福祉，希望大家能够关注、保护。"

文 | 彭冲　谢婧雯　朱世晨

于 2021 年 2 月

地质科考 ：

聆听地球的记忆与声音

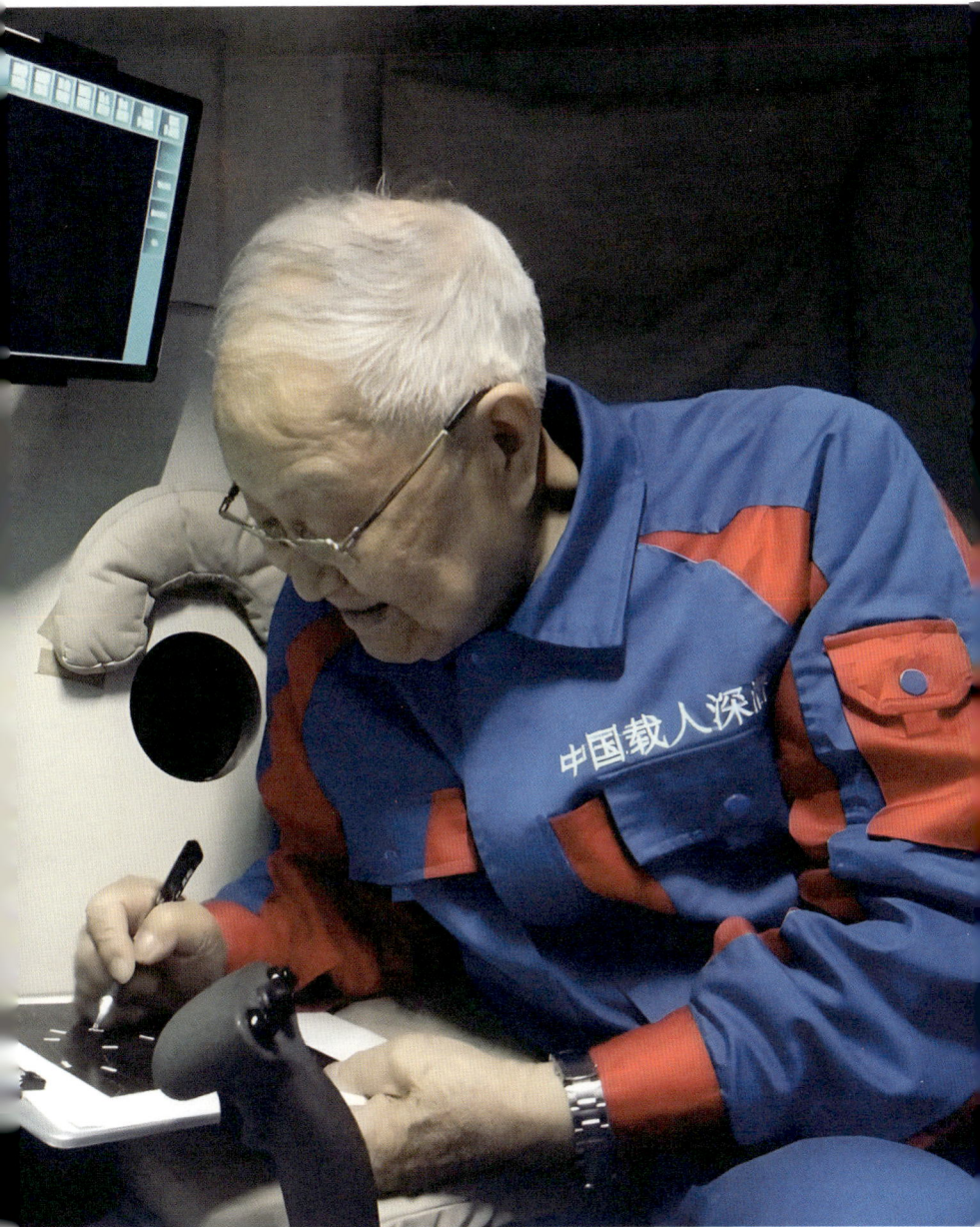

2021 年 9 月 4 日，汪品先在办公室中。新京报记者冯雨昕拍摄。

我的人生是倒装的，

我什么都可以慷慨，

但时间不能慷慨。

汪品先
我为海洋搞科普

　　汪品先的办公室里摆设整齐，最多的是书柜，靠墙放了四个，挤不下的书成堆摞在地上。书柜上有他年轻时的照片，清瘦挺拔。现在，他的背弯了，走路要扶着后腰，银发梳平了还会翘起。有人比着他的样子，为他的短视频账号设计了一个头像：穿衬衫、背心，戴副眼镜，打黑色领结。"我说你这是肯德基老爷爷吗？"

　　2018年，82岁的他随"深海勇士号"在南海三次下潜至1400余米处；2021年上半年，他在同济大学设立关于"科学与文化"的公开课，场均线上直播观看人数过十万；他先后入驻两个视频平台，做海洋科学科普短视频，粉丝量、点赞量超过百万人次。

　　作为中国科学院院士、同济大学海洋与地球科学学院教授，汪品先在耄耋之年"出圈"了。

汪品先（第二排左二）在苏留学期间的合影。受访者供图。

在互联网上的走红，让他多了几个称号，"深潜院士""深海勇士""科普老顽童""最大咖位的 UP 主"。有人把他的人生经历比作"老人与海"。

他把这些称号称为"人设"，他自认的唯一身份是"院士后"。"年轻想做事情的时候做不成，老了该谢幕的时候反而要登场……别人是博士后，我是院士后。"

我的人生是倒装的

1 点钟，睡满了半小时，汪品先从沙发上起身，叠好毛毯，和枕头一起搁在沙发角。2020 年他生了一场大病，入院治疗 37 天后，在人生的第 84 个年头，他头一次开始尝试午睡。同济大学给了他一间办公室，他就地取材，午睡就蜷在里间的沙发上。

同济大学海洋与地球科学学院院长翦知湣来敲门，告知他，10 月起有 50 天左右的马里亚纳海沟深潜活动，可邀请他。

"我今年很困难，50 天太长了。"汪品先说，年内，他要开未定数量的科学研讨会，要为国家自然科学基金委员会写战略报告，还要写他自己的书。他因此婉拒，又惋惜地说："但很有吸引力。"他反复强调，这不是身体上的问题，身体上他没有问题，这是时间紧张的问题。

要是深潜活动能安排到明年夏天就好了，翦知湣说。汪品先哈哈大笑："如果我还活着！"

他在和时间赛跑。生病前，他的作息是早 8 点半进办公室，晚 10 点半离开。病愈后，老伴勒令他休整，他就改到了早 7 点半进办公室，晚 9 点半离开，"早睡早起。"但算起来，一天内还是工作 14 个小时。

每年的除夕夜，他早收工陪老伴看春晚，年初一至初三则给自己放 3 天假，挑一座历史名城去旅行。其余时间，他参加工作后的 60 年间是一致的，几乎无休。

1991 年，55 岁的他当选中国科学院院士，他现在回想起来，那时还没有完成他认为值得称道的工作。转折点是在 1999 年，63 岁的他作为首席科学家，随航了中国海区的首次大洋钻探航次，"也是第一次由中国人设计和主持的大洋钻探航次。"他记得格外清楚，1999 年 2 月 12 日，钻探船从澳大利亚西部起航驶向南海时，他在甲板上眺望，"感到自己终于成为名副其实的海洋地质学家了。"

1955 年至 1960 年，他在苏联莫斯科国立大学地质系学习。回国后，分配到华东师范大学的地理系。1972 年，他随华师大"海洋地质联队"一同被合并到同济大学，到 1975 年终于建成"海洋地质系"。他在同济最早的工作是分析海洋样本中的钙质微体化石，以探明石油储藏状况。他说，那时候的科研环境与今天是大不一样的，尤其是海洋地质这样彼时冷门的院系，"研究业绩"无人问津，"研究基金"无处申请。他用饭碗在厕所淘洗化石样品，用一架不能对焦的显微镜观测。实验室是废弃的工厂车间，宿舍楼曾做过肝炎病房，装潢破败，外面有人行走，屋里的地板会吱吱响动。

系里有一本俄罗斯古生物学大全，汪品先据此鉴定出无数从中国近海获取的微体化石。"要等到 20 世纪 70 年代末期，大庆油田为解释储油层的河成砂岩，需要长江三角洲沉积模式做比较，同济的海洋地质才受到国内重视。"

1980 年，他近十年的化石研究成果被整理成文集《中国海洋微体古生物》，而后被翻译成英文版，在国际发行。法国一本学术期刊这样评价："中国觉醒了。"

1985 年，由各国出资执行的"大洋钻探计划"开始实施，计划在全球各海区采样、钻探获取岩心，以研究大洋地壳的组成、结构以及形成演化历史。汪品先立志要让钻探船前所未有地由中国人主导，开到中国海区来。厚积薄发十年后，他于1995年提交了中国南海的钻探计划书，参与各国竞标。1997年，该建议书在各国计划书中名列第一。

1999年3月初，在南沙海域，中国海区的第一口深海科学钻井开钻。而后，国内关于南海科研的呼声渐起。2010年，国家自然科学基金会正式立项"南海深部计划"，由汪品先牵头主持。

1999年，汪品先（左一）在南海钻探船上。受访者供图。

"在20世纪80年代、90年代，我国开始进入南海做研究，一开始是以我们和欧美国家的合作研究为主。"同济大学海洋与地球科学学院院长翦知湣说，"一直到最近十年，也就是2010年'南海深部计划'立项之后，南海的研究终于变成了以中国人为主导。"

汪品先记得，1999年，南海第一筒岩心被取上甲板后，一位英国科学家问他，这一筒岩心，你等了多少年？汪品先答，30年。

"所以我总说，我的人生是倒装的。"

"我什么都可以慷慨，但时间不能慷慨。"

我是为海洋搞科普

最早，汪品先想当文科老师。

抗战期间，他的家人从苏州老家逃难至上海，父亲早逝，只有母亲顾家，小时候的日子清贫。他爱好写作，想在文学方面"有点成就"。高中毕业的志愿，他依次填了历史、中文、政治。

1953年，他得到公派留学的机会，先在北京学了两年俄语，1955年赴苏联留学。当时他的第一志愿是拖拉机制造，因为"看电影时觉得开拖拉机很神气"。第二才选的地质专业，是为了响应全国的找矿政策。

在苏联莫斯科国立大学的5年里，他很快爱上了地质专业。

在海洋地质方面摸索了近20年，20世纪70年代末，他随团访问法国、美国，后又去德国深造一年半，见识到了各国的先进设备、实验室。一次晚宴，一位法国专家向他介绍深潜地中海的经历："漂亮极了，到处都是海百合，安静得没有一点声音。"

"那时候国内的海洋系可能连块舷板船都没有。"汪品先震惊于海洋科学研究的国际前沿之高深。

回国后，他开始在国内到处"鼓吹海洋"。他去开海洋科学报告会，门可罗雀，就在会后加映电影，吸引人来听讲。他在报纸上疾呼"向蓝色世界进军"："太空和海洋，就是人类应该关注的对象……人类对深海海底的了解，甚至还不如月球表面……"

翦知湣1987年到同济大学读研究生，他回忆，汪品先邀请了瑞士、德国等国的教授来同济大学讲课，开办过两场古海洋学的国际讲习班。1989年，在汪品先主导下，同济大学又召开了第一届"亚洲海洋地质大会"，有中、日、韩、东南亚及欧美澳各国海洋地质专家130余位到会。此会议延续至今，已办过九届。

搞起面向社会大众的科普，是在2011年后。在《十万个为什么》出版60周年庆的座谈会上，汪品先提意见说，书里怎么没有系统性的海洋分册呢？"他们就说，那你来弄。我说，我来弄我来弄——我是为海洋搞科普——在以前，海洋学在中国是排不上号的。"

汪品先任主编，现同济大学海洋与地球科学学院副教授黄维做他的副手，一道编写《十万个为什么》的海洋分册。黄维回忆，编写过程中，找选题最吃力，汪品先动员学院里的学生出建议，但大多选题都没有被他采纳。

汪品先说，有一回他去浙江开会，走过杭州湾大桥时，司机问他，这水为什么这会儿退潮？退潮之后水去了哪里？"我说你这个题目正好！"最终将题目收纳进书本。

在成书中，他还设置了诸如"为什么加勒比的海盗名气最大？""为什么'冰'也可以燃烧呢？""古代有潜水员吗？"等问题，原则是"必须写孩子会问的问题，而不是科学家会问的问题。"

2020年年底至2021年，陆续有两个团队找他做互联网科普短视频，讲述的问题与《十万个为什么》类似，"给我设计了一个卡通形象，要在网上推出来。"他同意了。

视频里，他两手握拳放在腿上，偶尔手舞足蹈，对着镜头不紧不慢地说上几分钟："为什么阳光只能照到水下 200 米呢？""死海淹不死人，为什么叫死海呢？""海里的鱼会口渴吗？"网友纷纷留言评论："汪院士，我是您网络大学的第一批学生！"

在每一个视频末尾，汪品先都会加一句："如果你喜欢我的视频，就请记得关注，并且一键三连。我们下次视频再见！"这些词汇原本是他的"知识盲区"，他说起来有一些磕绊，但他乐此不疲，"只要是能促进大众化科普的事，我都做。"

2021 年 9 月 4 日，汪品先在制作报告会的 PPT。新京报记者冯雨昕拍摄。

科学与文化

"我是个有点爱惹事的人。"汪品先自我总结。

2005 年的一场"院士圆桌会议"，13 位两院院士、数十位科技人士及企业家在场，汪品先原计划宣读一篇学术论文，临场却当众批评起国内对院士的过分炒作："多一票选上院士就什么都会、什么都懂了，少一票就落选，就回家抱孙子去……这种做法站不住的，总要掉下去。"

2000 年至今，汪品先多次公开建议，国内或华人间举办的科学会议，要用汉语交流。他听说有的大学要将 10% 的课程设置为全英授课，便屡屡在会议上提出反对意见。"有些所谓的国际会议，请了一个老外来，大家就都用英文围着他，实际上英文又讲得很蹩脚，"他直言不讳，"我觉得真是倒胃口。"

翦知湣说，汪品先自身是一个多语言应用者，俄文讲得最好，英语次之，德语、法语也都能做日常交流。"汪老师是出于科学创新、自主的角度，主张中国人不要只用英语去思考科学问题。"

谈到这些，汪品先会言辞激烈地提问，用别国的语言体系，中国人如何完全适应西方语境的逻辑？中国又何来科学创新的土壤？

2010 年，在汪品先的倡议下，同济大学与国家自然科学基金委员会等科研单位主办起"地球系统科学大会"，主要邀请华人、华侨、中国专家进行地球科学学科交叉讨论，也有其他国家、民族的专家参与，"把地球当成一个系统来研究，海洋、陆地、气象等结合着看"。大会的宗旨之一是"使用汉语作为主要交流语言"。

2017 年，汪品先向学校提出，要开一门叫"科学、文化与海洋"的公开课，谈科学与文化的关系。他开六讲，中国科学院深海科学与工程研究所所长丁抗、中国工程院院士钱旭红各开一讲。结果座无虚席，大受好评。

以这八讲为基础，2021 年，汪品先又排出八讲公开课"科学与文化"，讨论的主题五花八门："科学的产生""科学与视野""人类与海洋""科学与好奇""创新与教育""东西方文化""科学通用语""地球的未来"。

"我在苏联留学时就开始思考，像李约瑟难题问的，为什么科学和工业革命不在近代中国产生？以中国为主的大陆文明，和欧洲的海洋文明，它带动出来科学发展的不同路径。我想把这个讲清楚。"汪品先说，"科学与文化不是独立的，科学是从文化中生出来的。"

线下公开课在同济大学逸夫楼报告厅举行，场场爆满；线上则通过多平台直播，同时段观看人次超十万。不少学生听完课，感叹"文理原来是一家"，从此对科学的认知要改观了。

汪品先在全网络平台有粉丝150万，他的公开课和短视频总获赞量接近400万，点击量破千万。他不避讳课程火爆带给他的愉悦，"这两年弄的公开课，线下有几百个人听。后来又在网上做科普，有百万人次听……从前我上课，有几十个人听，我就觉得很热闹了！"

生有涯

几年前有一次，汪品先带着公文包坐出租车，司机问他，老先生还没退休啊？他"感到一种窘态"。

最近又有人建议他，把常骑的男式自行车换成女式的，这样骑行时更安全。

现在每天早上7点多，汪品先就骑着这辆紫色的自行车，从家出发，骑行5分钟即可进入同济大学校园。7点半他能准时走进办公室，烧水、吃药，4年前他查出前列腺癌，状况已趋平稳，但需终身服药。

爱人孙湘君每天从家里过来陪他。他跟孙湘君是同级生，一道在北京的俄文预备班待过两年，又共赴苏联5年，她是党支部书记，他是团支部书记。学成归国后，汪品先被分配在上海，孙湘君则去了北京的中国科学院植物研究所工作，两人两地分居30年。直到2000年，孙湘君退休并被返聘到同济大学做兼职教授，两人才又相聚。

黄维1989年到同济大学读本科，选修过汪品先的古生物课。他记得，他们所在的老系楼夜里11点以后必须锁门。汪品先常留夜，在办公室看书、审稿、写文章，或是学各国语言。深夜，老楼大门被锁，已年过五十的汪品先就和年轻人们一道另辟蹊径，"从二楼的窗户翻出去，跳到一座矮墙上，再跳下去。"

"他一直是个风风火火的人。"黄维说。

年轻时，汪品先走路大步流星，现在则是碎步高频。近两年他做报告、上公开课，讲兴奋了，"就觉得好像上气不接下气，心脏负担过重。"因此他试着压住情绪。这对他也是挑战，"就像有些院士，讲课时都有自己的行为习惯。我完全体会他们的心情，只要让我讲我感兴趣的、新鲜的东西，我就老要提起十二万分的精神。"

早在十年前，汪品先就带完了最后一批博士生，从此"退隐江湖"。他打比方："我的学生们也都在教学生了，我再教学生，就像婆婆跟媳妇一道生孩子，这怎么可以？"

2021年6月，结束"科学与文化"的最后一讲，他决心再也不上课了。他说这是他的"告别演出"，"是一首《天鹅之歌》"。

他想做的事太多了。他的时间观越来越"苛刻"。

从青年时期就爱阅读的俄文小说早几年就丢下不读了，"时间上太奢侈。"有些学术座谈会邀他去，他要先做评估，"没有多大价值的会，不能这么把时间送给别人。"

许多时候他看文章，"只看图和摘要"。每天唯一的休闲时间是下班前的几分钟，听一听京戏。但晚上9点半还是必须回家，"要不然老伴会生气"。

"我觉得他是一直在路上。"翦知湣说，在学生、同事中，没听说有劝汪品先退休的，"都看他做得挺快乐的。他要是累了，自己就会退下去。"

以前有人建议他多写书，写科研成果、人生经历，他犹豫，"出了如果卖不掉，好丢脸。"前两年，他的一个老友去世，"我才突然想到，我还是出吧！要不然我走了，就什么也没有了。"

因此，他的愿景是把 2021 年上半年讲授的"科学与文化"写作成书籍，"可能是两本书，一本偏科学，一本偏文化。"他希冀，书写成了，又是极好的科普作品。

此前，他花两年时间，把自己上了 20 年的地球科学课程写作成了《地球系统与演变》。

"这就是我的教材，我一辈子研究的海洋与地球的内容，全在里面。"他指着一大捆蓝色封皮的《地球系统与演变》，扶腰，颔首向前，声音因兴奋而有些抖动。

文 | 冯雨昕

于 2021 年 9 月

2023 年 5 月 22 日，在珠峰登山大本营，中国科学院西北生态环境资源研究院副院长康世昌（右）在查看从珠峰海拔约 6500 米处钻取的冰芯样品。新华社记者孙非拍摄。

我们在青藏高原的探索，

是永远没有止境的。

我们对它的保护，

也是要一如既往的。

珠峰科考队
破译世界之巅的"未解密码"

2023年5月23日12时30分许，2023年"巅峰使命"珠峰科考队员成功登顶珠穆朗玛峰。五星红旗再度亮相世界之巅。

"巅峰使命"珠峰科考是第二次青藏科考队联合西藏登山队实施的活动，于2022年4月启动。同年5月，科考队员成功登顶并架设世界上海拔最高的自动气象站。

时隔一年，2023年5月23日，13名"巅峰使命"珠峰科考队员再度成功冲顶。

"青藏高原的地质事件是地球上非常重要的一次环境改变，它对生物的演化造成了非常显著的影响。"5月24日，中国科学院古脊椎动物与古人类研究所所长邓涛说，青藏高原地区，尤其是珠峰地区，是研究地球科学和生物演化的绝佳天然实验室。

我国自20世纪70年代启动第一次青藏科考，于2017年启动第二次青藏科考。而珠峰科考是第二次青藏科考的重要内容。

中国科学院院士、第二次青藏科考队队长、珠峰科考总指挥姚檀栋表示，近二三十年来在国家重大基础研究项目的支持下，我国在冰川变化等气候变化领域和生态领域等，已在国际上处于第一方阵。

姚檀栋介绍，2023年珠峰科考将聚焦全球气候变暖影响下珠峰极高海拔环境如何变化、珠峰环境变化与西风—季风如何相互作用、珠峰地区未来环境如何影响亚洲水塔变化等重大科学问题开展研究。

惊喜之旅

珠峰和天空几乎融为一体，白茫茫的一片，像一幅灰白色的水墨画。山脊在画面中形成斜对角线，把天和山分割开来。雾气使画面变得模糊，科考人员只有一个个小小的轮廓剪影，他们正在往更高的方向攀爬。

这是2023年5月23日晨9时许央视新闻的直播画面。

5月23日凌晨，2023年"巅峰使命"珠峰科考登顶队员开始向峰顶挺进。

历经数小时攀登，科考队员终于抵达海拔8830米的世界最高自动气象观测站。固定钢筋绳索，更换蓄电池，安装风速风向传感器……经过约1小时的紧张工作，气象站零部件升级工作全部完成。随后，他们攀登至8848.86米的峰顶，利用工具成功采集雪冰样品。

"我们小组负责的任务是钻取冰芯，同时对冰川进行测量。"中国科学院西北生态环境资源研究院副院长康世昌在直播中提到。从直播画面看，冰芯是呈长圆柱体的冰柱，晶莹剔透，底部有泥质。

康世昌小组的工作进展很顺利，他们先后从海拔6530米处钻取两支透底冰芯，透底冰芯是指从冰雪面一直钻到岩石层而取得的芯。康世昌说，从冰芯的数据可以分析（珠峰地区）上百年气候记录和环境记录，比如说珠峰地区的气候变暖情况、亚洲区域人类活动排放大气污染物的变化等。

康世昌说，从专业角度来说，冰芯是很宝贵的自然界变化的历史档案馆。

康世昌回忆，1997年他还是博士研究生时，就在珠峰地区远东绒布冰川和东绒布冰川先后6次采集了10多支冰芯，而这次希望做新型污染物的记录，比如微塑料污染物等。

2023 年 5 月 23 日，珠峰科考登顶队员在冲顶。这是我国珠峰科考继 2022 年之后，再次突破 8000 米以上海拔高度。新华社特约记者拉巴拍摄。

直播画面中，康世昌穿着红色的羽绒服和橙红色羽绒夹克，戴着黑色鸭舌帽。他的皮肤被晒得黝黑，脸颊和鼻子上蜕皮发红，嘴唇干裂，嘴皮泛白。

康世昌已经来珠峰12次了，提到珠峰科考，他依旧充满激情。"我知道它很艰苦，但还是想去做，这是一种情怀。"康世昌对高原紫外线造成的外貌变化早已习以为常，对他最大的困扰是高反。"在海拔6350米的营地，翻来覆去真是难以入眠，眼睛一睁开，眼皮就打架，闭上又睡不着。人一直处于高度的紧张状态。"

在这次科考中，为了精准获取珠峰冰川表面形貌，康世昌和他的科研团队携带专业无人机和3D激光扫描仪，对海拔5200米至6500米之间的冰川进行高分辨率扫描，累计扫描面积达22平方公里，创造了东、中、西绒布冰川高分辨率扫描面积记录。

自2001年以来，中国科学院古脊椎动物与古人类研究所（下称"中国科学院古脊椎所"）所长邓涛亦多次前往珠峰地区。2023年1月末，中国科学院古脊椎所集合20余名不同研究方向的科研人员组成青藏高原生物演化综合考察队，由邓涛带队奔赴西藏，开启了特提斯喜马拉雅区古生物考察与寻找珠峰地区中生代海生脊椎动物的科考之旅。

这是一趟惊喜之旅。抵达不久，考察队就在定日县岗嘎镇南部"三叠纪曲龙共巴组"的至少三个层位的岩层中，发现了确定无疑的脊椎动物化石骨骼——喜马拉雅鱼龙化石，距今已有2亿多年。

进入4月，考察队又在聂拉木土隆、318国道的62号道班等多处"曲龙共巴组地层"中发现了鱼龙化石。

而上一次寻到三叠纪喜马拉雅鱼龙化石还是在20世纪六七十年代"登山科考"的时候，不过，均是分散的骨骼。幸运的是，这次新发现的鱼龙脊椎骨、肋骨化石保存良好。

邓涛说此次发现鱼龙不同部位的众多化石，拼合的结果证明它们分别属于两具鱼龙。

西藏定日地区三叠纪曲龙共巴组岩层中的鱼龙化石椎体和肋骨。中国科学院古脊椎所供图。

　　喜马拉雅鱼龙是生活在中生代海洋里的巨型水生爬行动物，身长达10余米，是迄今已知最庞大的史前动物。

　　"这次还发现了更多的鱼龙牙齿化石。喜马拉雅鱼龙具有侧扁的锋利牙齿，其上的尖锐刃嵴是掠食的强大武器。"在邓涛看来，研究过去生物从繁盛到灭绝的过程具有重要意义，可为人类未来的生态环境保护提供参考和启示。此次鱼龙化石的发现不仅揭示了海洋转雪山的环境巨变，还将推动对喜马拉雅地区中生代海洋生态体系的研究进程。

　　此次科考，古脊椎所考察队员最高攀爬到了海拔6000多米。邓涛坦言，在高海拔地区开展研究工作，低氧和低温是时刻要面临的两大挑战。"首先要习惯的是由缺氧导致的高原反应。其次就是寒冷，但科考人员为了更好地开展工作，不能将全身包裹起来，也不能戴很厚的手套。"

不同于低海拔的野外科考，于古脊椎所考察队员而言，在珠峰这一高海拔地区，除常备工具外，还要携带登山镐和用于化石科研工作的不冻水。

落石、冰川裂隙等危险亦是需要随时警惕的。"一方面要克服困难，要有大无畏的精神，另一方面也要非常谨慎，特别注意安全。"邓涛提及，考察队科考工作的顺利进行离不开"巅峰使命"登山队的帮助以及后勤团队的守护，"万一出现健康问题可以及时送到高压氧舱，或是氧气充足的地方开展救治。"

不断冲顶世界之巅

按目前公认的科学研究，大约 6500 万年前，印度板块与亚欧板块相撞，青藏高原开始猛升。

"青藏高原的地质事件是地球上非常重要的一次环境改变，它对生物的演化造成了非常显著的影响。"在邓涛眼里，青藏高原地区，尤其是珠峰地区，是研究地球科学和生物演化的绝佳天然实验室。

珠峰科考总指挥姚檀栋 2022 年在接受《中国科技信息》杂志采访时表示，青藏高原是世界屋脊、亚洲水塔，是地球第三极，是我国重要的生态安全屏障、战略资源储备基地，是中华民族特色文化的重要保护地。

姚檀栋谈及，从科学角度来讲，青藏高原气候环境变化对世界其他地区而言，可谓牵一发而动全身。开展此次科学考察研究，揭示青藏高原环境变化机理，优化生态安全屏障体系，对推动青藏高原可持续发展、推进国家生态文明建设、促进全球生态环境保护将产生十分重要的影响。

姚檀栋解释，首先，世界上很多重要江河都从青藏高原发源，从而造福人类。从生态角度看，从珠峰往南走，下面就是恒河平原，海拔接近0米。"也就是说，直线距离仅两三百公里，海拔落差就超过8000米。这里的动植物分布、生态系统变化就相当于一个微缩的地球景观，这也是珠峰最大的魅力之一。"

从气候角度看，青藏高原是季风和西风的巨型调节器，对全球气候变化具有重要影响。

姚檀栋2019年在接受《科学通报》采访时表示，从第一次青藏科考开始，距今已近50年。近50年来，青藏高原的自然与社会环境发生了巨大变化。最大的变化则是气候变暖，该地区的气候变暖幅度是同期中国东部和全球平均值的2倍，因此是全球变暖背景下环境变化不确定性最大的地区。

与此密切相关的，是青藏高原水循环和生态及生物多样性的重大变化。冰川退缩、冻土退化、冰湖溃决、草地退化、冰崩等对人类生存环境和经济社会发展造成了重大影响。

姚檀栋提到，青藏高原环境变化的影响将是广域甚至全球的。因此，考察研究过去50年来环境变化和影响并提出应对方案，既是科学发展的需求，也是社会发展的需求。

据新华社报道，珠峰和南北极一样，都具有独特的生态结构，因此这里的生态变化也被视为全球环境变化的"试纸"。科学家们通过研究珠峰的生态环境、植被分布的变化，冰川形态、规模和储量变化，为全球的生态和气候变化研究提供一手的参考。

"我们在青藏高原的探索，是永远没有止境的。我们对它的保护，也是要一如既往的。"姚檀栋表示。

从"我要征服你"到"我要了解你"

我国历来重视对青藏高原的科学考察。20 世纪 60 年代至 70 年代初，与登山活动结合的一些零星考察开始在青藏高原进行。

1973 年，中国科学院青藏高原综合科学考察队成立。从此，我国进入了青藏高原大规模综合科学考察时期。

中国科学院院士、第一次青藏科考队队长孙鸿烈回忆，第一次青藏科考队伍包括地学、生物学、农学等 50 多个专业的研究者，历时 4 年，前后有 770 多人参加。每年 5 至 10 月考察队开展野外工作。

孙鸿烈带领科考队员几乎走遍了青藏高原全境。他接受采访时提到："青藏科考的空白必须由中国人来填补。"

在孙鸿烈看来，第一次青藏科考主要贡献在于：论述了高原隆起是近百万年来地球历史上最重要的地质事件之一；划分了 7 个地层区和 5 条缝合带；揭示了高原生物区系组成、起源和演化的过程及规律；查明了高原境内自然因素的分布规律；划分了青藏高原的自然地带，明确了各地带的资源环境利用、保护方向与措施；解析了高原气候变化对东亚大气环流的影响。

姚檀栋 2022 年在接受新华社采访时谈及，青藏高原综合科考，第一次主要是"摸家底"，第二次则要"看变化"。

姚檀栋说，第二次青藏科考在第一次青藏科考的基础上，突出以"变化"为主题的考察研究，摸清变化规律，评估与预测未来变化趋势。拟开展西风—季风协同作用及其影响、"亚洲水塔"动态变化与影响、生态系统与生态安全、生态安全屏障功能与优化体系、生物多样性保护与可持续利用、人类活动与生存环境安全、高原生长与演化、资源能源现状与远景评估、地质环境与灾害、区域绿色发展途径十大科学考察研究任务，组建若干个专题科考分队。

整个科学考察研究将在包括"亚洲水塔"区、喜马拉雅区、横断山高山峡谷区、祁连山—阿尔金区、天山—帕米尔区 5 大综合考察研究区的 19 个关键区展开。

据《中国科技信息》杂志，珠峰科考是第二次青藏科考的重要内容，已筹划多年。我国自 2022 年 4 月开启"巅峰使命 2022——珠峰极高海拔地区综合科学考察研究"，聚焦珠峰地区的环境变化。

在 2022 年 7 月举行的"巅峰使命—珠峰科考学术交流会议"上，姚檀栋提出，中国珠峰科考已实现从"登山科考"到"科考登山"的登山模式转变，实现从"我要征服你"到"我要了解你"的登山思路转变。

姚檀栋解释，以前的"登山科考"模式以登山队员登山为主，表现为科考队员跟随登山队员在登山过程中，开展一些科考工作；"科考登山"模式则以科考为主，登山队员要为科考工作服务。

在 2022 年央视节目《开学第一课》上，姚檀栋透露，摸清"亚洲水塔"里究竟有多少水是第二次青藏科考的重要任务之一。经过近几年的科考，初步估算"亚洲水塔"的水至少为 9 万亿立方米。

姚檀栋还提到，一些以前科学认知认为已经灭绝了或者濒危的物种和动物，越来越多地被发现。这意味着青藏高原的生物多样性，正在不断地丰富。研究还发现，过去几十年，青藏高原总体是在变绿，森林在增加，草地面积在扩展，湿地面积也在增加，使得整个生态变好。

"我们科学家有个表述叫'人努力，天帮忙'。我们国家过去几十年实行的一系列环保措施，比方说天然林保护工程、生态屏障建设工程，整体使得青藏高原的变绿越来越明显。"姚檀栋说。

孙鸿烈 2019 年向《科学通报》透露，与现在的考察相比，第一次青藏科考时的条件和设备是非常简陋的。每次考察出发时，都要在成都集中，然后乘坐 10 天左右的大卡车才能沿川藏公路到达拉萨。

野外考察时吃饭也是个难题。"当时没有保温壶，水壶里的水到中午已冰冷了，吃压缩饼干只能就唾液下咽。经过藏族同胞的帐篷时，若能喝上一口热乎乎的酥油茶，就是最大的幸福了。"

姚檀栋 2022 年接受新华社采访时亦提及，两次青藏科考的技术设备发生了巨大改变。"回想几十年前的野外科考，我们用的是地质

科考队员在珠峰地区发掘鱼龙化石。中国科学院古脊椎所供图。

锤、罗盘、笔记本'三大件'，而随着国家综合实力的提升和科技的进步，支撑了科考装备升级。国家对第二次青藏科考提供专项经费保障，2022年的珠峰科考是采用仪器设备最先进的综合性科考。像直升机、无人机、无人船、探空气球和飞艇等，都已应用于考察研究。"

越来越多的"未解密码"将被"破译"

对于世界之巅的科研探索，一直是公众关注的热点。60多年来，国内一批又一批的登山者和科研人员来到珠穆朗玛峰，用科学不断增加对它的认知。

为珠峰"测身高"，是众多科研任务中比较受关注的一个。自20世纪60年代起，我国几度为珠峰"测身高"。最新数据是2020年测

2023年，科考登顶队员在珠峰海拔约8830米处维护升级自动气象站。新华社特约记者拉巴拍摄。

得的 8848.86 米。

这一数据不仅仅是最高峰的"身高"纪录，还能为研究板块变化等地质运动提供丰富资料。喜马拉雅山脉是由于板块交界处强烈的造山运动形成的。珠峰高度的测量能够揭示板块运动的强弱变化，这十分有助于监测地震活动和减灾、防灾。

姚檀栋介绍，此前，科学家们在珠峰地区做各种科学考察，能做到的大多是海拔五六千米高度的研究，8000 米以上的科研样本很少。直到 2022 年 5 月，中国科考队员终于完成地球之巅的"冲顶"任务，我国珠峰考察首次突破 8000 米以上海拔高度，创造了历史。

2021 年以来，珠峰科考专家克服重重困难，在珠峰北坡的高海拔地区陆续建成运行 8 套自动气象观测站，最高的一个站点建在了海拔 8830 米处。

这个世界上海拔最高的自动气象观测站，完成了历史上从来没有过的气象科学考察工作。而极高海拔区域的气象观测资料在全球范围也十分匮乏。因此，这一举措对填补全球范围内的气象记录空白有不小的贡献。

2023 年珠峰科考的一项重要任务，就是对已架设在海拔 5200 米到海拔 8830 米的 8 套气象站进行维护和技术升级。

架设世界海拔最高的自动气象站之外，珠峰科考还在多领域不断取得新突破，比如，首次获得科考和登山运动员在不同海拔适应期间的健康数据和样本，利用直升机和浮空艇新平台首次对珠峰地区二氧化碳、甲烷的垂直分布进行测量等。

"2023 年珠峰科考是第二次青藏科考不断拓展广度和深度的重要内容，相信越来越多的'未解密码'将被'破译'。"科技部副部长、第二次青藏科考领导小组办公室主任李萌说。

据了解，第二次青藏高原综合科学考察研究队此前在珠峰的科学考察活动已收获"西风—季风协同作用及影响""巅峰海拔的强烈升温""巅峰海拔的冰雪融化""珠峰地区人体生理的特殊反应""珠峰地区变绿的生态过程"等多个领域一系列科研成果。

姚檀栋提到，除了珠峰以外，青藏高原地区及周边还有 10 余座超高海拔山峰，这些高山会形成一种汇聚效应，共同对全球气候产生影响。然而这个影响过程究竟是怎样的，目前还基本上是人类认知的空白区。

"因此，我们也将启动对其他高山的科考。完成 2023 年珠峰科考任务之后，我们将开展对希夏邦马峰和卓奥友峰的科考，通过开展更多高山科考，探究高山对全球气候变化的驱动作用。"姚檀栋在接受新华社记者采访时说。

据《中国科技信息》杂志，姚檀栋表示，青藏高原研究范围很广泛，包括地球物理、地质构造、生态、环境等。

"随着研究的推进，相信我们会在国际上展示更多新发现和新进展，将在相关科研领域拥有更多国际话语权。"

文 | 吴淋姝　乔迟　杨蕊

于 2023 年 5 月

2021 年 11 月 29 日，付小方踏上川藏线，途经雅拉山口。新京报记者马延君拍摄。

她说不清那份喜欢从何而来，

但那些年，山川湖海真实地滋养过她的人生。

付小方
一位女地质学家的 44 年

46 亿年的地壳构造运动碰撞、挤压出一片片高原与山峦，鲜有人类生存的高海拔地带，积雪铺天盖地，一眼望不到边际。荒野时而沉默，时而暴躁，与其相伴 44 年的付小方深谙它的脾性，她在野外得到过山川的馈赠，也领教过自然的威严。

资源的获取，往往依赖地质工作者与自然的博弈。1977 年，因一场电影与地质结缘的付小方，先后来到四川地矿局攀西地质大队、四川省地质调查院，加入了这场旷日持久的拉锯战。

在川西高原寻找矿产，深入汶川地震灾区调研，勘探亚洲第一锂矿甲基卡……和无数地质工作者一样，她所经历的每个项目都是一场未知冒险。

2021 年 11 月，中国地质调查局 4 名工作人员在哀牢山中遇难的消息牵动人们的心弦。而悲伤背后，仍有一群人正在茫茫荒野中，在浪漫与孤寂中，与高原、雪山生死相伴。

一直走到路的尽头

沿着全长 5476 千米的川藏公路进藏，需要翻越 10 余座海拔超过 4000 米的大山，穿过长达 13459 米的新二郎山隧道，跨过金沙江、怒江、澜沧江三条大江，路上多险弯，路面多暗冰，即便是最有经验的司机，跑在川藏线上，也要浑身绷紧了弦。

平原、高山、峡谷、河流、冰川、草原、森林、湖泊，随着海拔高低起伏，路边景致不断变幻，车辆在山脊上疾驰，远处云朵缠绕雪山腰间，行至开阔处，蔚蓝色天空低低地压下来，宛若一匹触手可及的绸缎。

2021年11月29日早上9点，山间雾气还未散尽，63岁的付小方穿着粉色冲锋衣，靠在越野车后座，半个身子向前微躬，出神地盯着车窗外，不时掏出手机拍下路边闪过的岩石与山体。

2013年退休后，付小方被四川省地质调查院返聘为首席专家。此次踏上川藏线，为的是到海拔4298米的折多山上检查地质项目进度，以及在雅江县苦乐村为当地人检测水质。

她已经数不清自己在这条路上往返了多少次，路的一端是她的家乡成都，另一端连接着她的工作地点——川西高原、青藏高原。

川西高原与青藏高原一直是地质研究的重点区域，几乎每一位在西南工作的地质工作者都有一段关于进藏之路的回忆。路是在不断变化的，在付小方的记忆里，通往高原的路原本还要更加艰险。

20世纪90年代，军绿色的解放牌越野车冲上高原，付小方和同事挤在露天车厢里，脚边是数个硕大的行李包，塞满了地质勘探的仪器、图纸与样品，路途颠簸，车一抖，人和行李包被颠得左摇右晃。

那是地质工作蓬勃发展的时期，国家需要偏远地区更详尽的土地调查图，需要大量能源助力发展，30多岁的付小方和同事在露天车厢中一路唱着歌，走遍了高原、山区，在少有人迹的地方留下了一个个测量、勘探标记。

山间多是土路，一趟走下来，每个人从头到脚都是灰突突的，"简直分不清谁是谁"。工作途中，付小方和同事遇到过狼和熊，遇到过持枪的土匪，更危险时，还有车辆翻入雪地，半个车身挂在悬崖边的经历。

高原缺氧、山路难走，让付小方练就了骑马的本领。旧照片中，个头小小的付小方骑在马背上，背着大包，昂着头，一脸骄傲神情。

"藏区的马没见过雨伞雨衣，雨伞撑开'砰'的一声，都可以让马受惊，雨水打在雨衣上'沙沙'的声音也让它害怕。"付小方曾因此被马甩下，"当时被摔得老远，掉在地上还伤了头"。

早年间，野外勘探没有住宿地点，常常只能睡在越野车和帐篷里，遇到下雨，就在帐篷里撑着伞，身上盖着毛巾吸水。高原上蔬菜水果匮乏，方便面、压缩饼干一吃就是几十天，每次勘探结束，队员们从山上下来，个个脸颊黑红，嘴角带着深深浅浅的皲裂和溃疡。

"腿上摔的、划的口子密密麻麻，干这行之后，我再没穿过裙子。"曾经的艰苦经历在付小方身上留下不少伤疤，她却没把这事儿放在心上，讲起过往她总是带着笑声，语速极快，掩饰不住地兴奋，"有一次两个车胎同时爆了，"双手一拍，"啪！来了个双响炮！"

30 年过去，如今，进藏之路已无当年波折，越野车驶进穿山隧道，车速慢下来，橘黄色灯光映进车里，给野外作业必备的羽绒衣、棉帽、围巾笼罩上一层温暖的光晕。

地质人的浪漫与孤寂

下午 2 点，海拔 4298 米的折多山上，十几名施工与科研人员纷纷围着钻机忙碌，即将进入 12 月，岩层将被冻得更加坚硬，再不抓紧施工，恐怕要等到来年的春暖时节。

北大地质学博士孙丽静戴着动物造型棉帽，捧着卡通水杯，缩成一小团，正蹲在雪地里清点样本。

几十盒圆柱体岩石样本被塑料布盖住，每取出一段岩石，她和同事就要进行初步标记，待稍晚运回实验室进一步分析。为此，她已经在山上守了近一个月。

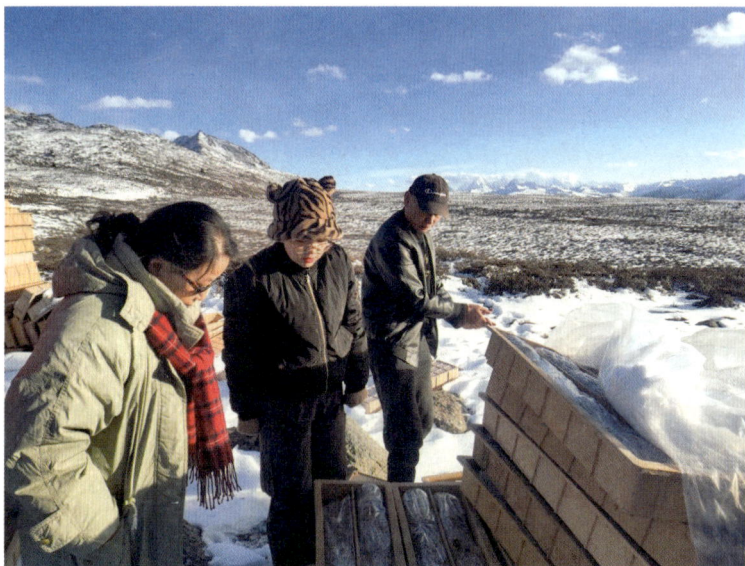

2021年11月29日，付小方与孙丽静在折多山上查看地质样本。新京报记者马延君拍摄。

山上的一切和年轻女孩的面容都极不相称，工地里的雪掺着尘土，走起来磕磕绊绊，灰黄色棉布搭起的简易帐篷里，一盏灯泡摇摇欲坠，取暖设备只有一个煤炉，纯净水是从山下运来的，要节省着用，就连卫生间也只是塑料布围出的一小块空地。

谈及选择地质工作的原因，孙丽静没有思索，小圆脸上带着笑，只给出了一个简单的答案，"就是喜欢嘛"。

许多年前，付小方也曾给出过一模一样的理由。

17岁时，在部队大院里看到电影《年青的一代》，地质队员不畏艰险，在青海高原上为国家寻找矿产的故事，让付小方对地质工作心生向往。

19岁时，付小方加入攀西地质大队，前往攀枝花从事岩矿鉴定、选矿试验等工作，他们勘探的矿石将被用来锻造钢铁，那是当时急需的资源。当时正在开展攀枝花钢铁大会战，军人出身，曾参加过淮海战役、解放大凉山的父母理解女儿的热情，没有阻拦。

地质队少见女生，第一次随队野外调查时，付小方和男队员同住一个帐篷，她不好意思躺在男队员中间睡觉，在帐篷外磨磨蹭蹭，领队看出她的窘迫，用行李隔出一个空间，才有了她休息的地方。

但付小方知道，"工作起来，就不能分男女"，每次野外调查回来，地质队员都要背几十公斤重的石头样品，男人背多少，她也背多少，最多时，她一个人背了25公斤的石头，而她当时的体重只有40公斤。工作一段时间后，付小方考入成都地质学院（现成都理工大学）地质调查专业。

1987年毕业时，已经成家、刚有了孩子的付小方本可以到税务局工作，但她左思右想，还是申请加入了四川省地质调查院，"没办法，我就是喜欢嘛。"

来到四川省地质调查院后，付小方想进入院里的高原研究室，又怕自己带着一岁多的儿子，会被研究室的人当成"累赘"，试探地提出了申请。没想到时任研究室主任侯立玮二话没说答应了她的申请，"可以啊，很欢迎。"

"老同志的心态还是更开放、包容一些，一切以工作能力为先。"为了侯老师接纳自己的信任，40多年来，付小方没有因为家庭、孩子请过一次假。两个月后，项目组上高原，付小方将儿子放到托儿所，收拾行李随队出发，一走就是几个月。

她说不清那份喜欢从何而来，但那些年，山川湖海真实地滋养过她的人生。她在雪山上看过日落，在荒野看过彩虹，在路边看过秃鹫啃咬牦牛尸体，阳光下的寺庙通体金光，贡嘎山顶变成粉色，无人山区待久了，世界安静得仿佛只属于她自己。

只是浪漫背后也有数不尽的孤寂，"我从没听过搞地质的前辈过多提及自己的孩子和家庭。"付小方说。

只有在日记里，她才敢释放自己的脆弱。"上高原的日子又到了，心里有些兴奋，可昨晚戈戈哭着不要我走，心里又不放心儿子。早上，车开出城好久了心里还犯难。"

她在山里给儿子写信寄托思念，"戈戈你好，妈妈在很远的大山里工作，很想你，有时就把你的照片拿出来看看。这里山很高，天很蓝，云很白，站在山顶上，手都能摸到天似的，以后有机会一定带你来看看大自然的风光。"

而在一次任务途中，付小方的丈夫因脑动脉瘤陷入昏迷，马上要在四川大学华西医院做手术，需要她签字。可那时她刚抵达300公里外的高原，又赶上二郎山暴雨塌方，怎么也出不去。等待道路开通的日子，为了不耽误进度，付小方在海拔4000米的高山上发了疯般，狂奔着完成了所有工作。

大家都在喊她，"你跑什么，不要命了？"她不敢告诉队友实情，第一次感觉"撑不下去了，每天晚上都在房间里蒙着头哭"。道路开通之时，付小方跟随康定公安局的领路警车，第一时间冲出大山，直奔300公里外的医院。

所幸最终手术顺利，付小方这才卸了劲，瘫坐在椅子上。

尽管当时情况凶险，但丈夫和家人没有一句责备，"但凡有人说句重话，我都没办法坚持"。再提起往事，付小方的丈夫也只是笑笑，"她要工作嘛，都莫得办法。"

雪山上的锂矿

结束折多山行程，2021年11月30日一早，付小方和同事又驱车赶往了一百公里外的雅江县苦乐村。当地即将开建水厂，邀请付小方来做水质检测。

从村口到水源地尾端有近3公里山路，走在苦乐村旁的原始森林中，付小方脚步极快，她总是习惯性地抬头望望，沿途古树枝叶繁茂，一阵寻觅后，她指指树叶缝隙中透出来的雪山，"那里就是甲基卡"，她在那里往返了整整8年。

甲基卡位于青藏高原东部，贡嘎雪山脚下，平均海拔4600米，空气稀薄，常年落雪，又是雷击区，20世纪70年代曾有多位地质队员因地滚雷长眠此地。但那里有着最丰富的稀有金属——锂。

2011年，国土资源部下达任务，要在全国范围内摸清稀有资源储量，2012年，付小方所在的四川省地质调查院接下了在甲基卡寻找锂矿的任务。

2012年10月，地调院副总工程师付小方带领团队兵分三路，运用地质、物探、化探三种找矿方式，在一个多月的时间里，发现了两条锂矿化脉，为后续工作打下了基础。

第二年，团队再次前往甲基卡，5月中旬积雪刚刚融化，放眼望去四周一片荒芜，那一瞬间，付小方突然有些心慌，到了最关键也是难度最大的确定下钻位置的时刻了。

高原上不可预见的因素太多，融雪在路上形成了大大小小的水坑，沼泽地里也蓄满了水，走路都困难，工作进度慢了下来。土壤采样有几公里的作业线，正是挖虫草的季节，请不到背样品的民工，只能靠年轻的队员多背一些。

各组对讲机不时传来有人掉进水坑的消息，一位地质队员掉进被雪覆盖的沼泽水坑里，为了赶工期，不愿意回到30多公里外的驻地修整，硬是拖着半身泥在风雪中跑了一整天。有的队员脚底冻伤复发，只能在鞋里垫上厚厚的海绵，一瘸一拐地走在山路上。

尽管每个人都拼尽全力，但能否真正找到锂矿还是个未知数。此前甲基卡找矿、勘查工作不断，但由于环境恶劣，开展工作难度太大，也一直没有实质性突破。那段时间，付小方每天的日记里都写满了担忧，"哪里才是我们的突破点，我心里真的没有底"。

直到2013年6月28日，一个雨后初晴的早上，付小方掐着指头倒计时，经过前期勘探，团队布置的先导孔即将开钻，过去近一年的努力能否有结果，将在此刻揭晓，每个人都提着一口气盯着钻机。

"开钻"，随着一声令下，钻机的轰鸣声响彻高原。当施工到7米深的围岩时，队员唐屹突然大叫起来："见矿了！见矿了！"所有人都跟着大叫起来，第一管锂辉石矿芯出现了，付小方接过矿芯，像抱孩子一样，手止不住地抖。

又经过三年的努力，2016年5月3日，经中国地调局专家审定，付小方团队承担的项目新增氧化锂资源量共计88.55万吨，为国家新兴能源提供了资源保障。

直至2018年，甲基卡外围新增氧化锂资源量共计114.31万吨，居亚洲首位，而这在将来会带动万亿元的锂电上下游产业。

几代地质人的努力

2021年11月28日晚上，前往折多山的前一天晚上，付小方参加了一场大学同学聚会。十多位地质人聚在一起，刚刚发生的哀牢山森林调查员遇难事件成了绕不过的话题。几番讨论，未知原因，一位同

付小方家中摆满了全国各地收集来的矿石。新京报记者马延君拍摄。

2021年11月29日，付小方再次踏上川藏线。新京报记者马延君拍摄。

学感慨道："我们今天能坐在这里，都是福大命大的人。"

事情发生后，很多年轻的地质同行在朋友圈分享《勘探队员之歌》以表哀思，"我们满怀无限的希望，为祖国寻找富饶的矿藏。"付小方见了轻轻叹了口气，她理解年轻人的心思，"如今地质工作者的努力被看见的太少了。"

付小方入行之初就听遍了第一代地质人的事迹。"很多老同志在野外勘探时遇到暴风雪、迷路，干粮耗尽倒在路上。找到他们时，身上还背着几十公斤重的样品。"

她见过那一代地质人的执着与付出，"很多老同志身体其他地方都特别好，就是因为年轻时跑得太狠，腿脚不行了，不得不坐上轮椅。"而她的前辈80多岁时仍坚持亲自带着学生到甲基卡上讲课，最后体力不支，晕倒在路边。

她也了解更年轻一代地质人的努力。在甲基卡时，队员郝雪峰接到妻子电话，女儿肺炎发高烧，情况严重，可郝雪峰赶不回去，什么忙也帮不上，只能在队伍后面悄悄抹眼泪，付小方看到了也跟着一阵心酸。

同事唐屹从研究生时期便跟着她在甲基卡上奔波，她眼看着戴着黑框眼镜、文质彬彬的小伙子每天背着几十斤样品，在山间摸爬滚打，皮肤晒得黝黑，脚常常被泡得发胀，还在给自己打气，"越是这样越是需要坚持。"

"以他们的科研能力，完全可以去做更赚钱的事。但没办法，选了这条路，就是选择了奉献和孤独。"付小方只能尽力为年轻人筹划未来的发展，取水样回来的路上，她连问了几遍，"孙丽静毕业后会去哪里？"

回程路上，她特意去找孙丽静，山上暂时还无法施工，她想顺路带女孩去康定市区，让她在低海拔的地方好好休息几日。

女孩又戴着动物造型的棉帽出现了，笑着说道："算了，下去会醉氧，一连几天都想睡觉，回来又要重新适应高反，不如就在这继续写论文，等着开工那天。"付小方仿佛看到年轻时的自己，也无奈地跟着笑。

四天的高原之行结束，抵达成都已是正午，那是冬季里难得的晴朗天，街边公园里是三三两两晒太阳的老人。奔波几日，付小方脸上毫无疲态，一手从后备箱里拎出两桶水样，样品需在 48 小时内完成检测，她顶着阳光，脚步轻快地走向了实验室。

文｜马延君

于 2021 年 12 月

在南极，唐立梅与"雪龙"号合影。受访者供图。

下课后，女孩们送给她许多手写信和手叠的爱心，

信件的内容都很朴实，

"有祝我身体健康、长命百岁的；

有说我是一位仙女的；

还有的女孩说，自己长大后，也想成为一名科学家。"

唐立梅
讲好科考的故事

"海里有什么呢？为什么要去科考呢？"

"海洋占地球总面积的 71%，在茫茫的蔚蓝色下面，在幽深的海底，有连绵起伏的山脉，有宽阔平坦的海盆，蕴藏着巨量的矿产宝藏和丰富的生物基因资源。在洋中脊，有多金属硫化物；在海山，有富钴结壳；在海盆，有多金属结核和稀土。关乎未来的国际资源争夺，也关乎生命起源……上九天揽月，下五洋捉鳖，一直是科学家的梦想。"

自然资源部第二海洋研究所副研究员、海洋地质学家唐立梅在自述文章里这么写道。她曾随"蛟龙"号一起在西太平洋深潜，也曾随"雪龙"号一起赴南极科考。她是中国第一位兼具"两极"科考经验的女科学家。科研之外，唐立梅将自身的经历与科学知识相结合，致力于为少年儿童做科普。从 2013 年至今，她已参与科普活动约 200 场。

2023 年 7 月，中宣部、中国科协、科技部、中国科学院、中国工程院、国防科工局等六部门公开发布 2022 年先进事迹，唐立梅获得"最美科技工作者"称号。

从田野，到深海

1981 年，唐立梅出生在河北蠡县的一个村庄里。那里有广阔的田野，但学校没有科学课，身边没有科普读物——小时候，唐立梅唯一读过的课外书籍是一本作文选。

不过，就像那个年代的许多孩子一样，被问起长大后的志向，还在小学的唐立梅就说过，"要做科学家。"尽管"科学"对她而言还只是一个泛泛的概念。更明确的是，她从小就喜欢学习，认为学习是顶快乐的事，"只要坐在那儿学就行了，不用去拔草、割麦子，多好啊。"

唐立梅说，自己的父母没有上过高中，但出于朴素的愿望，一直很支持自己和哥哥的学习。家里条件并不好，常年吃红薯、米汤和玉米粥，吃干饭都是奢望；父母连一根腰带都舍不得买，总用绳子拴着裤子，省下钱给两个子女交学费。

她也不负众望，成绩一直拔尖，读完本科读研究生，最后考上浙江大学的地质学专业博士。

读博期间，写论文带来"无数次的彷徨和绝望"，唐立梅说，自己常常是走路、睡觉都在苦思一个问题，以为想透了，一查文献，发现是已存在的或是错误的观点。为完成论文，她还环海南岛两次进行考察采样。这种深度思考与探索的劲头让她着迷。

也是在读博时，自然资源部第二海洋研究所的两位研究员来浙江大学作报告，讲到海底有盲虾，有"黑烟囱"热液氯化物，她觉得好新奇，像是进入另一个世界。她决定把地质科研从陆地转向海洋。2010 年，博士毕业后，她顺利考入了自然资源部第二海洋研究所。

进入研究所后，唐立梅赴西北印度洋、西太平洋等地科考，主持国家自然科学基金支持的多项课题研究，内容包含"西太平洋深部地幔过程""雅浦海沟俯冲年代及岩浆作用"等，并在主流期刊发表多篇学术论文。

2013 年 9 月，唐立梅迎来了她科研人生的重要节点：参与"蛟龙"号载人深潜器首次试验性应用科考。

那年的 9 月 7 日早晨，唐立梅与两位同事随着"蛟龙"号下潜到2774 米深的西太平洋海底。下潜密封舱的直径只有 2.1 米，还载有拍摄、生命支持等系统设备，留给人的活动空间很小。唐立梅与同事们只能坐着不动，或半跪在观察窗前探望。舱内没有洗手间，几人前一天的晚餐后就不再饮水，当天的早餐也只吃了几块饼干和一个煮鸡蛋。

唐立梅说，那次下潜的科研目的是调查海底矿区资源。他们随着潜器探访了采薇海山，看到成片的灰白色沉积物落在海底，像火星表面。周遭则是外太空一般的浓黑，伴有一些"在陆地上难以想象的生物"，比方说半透明的、粉色的海参，像水晶丝袜一样晶莹剔透的海绵，还有像彼岸花一样的、"一根茎托着一朵花"的化能生物……

在海底近10小时，唐立梅与同事们采集了8升近底水样、11块岩石、两管沉积物及11种生物样品后，上浮并完成了此次科考。

2017年11月，唐立梅的另一个科研大事件来临，她参与了为期165天的中国第34次南极科考。去往南极的路上，因晕船不适，她连吐了三天，头痛欲裂；频繁地倒时差也让她筋疲力尽。

一天早上，她起床后发现，窗外风平浪静，出现了大片的浮冰——船进入南极圈了。"开始有个别的企鹅出现了，在水里游，又蹦到冰上，蹒跚走路的样子真是可爱。也开始有海豹了，懒懒地躺在冰上，像个胖胖的大肉虫。"那时她想，一切的艰辛在此刻都值得了。她成了首位随"蛟龙"号深潜大洋，且赴南极科考的中国女科学家。

南极考察时，每天早上8点，直升机把她与同伴们送到一座岛上，进行野外调研和采样。唐立梅回忆，终年积雪不化的南极很难行走，"每一步都有一个深深的雪窝，有的地方下面有鹅卵石，很滑。"有时她一上午就采了几十公斤样品，背不动，就堆在一处，插一个旗子，等晚些时候直升机来拉。

通过研究采回的岩石样本，唐立梅为自己开辟了一个新的研究方向，"南极至今有38亿岁了，我的样品帮助我研究距今5亿年的南极的故事，那是它青壮年时期的故事。"

唐立梅在"蛟龙"号中。受访者供图。

十年科普

2013 年，结束"蛟龙"号深潜不久，唐立梅接到浙江大学校友志愿者组织的邀请，去往一所杭州的外来务工子弟学校，进行关于深潜的公益讲座。那是她生平第一次参与科普活动，面对两个班的小学中年级学生，"非常紧张，手都抖。"但当互动环节时，有孩子好奇地问她，"极光是什么样的？"她生出一种成就感来，意识到，科学家不仅要做科研，也要做科普。

她一直记得诺贝尔奖得主朱棣文在哈佛大学毕业典礼上的发言，"当你白发苍苍垂垂老矣的时候，你需要为自己做过的事情感到自豪，物质生活和你实现的占有欲，都不会产生自豪，只有那些受你影响、被你改变过的人和事，才会让你产生自豪。"丁仲礼院士也曾启发过她，"我们要用好的科研成果造福人类社会，同时也要讲好科考故事。"

从 2013 年起，唐立梅在各中小学、高校、电视台及互联网上频频参与科普活动，至今已有两百场左右。光是 2023 年，她就做了五十来场科普。次数最多的时候，她一个月做十来场科普。她举例，自己的行程总是很紧张，一周有三四天要去外地出差，国内的跨城活动常常当天来回；不久前，她去迪拜参加联合国气候大会，开完了会，又坐当天凌晨的航班返回中国，继续接下来的科普行程。

科普时，她讲岩石，讲海洋，讲各类奇特艳丽的海底生物，讲深海鮟鱇鱼的夫妻制度，也讲自己去深潜、去南极的科考经历。

"讲硬核知识点的时候，唐老师是一丝不苟、逻辑严谨的，但她不是个墨守成规的人。"唐立梅的硕士研究生王政刚说，"她讲课有时天马行空，很少按教材照本宣科。她尤其会用比喻，比如把岩石比喻成曲奇饼干，里面的晶体就比作巧克力豆。"

类似的比喻，唐立梅举过很多次。"地球是由不同温度压力下烹制出的不同美味构成的，比如沉积岩是千层蛋糕，岩浆岩是带杏仁和瓜子仁的巧克力，变质岩是混合饼干。""地球是一个鸡蛋，我的工作就是研究干掉的蛋清。"她曾撰文总结自己的科普心得：要善于描绘美好场景吸引注意力，采用形象化的比喻，用生动的语言让科学知识有温度，用讲故事的形式串联知识，保持幽默……

科普的次数多了，她所讲的内容不再局限于海洋地质，有时也会讲到生物的进化、宇宙的诞生等话题。有一次她甚至办了一场"《甄嬛传》里的科学冷知识"科普，分析如角色的饮食习惯与人体味觉之间的关联等问题。

科普十年，唐立梅发现，学生们的参与感越来越强，提问与互动的意愿也增强了。她从 2019 年开始，每年夏天都去云南宣威给留守儿童及孤儿上科普课；年轻的、少数民族的女孩们穿着民族服饰来听课，听得格外上心、仔细，"眼睛都忽闪忽闪的，很有求知欲。"下课后，女孩们送给她许多手写信和手叠的爱心，信件的内容都很朴实，

"有祝我身体健康、长命百岁的；有说我是一位仙女的；还有的女孩说，自己长大后，也想成为一名科学家。"

"普通的"科学家

谈到未来的规划，唐立梅希望自己保持运动、思考与阅读。她有时早晨5点就起来练瑜伽，日跑5公里的习惯也已坚持三年多了。跑步时她喜欢听书、听讲座，把一整套《三体》都听完了。她自述很少娱乐，从前喜欢看《甄嬛传》，但现今觉得讲课也是一种很好的放松，"除非在场有特别大咖、专业的人，比如让我夹在两个院士之间讲，就会紧张。"2023年全年，她没有在家歇过一次双休，这让她觉得有些愧对小学二年级的女儿。

在她小时候，最常见的课余活动是"傍晚去捉虫子喂鸡，夏天割草喂猪喂驴，冬天背个筐去果园捡树枝，背回来当柴火烧"。那时她急切地想要学习，因为一学起来，父母就不叫她干活。现在她的女儿正相反，她笑称，比起听她讲科学知识，她的女儿更喜欢去农场挖红薯，对一切动手活动都很感兴趣。

她感叹，如果在童年时就有现在的科普条件，自己或许会成长得更不一样。这也是她坚持于科普的主要原因之一。"唐老师说过，她走到今天这个地步，觉得自己身上有使命和担当，要坚持去帮助儿童和青少年们。"王政刚说。

唐立梅自评，她只是一名"普通的"科学家，"我的很多同事都更优秀。"通过科普，她能够向大众传道授业解惑，这让她得以成为一名"普通的"老师。此外，她有一个做"普通的"作家的愿景。

语文和写作也一直是她的热爱，"读到优美的句子，心里都有一股现在我们叫作心流的东西。"随"蛟龙"号下潜完的第二天，她在休整船上写了一篇海底日志，提到从开始下潜那刻起，她就期待看到海底的发光生物，下潜至350米时，第一个发光生物出现了，"一颗一颗如流星般滑过，也有的像萤火虫一样在窗前萦绕而过，有时候看见一大串在眼前飘过去，火树银花般晶莹，也有的本来聚集在一起，也许受了我们的打扰一下子散开去……像夜空中绽放的烟火，美呆了。"

2018年，她受出版社邀请，翻译了一本叫作《伟大的探险》的科普读物，书里讲述了21位探险家的故事。那是她第一次参与做书，成就感很强，"比发表专业论文还高兴，因为感觉面向更多人了。"这本书后来获得了自然资源部优秀科普图书奖。

2023年年底，她的第一本原创科普图书《随"蛟龙"探深海》出版。在书中，她结合自己的科考经历，撰写出一套深海知识小百科，且随书附有许多图片，都是她出海深潜时一手拍得的。

唐立梅说，待书出版后，她计划赠送一千册给母校中学，分别赠送两百册给广西孤儿公益学校、云南少数民族女童班，并将抽取部分新书销售额，捐献给蛟龙青少年科学素养提升计划基金。现今，她的手头上已有四本科普读物的邀约。她还想再创作一部虚构的科幻小说，"纯文学的那种，"她说，"我的梦想是留下一本文学经典。"

她这样描述自己的"脑洞"："在宇宙的架构下，写生物的进化、演化，从无机到有机的产生——主角是两条鱼，关于两条鱼的爱情故事，他们经历九次生物进化、五次大灭绝，进化成人类，灭绝又重生，最后穿越到宋朝，成了陆游和唐婉……"她盼望将科学与文学结合。

文 | 冯雨昕
于2023年12月

2018 年，李斌站在黄河站前，背后的小楼正是黄河站。受访者供图。

他看极光的地方是新奥尔松的黄河站，

一个人，

一下子看了 117 天。

李斌
在北极 117 天，夜以继夜看极光

2018 年 11 月 5 日，李斌戴上机场发的耳塞，坐上一架只能承载十几人的小飞机。他要从挪威的朗伊尔城出发，飞往北极圈内的另一座挪威小城新奥尔松。

那是李斌坐过的最小的飞机，一眼就能看见机长的后背和仪表盘，除了坐在前面的乘客外，飞机后部还有被送往新奥尔松与人做伴的流浪狗。飞行途中一路颠跛，螺旋桨轰鸣，冷风从窗缝中钻进来，窗外白雪皑皑。

李斌大高个，圆脸平头，戴一副黑框眼镜，说话时吐字清晰、慢条斯理。他是中国极地研究中心的助理研究员，研究空间物理。他到北极的目的只有一个——"看极光，看极光，还是看极光"。他看极光的地方是新奥尔松的黄河站，一个人，一下子看了 117 天。

作为 2004 年中国在北极建起的第一个科考站，最近两年的秋冬季节，中国极地研究中心都专门派出人员去那里看极光。2019 年 10 月 28 日，新一拨科考人员又出发了，他们或许也会经历李斌口中的小城极夜故事。

以下为李斌的口述。

"翻译"极光

直到今天，我仍然记得 2012 年第一次看到极光时的场景。

那时我还是空间物理学专业的博士生，在朗伊尔城坐着车，沿着

雪地开到观测站观测极光。透光车窗，我看到了朦朦胧胧的一片，之前见过极光的同学确认，那就是极光。但真到了观测站，那点朦胧的极光也退下去了。

在观测站等了很久，突然有同学喊"极光出来了"，我们穿上衣服、扛着相机就往外冲。因为注意力全在天上，没留神脚下，我掉进了一条两米深的雪沟里。不过当时根本顾不上疼，马上从雪里爬起来继续拍极光。

你亲眼见到的极光，有时就像一场天幕电影，目光所到之处全是极光。一大片一大片的绿色层层叠加在一起，像用大毛笔在黑色的宣纸上作画。你可以想象一下，毛笔里浸满了淡绿色的墨水，笔锋处是一点亮绿，然后一笔下纸，不同的绿色层次分明，一直延伸到天空深处。

而且极光是会动的。有时候就像一条条舞动起来的绿绸带，边缘处渐渐呈现出红色、紫色。那种舞动时而轻柔，时而激烈，颜色也会发生变化，若隐若现。有时候一部分暗下去了，另一部分又突然亮起来；有时候又会有那种轻柔的、淡淡的极光，你还以为只是天空中飘来了一朵棉花一样的淡红色的云。

除了好看之外，极光反映的是地球的磁场变化，看极光是空间物理学实验观测的一项。

从科学的角度讲，太阳风中的带电粒子在磁场导引下撞击大气，和大气中的氧气、氮气发生碰撞，就会产生发光现象，也就是极光。如果带电粒子撞上的是氧气，就会释放出绿色或棕红色的光；要是撞上氮气，就会释放出红光或蓝光。

极光变色，其实是地球磁场在变化，虽然看不见摸不着，但能量非常大。这就是我们要研究的领域。对我们这些研究者而言，舞动的极光就像地球和太阳的对话，我们的工作就是试图读懂这种自然现象，把它背后的物理过程翻译给大家。不过我认为，研究极光最本质的意义还是满足人类的好奇心。

我们会把极光分成几类，比如那种以绿色为主、有明显边界的极光叫分立式极光，你多在当地时间夜晚看见。像云一样模糊、颜色发红的，叫弥散状极光，一般出现在当地时间的正午左右。所以只有那些正午时刻依然是黑夜的地区，才能看到弥散状极光。地球上这样的地方非常有限，除了南极大陆冰盖上的高磁纬度地区外，最合适的位置就是黄河站所在地——北纬79度的新奥尔松了。

过去五六年，我看过各种各样的极光。一次，极光就像远处的雪山里冒出的烟：接近雪山的那头是亮绿色，亮得发黄，渐渐地旋转"升起"变成浅绿色，尾部的淡绿色又和云彩融合到一起。当时星辰漫天，极光映得湖面一片碧绿。

2019年2月，我见到了一种很奇特的绿色极光，一排一排的，又短又小，既不旋转，也不舞动。我给它起名叫"指头"极光。它和我之前看到的极光都不一样，我和南极中山站的同事一讨论，他们也发现过一次，就像人的手指头一样又短又小。

黄河站上的"小阁楼"

我是2018年11月5日到达新奥尔松的。这座极地小镇上，几幢科考站的小房子星星点点，散发着晕黄的灯光，四处一片宁静，远处传来几声狗吠。

那幢几十米长、上下两层的红色筒子楼就是黄河站了，门口还蹲着两只醒目的石狮子。

1925年，当时的北洋政府代表中国加入《斯瓦尔巴条约》，因此中国人可以自由进出新奥尔松，进行科研和经济活动。2004年黄河站落成，成为中国在北极建立的第一个考察站。

到达黄河站后，我的第一个任务就是开启几套极光观测设备。它们在楼顶的5个"小阁楼"里，是一些像黑色望远镜一样的东西，镜头口径有碗口大小，整体长度超过1米，学名叫极光成像仪。成像仪要在控温控湿的环境下才能工作，你可能在电视里看到过，有人戴着顶灯上房顶检查仪器，那其实是非常不专业的。

我到的时候，这些极光成像仪已经休息了一整个夏天了。一连几天，我都要不停地调试硬件、软件，直到它们可以正常拍摄极光。

设备调试好，后面的事情就比较顺利了。天气晴朗的时候，我就在办公室里点点鼠标，远程开机、设置好参数后机器就开始记录极光数据和现场天气了。这些资料会被打包好，上传、发布到中国南北极数据中心的网站上，全世界的研究者、爱好者都可以申请下载。

极光成像仪传送到电脑屏幕上的极光，和肉眼看到的不一样——数据是黑白的，形状有点像燃烧的火焰。成像仪会准确记录每时每刻特定波长的极光分布，比如24小时内，紫色、绿色、红色3个波段的极光在南北方向上的活动变化。另一种图像是极光全天空图像，你看到的是一个球，极光出现的地方，球体相应位置发白，其他地方都是黑的。

掌握这些数据，是为了可以像预报天气一样预报极光。因为极光会对与磁有关的各种设备产生影响，比如地面和卫星通信、北斗或者GPS导航。极光越亮、范围越大、越好看，这些设备受到的影响也就越大。极其严重的时候，磁场变化产生的电流和能量，可能摧毁高铁铁轨、电网线缆之类与电相关的系统。

像1859年的太阳风暴事件，当时世界大部分地方都看到了极光，欧洲、北美洲的电报系统因此失效，电报机自燃，还有的发报员触电。

不过，我们目前对极光的预测还处在初级阶段，只能告诉一个大致时间和强度，准确率很低。这是因为我们的观测主要依靠卫星，但科学卫星满打满算不超过 10 颗，和地面上密布的气象台没法比。所以我们对极光还有很多未知。

一个人，夜以继夜

虽然属于北极圈内的高纬度地区，但新奥尔松并不像大家想象的那么冷。受北大西洋暖流影响，这边 2 月最冷的气温也只是零下 14 摄氏度。而随着最近几年全球变暖严重，2018 年 2 月的最高气温达到了4.4 摄氏度。

最直观的感觉是那里的湖水现在不怎么结冰了，我蒸完桑拿，可以热气腾腾地裸奔几百米跳进去蘸一蘸，还能在里面游泳——因为那里没人，黑夜里也看不到人。但据说新奥尔松的海湾以前是结冰封冻的，雪地车都可以开上去。

在新奥尔松，夏至过后就慢慢进入极夜了，24 小时都是黑的。如何适应这种漫长的黑夜与黑暗，是对人精神的一种巨大挑战。

在极夜里，钟表除了与吃饭有关，其实是没意义的。所以我把每天的生活强行和饭点联系起来，制定出一套自己的生物钟。

比如我会把灯光当成阳光，睡醒后先不开灯，摸黑穿好衣服，然后在 7 点 30 分到黄河站外 50 米的挪威王湾公司食堂吃早饭，他们专门为各国科考站提供食品、管理等基础服务。早饭回来后，我才把站内的所有灯全都打开，屋子里一下亮了，就像到了白天。

傍晚 5 点，我会模拟太阳下山，先关掉一部分灯，制造黄昏的效果。我们的工作是需要熬夜的，因为极光在半夜时才比较容易观测，后半夜，随着极光慢慢退去，我会把所有的灯关掉，意味着黑夜要入睡了。

2017 年冬天，除了我在黄河站越冬外，新奥尔松还有一些法国、德国等国的科考站队员和王湾公司的工作人员，一共二十几个，还没有北极熊多。

因为人数太少，那里连理发店都没有，头发长了，只能是不同国家的科考队员间互相剪头发。我的头发是一个挪威极地所的法国小姑娘帮忙剪的，当时她到了我们考察站，特别热情地给我剪了一小时。聊天的时候我发现，在法国剪子卖得很贵，所以她只有一把简单的小剪子。后来我回国专门买了一套理发工具，托夏天到黄河站观测的队员给她带过去了。

遇到特殊情况也只能自己应对。2017 年 12 月时，我听说新奥尔松会来一场十几级的暴风雪，整个小城都进入警戒状态，所有人必须待在屋里。暴风雪到来前，我把黄河站所有门窗都检查了一遍，领导担心停在门口的面包车被风雪吹走，我就用一根缆绳把面包车和两辆雪地摩托车拴到了一起。还好，后来它们都没被吹走。

在那种没什么人的地方，动物也是一种陪伴。有一对王湾公司的小情侣领养了一些挪威的流浪狗，通过我开头说的小飞机把它们送到了新奥尔松。这些爱斯基摩犬很厉害，那么冷的天气里就住在外边的一个小棚子里，等着小情侣去喂养。也许在新奥尔松真的比较孤独吧。

从 3 月开始，那里的天开始蒙蒙亮了，极光慢慢比较难看到了，我也坐上了返程的飞机。回国后回想起这段时光，突然发现其实很多时候我是享受的，生活在城市里的人很少有这样的机会只与自己相处。

文｜梁静怡
于 2019 年 11 月

第
四
章

考古记事：
鉴古知往，寻脉存今

三星堆考古队

杨晓邬和修复的青铜头像。受访者供图。

青铜神树——

它赢得了人们足够久的目光，

和一个好听的名字。

三星堆考古队
跨越 90 年的考古接力

锈迹是无法被忽视的，美也一样。

青铜神树——它赢得了人们足够久的目光，和一个好听的名字。枝条弯弯地上扬或下垂，立着昂头的鸟。一条龙只剩半个身子，头朝下地悬在树干旁。

它曾被打断成上百片、被火烧、被虔诚的人们掩埋，寻它的人换了一批又一批，终于，它被发现、被一丝不苟地呵护、被小心地修补。

人们用六七年的时间才还原出一副残缺的肢体，它重心不稳，靠着三根细绳索的牵引，傲然站在博物馆一圈灯光的中央。

不久前，在三星堆，也就是神树躺了 3000 多年的地方，人们又有了新的发现：6 个祭祀坑、金面具、铜人顶尊……

它们离当年神树被埋藏的位置并不远，有人期待能挖到神树的残片。尽管另一种可能是，消失的那条龙尾或许早就摆进了历史深处，再难被找到。

神树初现

三星堆博物馆青铜馆顶层的展厅，一块展板上标记着三星堆遗址考古大事纪要。暗色的背景里，能辨认出不少戴着手套、在田地里挥舞长柄镢头的人，也有人俯下身，仔细观察。

一条坐标轴横着生长出来。它始于 1929 年，三星堆遗址真武村燕家院子发现玉石器坑，出土玉石器三四百件；最后一个坐标落于 2019

年 12 月，一、二号祭祀坑旁发现三号坑。

2021 年 3 月 20 日，"考古中国"重大项目工作进展会在四川省成都市召开，通报了四川广汉三星堆遗址重要考古发现与研究成果，会上公布，2019 年 11 月至 2020 年 5 月新发现 6 座三星堆文化"祭祀坑"。

展板上那条坐标轴将再次被延长，而人们期待着再次发现青铜神树的残片。

作为三星堆博物馆的镇馆之宝之一，这棵残高 3.96 米的青铜神树，也是迄今为止世界上发现的最大的商代青铜器。它的碎片被发现于 1986 年的广汉，三星堆的二号祭祀坑。

青铜神树的发现是个偶然。

1984 年，在成都召开的第一次"全国考古发掘工作会议"上，四川省考古队长赵殿增将近年来三星堆的发掘做了专题汇报。时任中国考古学会理事长苏秉琦说："这才是巴蜀文化。"从此，三星堆考古成了中国考古学体系的有机部分。

1984 年至 1985 年，考古队对三星堆遗址群进行了全面调查，大体摸清了 12 平方公里的遗址分布范围，并建立了考古工作站，陈德安、陈显丹（人们称为"二陈"）成了领队。

1986 年初，四川大学的林向教授找到赵殿增，想要把考古学生的实习地点安排在三星堆。赵殿增正为人手不足发愁，又和林向有过良好的合作经历，一拍即合。3 月，林向作为领队带着"84 级"考古班来到三星堆，这次挖掘有 2 名老师、2 名助教和 20 多位同学参加，围绕三星堆两侧、分三个区，"是当时三星堆有史以来最大规模的一次发掘。"林向说。

据赵殿增介绍，6 月结束时，发掘面积达 1350 多平方米，发现房址、灰坑等数百个遗迹，出土了数万件文物标本。

但他们和后来震惊世人的一、二号祭祀坑擦肩而过。

1986 年 7 月 18 日，广汉当地砖厂工人在取土做砖坯时，无意中挖到了三星堆一号坑的一个角，出土了一些玉器和石器，随后，考古队组织了正式发掘，一号祭祀坑正式与世人见面。

仅仅一个月后，1986 年 8 月 14 日，砖厂工人杨永成在取土时挖到了一个青铜头像的耳朵，当时他感觉是个文物，就向考古队汇报。

至此，二号祭祀坑重见天日。3000 多年来，青铜神树一直被埋藏在里面。

2019 年 12 月 20 日，纪念三星堆发现 90 周年大会在四川广汉举行。曾作为实习学生参与 1986 年挖掘的朱章义（现任成都金沙遗址博物馆馆长）和霍巍（现任四川大学历史文化学院院长）又来到这个熟悉的地方，忆起当年。

那时，朱章义什么也挖不到，看到不远处的同学一直在出土陶片，他很着急，霍巍便说："要不你也去那挖一挖？"

事实上，两人说话的地方距离一、二号祭祀坑不过几米远。"要是你当年跟我说'继续在这挖挖吧'，说不定那次我们就发现（一、二号坑）了呢。"朱章义打趣道。

重塑神树

实际上，青铜神树出土时是一二百片破碎的青铜，没人知道这些将组成什么。

"全是碎片，和泥土混在一起。"74 岁的文物修复师杨晓邬仍能回忆起 30 多年前的场景。他介绍，古人把精美的祭品敲断、火烧，然后埋进土坑，交付给神灵。而几千年后，这成了给文物修复师们出的难题。

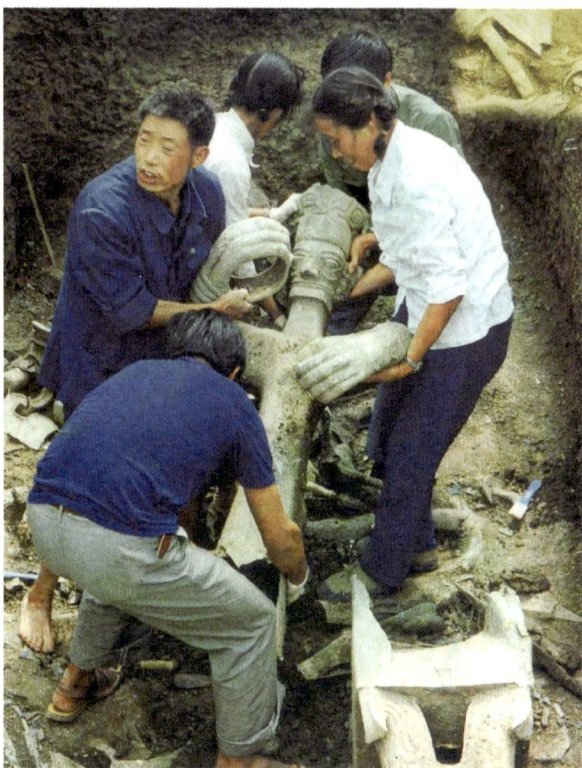

二号祭祀坑出土青铜大立人的场景。图片来源：三星堆博物馆官方微博。

从 1974 年开始修复文物起，杨晓邬见过太多青铜器，但面前的这堆碎片还是让他皱眉，"没有出土过类似的，也没什么资料可查，这怎么修？"他只能依稀辨认出一些圆杆和弯道。

将较粗的圆杆放在一起，再把剩下的拼对，杨晓邬大概能感觉到，这是树的形象。因为器物体型太大，修复室容不下，就在室外搭棚进行拼接，这个过程在专业术语中叫"预合"。

修复青铜器，要根据碎片上的断茬口进行拼对，腐蚀不厉害、铜

214

质较好的，可以用"锡焊"——这是从宋代就有的青铜器修复焊接方式；锡焊不了的，就粘接，再把多余的胶打磨平整，再做旧、做色。

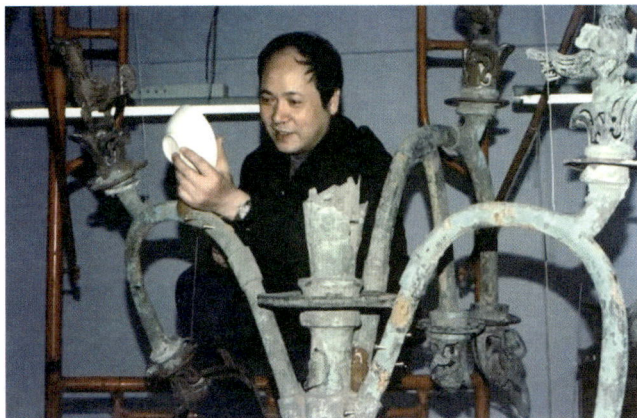

杨晓邬在修复青铜神树。受访者供图。

太阳器、眼形器、铜尊、铜罍被一个个修复好。那座青铜大立人出土的时候，拦腰断成了两截，方形底座也瘪了进去，杨晓邬把凹进去的部分一点点敲出来，这很考验技术，一不小心就会破坏文物。锈蚀严重的底座撑不起立人的重量，他就在里面加了个铜座。

一尊尊青铜头像也现了真容。有的戴着一层金面罩，时间让铜头和金面之间生出一些氧化物和泥土，杨晓邬仔细清掉，"把铜头修起来，再把金面还原上去。"金色映着青灰，那是一张刚毅而肃然的脸。

而那棵青铜树，从根部开始"预合"，历时六七年，在杨晓邬等多位文物修复师的巧手下，大体恢复了其本来面貌，又重新变得灵动起来。

这个被命名为1号神树的镇馆之宝，被安放在三星堆博物馆综合馆最后一个展厅中央，代表着古青铜器制作的巅峰。

朱亚蓉对神树的感情很复杂。这是最能美进她心坎的器物，也是最让她挂心的展品。

作为三星堆博物馆现任副馆长，早在 1996 年博物馆尚在筹建时，朱亚蓉便来了这里。她还记得布展时给神树装玻璃柜的艰难，"树很大，将近 4 米高，展柜将近 6 米高，玻璃特别长，十几个人才把一块玻璃拉上去。"

圆形的底座上，分成三段、套接而成的圆杆状树身向上延伸，生出九根弯弯的枝条，或上扬或下垂，向上的枝上立着一只昂头的鸟，一条龙只剩半个身子，头朝下地悬在树干旁侧，尾部缺失。

这是一棵仍然残缺的青铜树。

残缺的龙尾

现在，残缺的龙尾或许有机会找到了。

机会始现于几年前。2019 年 12 月 2 日 14 时 13 分，正在开会的冉宏林坐不住了。

他收到同事发来的一张图片：灰黄的土里露出一条窄窄的青绿色。

"出现铜器。坑内。"对方简短地说。

2019 年 3 月，《古蜀文明保护传承工程实施方案》公布，提到要对三星堆遗址开展新一轮的有针对性的考古工作。从那之后，三星堆考古工作站在遗址布了探方，发现两大祭祀坑 33 年后，开展了新一轮勘探工作，初步探到了方形坑的迹象。

冉宏林是三星堆考古工作站副站长，"哪里出土的？就是那个坑？"他消息回得很快。

那个坑，后来被确认为三号祭祀坑。

"搞清楚先。不要声张……今年不得发掘，明年才能系统发掘。下一步就要回填，打围，升级安保体系，待明年搭大棚，大家伙儿们慢慢发掘。"冉宏林压着内心的激动嘱咐着同事。

2021年1月，三号坑的工作舱建好。这是一个高科技的小房子，可以调节现场环境的湿度和温度，让器物出土后也能保持良好的状态，每个祭祀坑都配了工作舱。这一次，不仅四川大学的学生来到了这里，北京大学、上海大学都来了队伍，四川省考古院联合国内33家单位开启了新祭祀坑的发掘工作。

"1986年发掘两个坑是抢救性发掘。已经挖到东西了，就抢救回来、记录清楚、保护好就行了。"赵殿增说，那时，人们对于坑周边区域的状况并不清楚。"现在才挖，我觉得是个最好的机会，当时挖掘条件和研究条件都差，那时候挖就更乱了。"

上海大学文学院讲师徐斐宏作为三号坑的发掘负责人，带领学生下坑发掘。

开始先挖填土，"表层是比较黏的黏土，再下面有沙土。"发掘人员拿着手铲、镢头，一天工作八小时，每天下坑前都要从头到脚穿上一整套防护服，防止"污染"器物。"坐在上面做记录、做一些文案工作的话还行，因为有空调。但是如果下坑干体力工作的话，那还是很热的。"

来现场3个月，徐斐宏明显感觉到这次考古在技术和理念上的进步，"从系统的理念上来说，发掘和文物保护、科技考古取样同步进行，很细致，提前配备了一个很完善的发掘系统，对我来说是一段独特的工作经历。"

到3月16日，坑里的填土层被挖完，更多的器物显露出来。目前，这个长约5.5米、宽约2.5米的三号祭祀坑，已出土了约109件青铜器、127根象牙和8件玉石器，其中包括器型罕见的"铜人顶尊"——

这口尊在肩部四周装饰有 4 条飞龙，沿尊口游动而下，铜人双手呈拱手状，头部和尊的底座连接在了一起。

人们总是对这类造型奇特夸张的青铜器印象深刻，三星堆考古工作站前站长陈德安认为，这或许使大众对古蜀文明的理解产生了一定偏差，"不能说这是外星文明，那是开玩笑，异想天开的娱乐和学术研究要分开。"

"这次新出土的文物是对古蜀文明直接的资料补充，包括它的物质文化和宗教信仰。"徐斐宏认为，这也再一次证实了中华文化的多元一体，"因为古蜀文明和中原有不一样的地方，但其实还是在中原影响下出现的文明，最后，在秦汉的时候，它被吸收、变成了中原的一部分。"

目前，徐斐宏等考古挖掘人员正在配合文物保护中心进行器物提取工作。

接力修复

2021 年 3 月 21 日下午，3 号祭祀坑旁，杨平有点紧张。

他是三星堆博物馆的一名修复师。那天，杨平跟着师傅郭汉中来到挖掘现场，准备提取青铜大口尊。他害怕自己出纰漏，一旁的摄像机也让人发毛。

趴上吊架操作台，一点点下落进水分充盈的坑，看到那口被泥土包裹、有些残破的铜尊离自己越来越近，杨平突然踏实了。他按照烂熟于心的操作流程，依次把保湿材料、塑料薄膜和 3D 打印出来的硅胶保护套仔细地贴上去，心里想着："要像拓片一样贴实。"

从坑里上来后，那股紧张感又跟着涌了上来——"刚才我是不是没贴好？"

为了保证文物的安全，这次考古中，提取这一环节交给比考古人员更懂文物保护的修复师进行。提取完成后，并不急着进行修复，而是要先将相关信息和资料详细地登记好。

青铜神树并没有这么好的运气，人们无法知道它当年到底碎成了多少片。

"当时条件没这么好，买个胶卷都很难，也没做过记录，不像现在，修任何东西，重量、尺寸、照片、断茬口等，资料都是清楚的。"郭汉中说道。二号坑被发现后，白天围观的群众太多，为了安全，考古工作者在夜里把坑里出土的器物送进库房。

但郭汉中很幸运，一、二号祭祀坑里的器物，让他从学徒工成长为修复大师。

1984 年，四川省考古队来到三星堆遗址，就住在周边村子的郭汉中家里。这个年轻人想要找份工作，便在考古工地上打起了"零工"——协助队员做地层考古，"两块钱一天"。也是这个机会，让他认识了当时四川省文物考古研究院的修复大师杨晓邬，跟着学起文

杨晓邬保留着一个相册，里面有青铜器物修复前后的对比图。新京报记者彭冲拍摄。

219

物修复，还成了杨晓邬挂在嘴边的"最得意的徒弟"。

后来，杨晓邬在大学里开设了"文物鉴定与修复"专业，杨平是他的学生之一，也是班里的班长。

杨平喜欢历史。在大学里上课的时候，没有真正的文物可修，杨晓邬只能买一批碗，打碎，让学生进行模拟修复。

2012年大学毕业后，杨平师从郭汉中。郭汉中说道："搞传统修复基本上都是师徒制的，一代一代传下来，因为修复涉及面太宽广了，各种各样的技能都要会一点。"

杨平也发现，实际操作和大学里的理论学习"还是有很大出入的"，修文物是"因物而异"。在郭汉中眼里，和老一辈人比起来，这代年轻人的理论知识虽然强，但动手能力差了些，"还是得从头做起，在实践中锻炼。"

郭汉中对自己要求高，"技术永远也学不完"。他最重视的是"可逆"的原则，意思是在修复中采取的措施都是可以被还原、被拆除的，文物可以回到原始状态，重新被修复，"使用的材料和手段，尽量不要对文物造成二次伤害。现在焊接都是'采点'，尽量保留断茬口，如果有问题还可以拆掉，断茬口还在，原来会把断茬口全部打磨成45度角。"

这些年，郭汉中见证着文物修复技术的变化。新科技的融入固然带来了一些技术手段的进步，但在这个行业中，修复师的经验同样至关重要。

"我们粘出来的缝隙，总是没有师傅处理得好。还有那些变形严重的青铜器，可能师傅一两天就能把问题解决，我们要多花几倍时间。"在杨平眼里，这是一个永远不会出师的行业。

对于新出土的文物，杨平有期待，"能参与修复是最好的，"但他并不着急，"跟着师傅，好好看、好好学。匠人只考虑匠人的事情，作为一个修复师，只能说努力把自己的手艺练得更好，经验积累得更多一些。"

而杨晓邬有着另一种期盼。

他保留着一个相册，里面是三星堆文物修复前后的对比照片，那些器物像是他的"孩子"，他能清晰地记起每个孩子"受伤"的位置和重生的过程。

"1986 年出土的那些，90% 都修完了，没修完的是因为有的残片还没找到。这次三号坑到八号坑，或许和此前一、二号坑有关系，有些器具的残片可能在接下来的挖掘里找到，这都说不好。"他希望找到 1 号神树的残片。

那棵神树本该更高一些，而且是对称的。但因为残缺，现在重心偏向一边，杨晓邬在神树顶端加固了绳索。当被问到，如果找到了残片，他是否还要参与修复时，杨晓邬想都没想，便脱口而出"要修"。

他望着树旁那条残龙的手掌，"那是我的心血，没有修完整，总觉得有些遗憾。"

杨晓邬回忆说，汶川地震时，广汉震感强烈，他在监控视频里看到青铜神树左摇右晃，"完全跳了起来，都没有坏。"

文 | 彭冲　谢婧雯

于 2021 年 4 月

殷墟博物馆新馆，"伟大的商文明"展厅。殷墟博物馆供图。

殷墟，

成为我国发掘时间最长、次数最多、面积最大的古代都城遗址。

在一代代考古人的手中，

"大邑商"的轮廓渐渐清晰。

殷墟考古队
揭开商王朝神秘面纱

2024年2月26日，殷墟博物馆新馆在河南安阳正式开馆。洹水之滨，一座青铜色的博物馆拔地而起，与殷墟宫殿宗庙遗址隔河相望。馆内展出青铜器、陶器、玉器、甲骨等文物近4000件套，四分之三以上的珍贵文物属首次亮相，描绘出一幅商王朝全景图。

中国社科院考古研究所安阳工作站原站长、南方科技大学讲席教授唐际根参与了此次展陈的部分工作，但毕竟身在深圳，在现场的时间有限。新馆即将开放的消息宣布那天，唐际根专门给安阳市文物局局长李晓阳留了言，表达问候。他知道，新馆开放背后，凝聚了考古人的心血。"他们常常睡在办公室，包括殷墟博物馆副馆长赵清荣，参与展陈工作的中国社会科学院考古研究所何毓灵、岳占伟等，都付出了很多。"

商朝，也称殷商，中国历史上的第二个朝代，是中国第一个保留有"当朝文献"的王朝。考古，将现实与想象连接，将文献资料与遗迹一一对应，让书写在甲骨文上的人物有了血肉。对于在殷墟工作27年的唐际根来说，商朝与当代生活有着千丝万缕的联系。"如今的筵席、祝福等，都来自商文化，现代生活的很多内容都承袭自商朝。"他说。

1928年，考古学家董作宾在安阳市西北郊小屯村挥出第一锹，拉开了中国考古人持续科学发掘殷墟的序幕，至今已近百年。殷墟，成为我国发掘时间最长、次数最多、面积最大的古代都城遗址。在一代代考古人的手中，"大邑商"的轮廓渐渐清晰。

"一片甲骨惊天下"

据《史记》载，商王朝的创立者称为"汤"，立国后传承17代31位王。文献资料显示，商朝建立后迁都五次，兴建六座都城。最后一次迁都约为公元前1290年，第20位商王盘庚率领臣民迁至洹水之滨，即今河南安阳小屯附近，此后沿袭270余年再未迁徙，迎来晚商盛世。

《诗经·商颂》记载："商邑翼翼，四方之极。"被洹水萦绕的殷墟王城逐渐成为当时世界上最大的都市之一，号称"大邑商"。

殷墟，成为我国历史上第一个文献可考、为考古发掘所证实的商代晚期都城遗址。"一片甲骨惊天下""没有殷墟考古，就没有中国考古学"是世人对它的评价。

在被发现之前，甲骨经历了漫长的流散过程。1899年以前，河南省安阳县小屯村北、洹河以南的农田中不断有甲骨发现，被当作"龙骨"卖给药店，有的"龙骨"还被磨成粉末，用来治疗创伤。

最早发现甲骨文的是清代官员、金石学家王懿荣。传说时任国子监祭酒的王懿荣因病服药，在中药中发现"龙骨"的龟板上刻有文字。经过反复推敲，王懿荣初步确认上面的文字为商代遗物。他也被誉为"甲骨文之父"。

1928年，董作宾受命调查安阳殷墟甲骨出土流散情况，得出"甲骨挖掘之确犹未尽"的结论，由此开启了殷墟的科学考古发掘。随后，郑振香、刘一曼、杨锡章、杨宝成等考古名家均在殷墟留下了身影。

90余年来，殷墟宗庙宫殿区、居址区、王陵区、墓葬区、手工业作坊区等重要遗迹，以及与之毗邻的商代中期都城洹北商城陆续被发现，出土了大量甲骨文、青铜器、陶器、玉石器等各类珍贵文物，基本廓清了殷墟的分布范围与结构布局，为探索早商乃至夏代考古学文化提供了基础。

殷墟遗物种类繁多，数量极其可观。其中分量最为重要的，当数出土的 15 万片甲骨，单字数量逾 4000 字，内容涉及商代政治与生活的各方面，是重建殷商信史的直接史料。它将中国信史推前了约 1000 年，证实了古史记载中"商"王朝的存在。

此外，还有陶器数万件、青铜礼器约 1500 件、青铜兵器约 3500 件、玉器约 2600 件、石器 6500 件以上、骨器 3 万多件等。

著名考古学家王巍认为，商王朝建立后，继承了夏王朝青铜容器和玉礼器制度，并赋予其新的内涵，工艺技术也更加熟练高超。商王朝的冶铜术向周围广大地区传播，对周围方国产生强烈影响，引领了中国青铜文明的发展。

如今，中国青铜器之最、中国国家博物馆的镇馆之宝——后母戊鼎，便是 1939 年出土自河南安阳殷墟遗址。大鼎用多块陶范浇铸而成，空心鼎耳和鼎身为分别铸造再铸接在一起的，在当时条件下，没有二三百人密切协作是不能铸造成功的。

它的更名过程也饱含争议。1959 年，时任中国科学院院长的郭沫若考证鼎内壁的青铜铭文，认为这尊大方鼎铭文为"司母戊"三个字。20 世纪 70 年代，随着妇好墓司（后）母辛鼎等的发掘，越来越多的专家提出"司母戊"应该是"后母戊"才对，因为后有"君主"之义。2011 年 3 月底，这件国宝青铜器也由国家博物馆改名为"后母戊鼎"。

妇好，研究商代史的最好标本

提到殷墟，不得不提到一位传奇女性——妇好。唐际根说："很多人以为妇好是名字，其实是称谓。'妇'是爵位，'好'是国、族名，

在中国国家博物馆参观后母戊鼎。史维民拍摄。

本字即'子'。因为妇好是女子，按照当时的习惯在'子'旁加上'女'写成'好'。妇好，即来自'子'国获得'妇'爵的女子，有点类似'赵姬'或'芈夫人'。"

考古研究很复杂，而人物研究具有引人入胜的力量。因为人物可以直击感官，妇好就是这样一个人。唐际根说："她是商王武丁的王后，而且是女性，浓缩了商王朝的丰富历史信息。商王朝处于中国历史发展的重要阶段之一：'王国'阶段。妇好是王国社会的标志性人物，可以直接与当时的王国社会相关联，是研究商代史、普及商代知识的最好标本。"

1975年，我国考古学家郑振香主持小屯村西岗地（妇好墓所在地）的考古挖掘工作，并于1976年5月发现了地下沉睡3000年的妇好墓。

妇好墓刚刚打开时，郑振香震惊了。最令郑振香兴奋的，是109

件青铜器上的"妇好"或"好"字铭文。她意识到,铜器上铭刻的"妇好"便是甲骨文频繁提到的商王武丁配偶,明白自己"遇到"了一位商朝王后。

妇好墓出土了极为丰富的珍奇物品,堪称3000年前的商代艺术宝库。墓中随葬器品多达1928件,包括青铜器、玉器、宝石器、石器、陶器、象牙器、骨、蚌器等,还有6000多枚海贝和红螺。

郑振香指出,在殷墟发现的11座商代王室大墓中,其他的墓早已被盗空,只有妇好墓完好无损。它是唯一能和甲骨相印证其年代与身份的考古发现,也是迄今所发现的唯一没有被盗挖破坏的商代王室墓葬。

妇好这个人是如此立体、丰满。"她曾经帮助国王清点甲骨,接见各行各业的代表即'多正',她爱美,喜欢化妆,墓葬里出了4枚铜镜、500件骨簪、28件玉簪。"唐际根打着比方说,甲骨文中的"妍"字,是一位女性头上插着多根发簪的会意。发簪相当于现代女性的化妆品,妇好墓随葬品中有这么多骨簪、玉簪,可知她生前大概率是位喜欢打扮的女子。

唐际根说:"除此之外,妇好或许还喜欢做饭,她的墓葬里出土了很多炊煮器;妇好一定很喜欢收藏,随葬品中有后石家河文化的玉凤、红山文化的勾形玉佩、大汶口文化的玉璇玑等,都是商时期的'古董';妇好还带过兵打过仗,生过孩子,有一个稳定的'朋友圈'。殷墟出土的甲骨卜辞中,同一片卜甲上同时出现过妇好、亚弜、亚其等人物。而且,妇好墓中,更有铸有亚弜、亚其铭文的随葬品,说明妇好去世之后,她的朋友给她送来青铜器为其随葬,以表哀悼。"

一块陶片填补"中商"空白

提起近 20 年来商代考古、历史研究的重大突破，学界普遍认为，洹北商城"首当其冲"，它填补了商代早期郑州商城与商代晚期殷墟之间"中商"的空白，改变了传统"殷墟"的概念。

唐际根回忆，自己刚毕业时被分配到中国社科院考古所的史前考古研究室。"一次偶然的机会，我参加中央讲师团到殷墟，看到考古队陈列室里的商代陶器、铜器、骨器，感觉很有意思。当时，在安阳参与发掘工作的著名考古学家有郑振香、刘一曼、杨锡章等。他们说安阳的田野发掘、科研任务很重，非常缺人手。"就这样，唐际根从新石器转而研究商王朝，开始直接参与殷墟遗址的发掘工作。

20 世纪 70 年代，考古界已经建立了一个商王朝历史的编年框架。这个框架中，安阳殷墟等同于商代晚期，而比殷墟年代更早的郑州商城（20 世纪 50 年代发现）被定为商代早期。

年纪轻轻的唐际根以一篇硕士论文对这样的商王朝编年框架提出了疑问。以硕士论文为基础，他写了一系列文章，提出商王朝的年代框架除按早、晚两期划分不妥，应该还存在介于早商、晚商两期之间的中期，并认为商王朝中期的遗迹很可能在河南北部和河北南部集中发现。

唐际根说："起初，我的老师郑振香让我去发掘渔洋村遗址，并通过整理渔洋村遗迹遗物来构建自己的论文，后来我跟郑先生说，郑州商城与殷墟之间的关系没有那么清楚，于是，这就成了我的硕士论文选题。"

做论文的头一年，唐际根几乎是纯粹地扒拉材料。他用剪刀把能找到的商代陶片、陶器图片剪下来，用浆糊贴在宿舍四周的墙上。16平方米的宿舍几乎贴满了图。每天和陶片"面面相觑"，培养了唐际根对商代器物的敏感性。

凭着对陶器特征的观察，唐际根隐隐觉得，当时学术界对殷墟陶器的分期存在问题。"当时的提法是，殷墟分为4期，其中第1期可以分为偏早和偏晚两个阶段，但我认为第1期实际是由很长时间压缩而成，第1期偏早阶段应该分离出来，成为一个单独的阶段。于是，'中商'的概念隐约出现。"

在硕士论文基础上，唐际根写了一系列论文，明确提出"商中期"的观点，但迟迟未得到认可。他意识到，仅仅写论文还不行，只有到野外去，找到商中期的标本，才能证实商中期的存在。

20世纪90年代中期，唐际根带了一支考古队在河南安阳、河北邯郸一带进行考古调查。1996年的一个大风天，唐际根和刘一曼等一起，在安阳洹河北岸花园庄村附近的豫北棉纺织厂勘探。由于纺织厂一带地面铺了水泥，大家觉得没地方下铲勘探，于是决定另选地点。临走的时候，唐际根看到棉纺厂对面有一块很小的空地种了一些白菜。他决定跑过去看看。鬼使神差般地，他把一棵白菜踩歪了。他弯下腰把白菜拔出来，看到白菜如丝线般的根须上粘了一块陶片。唐际根一眼认出这就是他想要的商中期陶片。此次发现直接促成了次年洹河北岸花园庄遗址的考古发掘。

根据洹北花园庄发掘出的灰坑、灰沟和碎陶片，唐际根整理成一份考古简报投稿到《考古》杂志。简报中认定，这些遗物、遗迹属于商朝中期，且遗迹遗物足够分成商朝中期的两个小阶段。但审稿人表示，这些结论过于大胆，建议修改结论。唐际根按照审稿人的意见做了微调，但坚持基本意见。几经来回，殷墟发掘史上的一份重要的考古文献《1997年洹北花园庄发掘简报》正式发表。简报提出，洹北花园庄遗址出土陶片的年代处于郑州商城和殷墟之间，商中期的概念得以强化。

1998 年，以殷墟考古发掘 70 周年为契机，唐际根带领队员在洹北花园庄遗址附近扩大发掘面积，初步断定该遗址的面积不小于 70 万平方米。

　　次年，唐际根与同事荆志淳、刘忠伏等通过勘探确认，遗址面积至少在 300 万平方米以上，随后，一座面积达 4.7 平方千米的古城被勘探出。唐际根带领队员多点突破，又在机场附近勘探出一处面阔 170 米、进深 85 米至 91 米的四合院建筑，中间的院子面积达 10000 平方米，还在台阶附近发现 40 余处祭祀坑，相关的出土物陶器、玉器，均属于商中期遗存。

　　至此，一座商中期古城终被发现。唐际根反复考虑，决定将其命名为"洹北商城"，并很快得到学术界认可。唐际根说："能够亲自命名一座商城，是从事考古工作的莫大荣幸。"

　　洹北商城的发现，填补了以郑州二里冈为代表的早商文化和以殷墟为代表的晚商文化之间的时间缺环，使得商代历史的考古学编年框架更趋完善。

让殷墟"活起来"

　　在殷墟工作期间，唐际根时常会遇到各种破坏遗址的违法活动。于是，他开始大力推动殷墟申报世界文化遗产。经过 8 年努力，2006 年，殷墟成功被列入《世界遗产名录》。唐际根说："申遗可以让世界关注殷墟，有利于殷墟遗址的保护，更有利于将遗址的价值融入经济发展，最终惠及民众。"

　　中国社会科学院考古研究所研究员、安阳工作站副站长何毓灵认为，申遗成功最大的核心价值在于整个世界、整个国家对于殷墟价值

河南安阳殷墟宫殿宗庙遗址，这里的甲骨文窖穴、妇好墓葬等成为打卡热点。张艺拍摄。

的认可，殷墟的价值需要不断地考古发掘和研究才能充分展示出来。

近20年来，考古人员对于殷墟的探索从未止步。2006年至2011年，考古队在刘家庄村北地发掘出东西、南北纵横的大型商代道路多条；2015年至2019年，洹北商城北部发现了铸铜、制骨作坊，填补了商代中期都城手工业生产的空白；2016年至2019年，考古发现证实安阳辛店遗址为商代晚期大型青铜铸造基地……

在考古发掘和研究持续推进的同时，殷墟的保护和活化利用也迈入新的篇章——甲骨文入选《世界记忆名录》；《河南省安阳殷墟保护管理条例》公布；殷墟国家考古遗址公园开建；考古小镇等文旅项目稳步推进；甲骨文表情包、盲盒、雪糕等系列文创产品成为爆款；中国文字博物馆、汉字公园等成为网红打卡地……

"殷墟的展示利用需要坚持公园方向、保护遗址整体、重在都邑布局，而不仅限于陈列于室内的可移动文物。"唐际根说，"公园"二字，已被证明是考古遗址的有效展示利用方向，越来越受到公众喜爱。

2024年春节期间，在安阳殷墟景区开展的"点亮殷墟"系列活动中，"商朝女战神"妇好从甲骨文中款款走出，与观众展开一场跨时空对话。

这是由唐际根研究团队与科技公司历时3年，联合打造的国内首个有考古资料作为支撑的考古数智人。妇好的面容、衣物和配饰都进行过反复推敲和设计，有文献资料及考古成果作为依据。唐际根认为，妇好是活化利用殷墟的优质IP。"通过数字技术使妇好'复活'，让她有记忆、有知识、会说话、能聊天，熟悉'天邑商'，记得自己的朋友圈，还能回忆当年秉钺出征的点点滴滴……设想一下：子夜来临，漫步殷墟，偶遇妇好，听她娓娓讲述'天命玄鸟、降而生商'的美丽传说，这会是多么美妙的时刻。"

打造数字妇好的最终目的，是真正实现"文明互鉴"。唐际根说："如果将妇好的时代作为时间截面，同一时代，美索不达美亚生活着卡什提里亚什四世，尼罗河流域生活着拉美西斯二世，中国的妇好是与平行空间中的其他文明对话的最佳人选。"

提起商朝，人们很容易想到青铜器和甲骨文。在唐际根看来，每件文物都很重要，它们都携带着历史，向当代人抛出一个又一个的问题。"比如青铜器，它的功能是什么？是哪个国王时代的器物？谁是做器者？为什么要铸造这件器物？器物上的纹饰有什么含义？这件器物如何使用？使用过程中相关遗迹保存了吗？同类器物传承了多久？多角度提问，是认识文物、解读文物的基本方法。"

唐际根认为，殷墟仅仅揭开了商代考古的一部分。对商王朝来说，殷墟只是整个王朝的晚期；对于中国历史来说，它只是一个时代。对于现代中国来说，它只是黄河流域的文明代表。理解殷墟，需要时间纵深，需要空间视域，需要不同资料的关联。"发掘出土的居址、手工业作坊、墓葬需要关联，考古资料与甲骨文需要关联。但关联或者结合，对学者来说是巨大的挑战。"

文 | 展圣洁

于 2024 年 2 月

马永嬴（左一）和焦南峰（左二）在研究南陵1号外藏坑金银器清理方案。图片来源：陕西省考古研究院。

白鹿原考古基地内的石碑，

是著名考古学家刘庆柱题写的四个大字——"叩坤补史"。

马永嬴说，这是他们工作的真实写照，

"探寻大地，补证历史"。

汉陵考古队
寻找汉文帝霸陵

2000 多年前的微笑，出现在了相机镜头里。

面带笑容的陶俑整齐地躺在外藏坑，这是霸陵 115 座外藏坑之一。密密麻麻的钢架支撑着坑体，两旁保留着"之"字形土台阶，坑底的盗洞清晰可见。后来者们踩着新铺设的木楼梯，端着相机，一遍遍扫过底下的陶俑。

"陕西省西安市白鹿原江村大墓即为汉文帝霸陵，而非凤凰嘴。"2021 年 12 月 14 日，国家文物局正式公布了这一考古成果，解开了汉文帝霸陵位置的千古之谜。

这背后是一代又一代考古人数十年的不懈努力。

1966 年、1975 年，陕西省考古研究所王学理、吴镇烽等对江村东、薄太后南陵的小型从葬坑进行了抢救发掘；20 世纪 80 年代，中国社会科学院考古研究所的刘庆柱和李毓芳对西汉十一陵进行系统调查；2001 年，黑陶俑被盗，流落美国，几经辗转回到西安；2006 年，发现江村大墓等大型墓葬，开启对霸陵具体位置的讨论；2021 年，确定江村大墓为霸陵。

数十年间，考古人凭借"三把刷子"，一调查二钻探三发掘，解开了这个千年之谜。而这只是一个开始，待关注散去，他们又回到田间地头，有更多的未解之谜在等着被解开……

追寻黑陶俑

这是一片平坦的黄土台原，南依秦岭，北临灞河。正逢萧条的冬季，成片的樱桃林都秃了头，路边摊上的草莓被码进小红筐，等着稀稀拉拉的过路客带走。

位于西安东南的白鹿原，因"有白鹿游弋"而得名，又因作家陈忠实的小说而闻名。在这片波澜不惊的黄土下，埋葬着汉代的第三位皇帝。自元代以来，人们都以为汉文帝霸陵在白鹿原上的"凤凰嘴"，数代人立碑为证。

2021年12月14日，国家文物局公布，汉文帝霸陵所在地确定为白鹿原江村大墓。

那一天，整个汉陵考古队都忙得团团转。考古专家焦南峰和考古队队长马永嬴前往陕西省文物局，线上参与了这一重磅消息的发布；副队长曹龙则留在白鹿原的考古基地，接待众多前来报道的媒体；队员朱晨露为这次发布会忙前忙后，准备各类素材……

"没想到，这次霸陵的发现会受到这么多关注。"国家文物局的发布会刚结束，曹龙发现考古基地院子已经围满了记者，手机上还有一连串的未接电话和短信。

位于江村大墓东北角的15号外藏坑，是记者们必去的打卡点，发掘长度约39米，深约8米。保护大棚之下，密密麻麻的钢架支撑坑体，两侧还保留着原始的"之"字形土台阶。为了保护文物，考古队在钢架一侧铺设了新的木楼梯，拾级而下，上千件陶俑便出现在了眼前。

"这是着衣式陶俑，是帝王使用的最高规格陪葬品。"头戴红色安全帽的曹龙对着镜头介绍，循着他的目光望去，坑底躺着整齐的裸体陶俑，腐朽的丝绸把它们染红，木质手臂早已不见踪影。后来者们的脚步变得更拘谨，生怕不小心惊扰了它们脸上的笑容。

往里走几步，会看到一个直径三四米的大坑，再走几步，侧面又出现了一个大洞。这是盗墓贼留下的盗洞，被炸毁的陶俑碎片散落在四周。

而霸陵的发现，也要从20年前发现的盗洞说起。

2001年，江村大墓及周边不少文物被盗，非法流入市场。第二年，6件被盗的西汉黑陶俑出现在美国索斯比拍卖行的拍卖图录上，即将被拍卖。那些黑陶俑跟江村大墓出土的陶俑一样，裸体、无手臂。

中国大使馆工作人员得知消息时，离拍卖开始已不到24小时。经过多方努力，在拍卖前10分钟，终于将黑陶俑从拍卖名单中删除。

这6件黑陶俑曾在2000多年前被埋入地下，经盗贼之手，流落异国他乡，等到它们重回中国，已经又过了近两年。

如何证明黑陶俑是中国的？为什么说它们出土于陕西？如何确定它们源自西汉时期？当时美方提出了11个问题，时任陕西省考古研究所所长焦南峰花了两天时间，对这些问题进行了详细的回答。

2003年，6件西汉黑陶俑回到西安。

相关部门对其来历展开调查，发现它们是被盗墓分子从白鹿原上盗取的。在平坦的白鹿原上，窦皇后陵和薄太后陵有着高高的封土。而黑陶俑被盗的地点，在窦皇后陵东南800米左右的地方，地面没有任何标志。

"我们拿到黑陶俑照片时，就感觉可能跟霸陵有关。"焦南峰回忆，类似的裸体陶俑并不常见，只在帝后陵中出现过。但发现黑陶俑的地点离窦皇后陵太远，并不属于其陵园范围。

黑陶俑的主人是谁？焦南峰心里隐约有了答案，但仍需要一系列工作来证实，"我们考古有个规矩，要是有疑问，就必须要有一系列的证据。"

外藏坑内遗留的盗洞，陶俑的碎片散落四周。新京报记者吴采倩拍摄。

调查凤凰嘴

俯瞰白鹿原上的凤凰嘴，像一只展开双翅的凤凰，伸出的黄土梁子像鸟头的形状。从远处望去，高高耸起的小山丘，确实像一座大型陵墓的封土。

凤凰嘴下，立着十余通饱经风雨的古碑，上面的文字大多已斑驳。其中有一座高大的石碑，上面阴刻楷书，写着五个大字：汉文帝霸陵。

"文帝霸陵在京兆通化门东四十里白鹿原北凤凰嘴下。"元代骆天骧在编纂的《类编长安志》中的记述，是考古学者能查到关于霸陵具体位置最早的记录。但为了推翻这个说法、找到真正的霸陵，考古工作者们花了将近 20 年的时间。

"从 2011 年开始，我们花了大半年时间去否定'凤凰嘴是霸陵'

的说法。"那一年，陕西省考古研究院与西安市文物保护考古研究院合作成立汉陵考古队，对白鹿原上疑似霸陵区域、薄太后南陵做了更大范围的考古调查和勘探。

当时马永嬴是副队长，主要负责霸陵陵区勘探工作。他本是考古的"门外汉"，从法律专业毕业后被分到考古单位，一开始做行政工作，后来转向考古业务。1995年，马永嬴跟着焦南峰，敲开了西汉帝陵研究的大门。

初到凤凰嘴，那里还是一个长满荒草的黄土坡。考古队的洛阳铲垂直插入地下，陆续取出土样，从山脚钻到山腰。半年过去了，考古队没有发现任何墓葬和陵园遗迹。

"一开始，我以为是我们的工作做得不够细致，就又钻探了一遍。"马永嬴把钻孔的间距由3米缩小到2米，几十个钻工探了一个多月，没有任何发现。

为了保险起见，考古队请到了陕西地矿物化探队的队员，第三次钻探用了高科技的物探技术，这本是用于寻找金属与非金属矿产、地下水等地下资源的技术手段。物探设备被钉入地下，雷达开始探测，仍旧没有找到霸陵。

三探凤凰嘴，都没有找到丝毫与霸陵相关的信息。马永嬴向队长焦南峰汇报了情况，考古工作者们聚到一起，梳理文献、看图纸、分析地貌，开始怀疑前人"霸陵在凤凰嘴"的记载。

霸陵不在凤凰嘴，又在哪里？

汉陵考古队把目光投向了窦皇后陵。依据西汉帝陵的形制，皇帝和皇后死后会葬于同一茔域，各起一座陵墓，又称"同茔异穴"。按照这种葬制，汉文帝霸陵应该在窦皇后陵附近。在白鹿原上有两座覆斗形封土，是窦皇后陵和薄太后南陵。

而霸陵并无封土。公元前157年，崇尚节俭的汉文帝在驾崩前留下遗诏："霸陵山川因其故，毋有所改。"他希望，自己入葬的陵墓不要破坏原始地貌，不要人为起封土。

正当汉陵考古队发愁时，西安市文物保护考古研究院提供了一条重要线索：2006年，他们曾在窦皇后陵800米外，也就是黑陶俑被盗地点附近，发现了没有封土的特大型墓葬——江村大墓。

由此，窦皇后陵与凤凰嘴、江村大墓的关系进入考古工作者的学术视野，开启了对文帝霸陵具体位置的讨论。

2017年，汉陵考古队开始对江村大墓外藏坑进行勘探发掘。洛阳铲不断冲击着黄土，随着钻探的深入，一个规模很大、顶级配置的墓葬出现了。墓葬形制是"亞"字形，墓室边长约73米，四周有115座外藏坑。

"在汉代，这是最高级别的墓葬形制，只有皇帝或皇后能使用。"马永嬴觉得江村大墓可能是霸陵，但考古是一门科学，需要翔实的证据，他们手中的洛阳铲并没有停下……

钻探外园墙

橘黄色的朝阳刚冒出地面，探工汪照宏就来到了考古工地。他的脚下一片冰凉，地面的小冰晶还没化掉，在阳光下一闪一闪。每天早上8点，考古工作者的身影会准时出现在这片区域。

汪照宏头戴黑绒帽，戴上橙色的塑料手套，便拿起用于钻探的探铲。淡黄色的探铲需要组装，一节杆子长1米，重四五斤，他最多能提起8米的杆子。半圆形的铲子垂直插入地下，一转一提，杆子在汪照宏手中来回穿梭，圆柱形的土样陆续被取出。

10分钟后，汪照宏已经接了4米的杆子，越来越深，他的腰也越来越弯。即使吹着隆冬的寒风，他头上还是冒出了汗珠。突然间，他觉得手感不对，提上土样一看，黄土中掺着一层暗蓝色的土。

"这是陶器，在 3.5 米深的位置。"汪照宏拿起土块，掰碎，辨认出是陶器后，又拿卷尺量了一下深度，才给队长马永赢打电话汇报。

早在 1984 年，汪照宏就加入了陕西省考古钻探公司，学习各种钻探技术。勘探汉陵，对汪照宏来说是轻车熟路。他曾在汉阳陵工作了十几年，去的第一天，就探出了墓道，"那个孔打了 19 米，他们之前都没找到那条墓道。"

后来，汪照宏又去了江西、酒泉、无锡和沈阳等地的考古工地。他说自己像游击队，哪里有活，就往哪里跑。2018 年，马永赢把老搭档汪照宏叫回了汉陵考古队，当时霸陵的勘探遇到了难题，围住霸陵和窦皇后陵的外园墙一直未能完整探出。

机遇出现在一个雨天。其他队员都在休息时，马永赢拉着汪照宏出门溜达。他们走在钻探过的泥泞小路上，突然发现路边的断崖有点不一样，雨水冲刷后，看到了夯土墙的痕迹。马永赢说："我们当时很激动，这也是发现外园墙的证据。"

识土辨土，是考古人的必备技能。不同的土，质地、颜色和结构都不一样，考古人用肉眼就能看出。马永赢举了个例子："温暖湿润时期的植被丰茂，相应形成的土层颜色较深；寒冷干旱时期植被稀疏，形成的土层颜色较浅。而古代的墙是通过夯打土块形成的，夯土上面会有夯窝，就像石头饼一样。"

如何在一片平地之下找到 2000 多年前的夯墙？

考古人善于寻找遗存的蛛丝马迹。有一次，曹龙在下雪后航拍，茫茫白雪中，有一处地方融得很快，土地裸露了出来，这意味着下面可能存在墓道。还有一次，他们看到一片绿色的麦田中，有一圈金黄的麦浪，"下面可能有城墙，麦子扎根扎不下去，熟得早。"

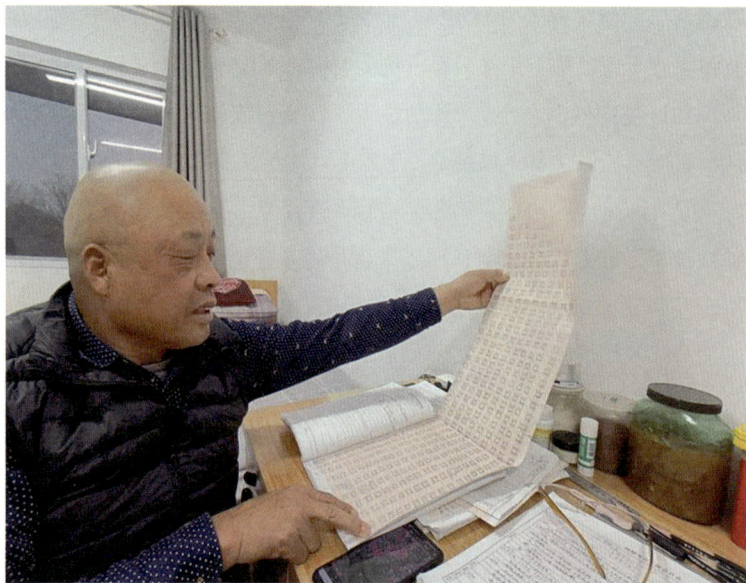

探工汪照宏查看之前钻探记录的图纸。新京报记者吴采倩拍摄。

"我打铲（钻孔）就凭手感，拿铲子打到啥土，就有啥感觉。"洛阳铲在手中握了三四十年，汪照宏练就了一番绝活。他不用看土块，光凭手感就能辨别地下有何物——有水分的夯土像橡皮泥，陶器或瓦片的声音比较脆，有盗洞的土手感比较松，等等。

但要探出被破坏严重的外园墙，对汪照宏来说，也很难。他翻开了田野考古日志，上面记录他曾钻过的孔，密密麻麻。他已经不记得到底钻过多少个孔，错了，再钻，找不到，再钻。有时候，好不容易发现两三米的夯土痕迹，又断了，七拐八拐，断断续续。

"在地下找夯土本来就不容易，我们这是在夯土里找夯土。"马永赢介绍，江村大墓位于白鹿原西端，这里的地势本来就不平，当时的人们为了建陵园，将低处垫平，再建造夯墙。

考古工作者们参照之前汉陵的外园墙范围，不断尝试。汪照宏和两个钻工不停地用洛阳铲刺探地下，一个多月后，他们终于慢慢探出了一段墙基遗存。他再次发挥识土的功力："土质比较纯净，结构致密、较为坚硬，这就是夯土的特征。"

"发现夯墙的时候很高兴，这是关键性证据！"马永赢双手比画着夯墙的宽度，难掩激动。这段夯墙把江村大墓与窦皇后陵围在了一个长约1200米、宽约863米的陵园内，而这正是西汉的皇帝和皇后合葬使用的"同茔异穴"葬制，同一个大陵园体现的就是"同茔"。

这一关键性证据出现在2019年，经过反反复复的钻探和验证，直到2020年才确定下来。马永赢感慨道："霸陵的位置不是一天就能确定下来的。"

发掘"动物园"

刷子轻扫黄土，青灰色的陶棺露了出来。张婉婉戴着手套，小心翼翼地挪开棺盖，一只鸟的小脑袋出现了，像鸡蛋大小，鸟骨侧躺在陶棺里。那一刻，她忘记了长时间弯腰的酸痛，觉得"惊喜又可爱"。

这个"90后"女生留着泡面卷发，毕业后入职西安市文物保护考古研究院。两个月前，张婉婉来到汉陵考古队，参与霸陵遗址的考古工作。

惊喜常常出现在张婉婉的手铲之下。有一次，一颗芝麻壳大小的褐色种子藏在土块中，被眼尖的她发现了。"别看它们小，这些都是我们还原古代人们生活历史的证据之一。"欣喜之后，更多是惶恐，她担心自己是不是遗漏了其他种子、有没有破坏现场。

这些发现来自薄太后南陵，那里埋葬着汉文帝的母亲。

除了发现的鸟骨，在其他外藏坑里发现了金丝猴、丹顶鹤、陆龟等十几种动物骨骸，之前还发掘过大熊猫头骨和犀牛的骨骸。南陵西侧的外藏坑还出土了有动物形象的金银器，包括熊、狼、豹子等，具有典型草原文化风格。

"这些动物骨骸分布很有规律，就好像进了动物园，西边是兽区，东边是鸟区。"陕西省考古研究院动物考古专家胡松梅研究员介绍，陪葬的珍禽异兽也显示了墓主人高贵的身份，还反映了古人"事死如事生"的观念。

汉陵考古队，也像是一个"动物园"。

考古队有着自己独特的"土法笑料"。如果仔细揣摩考古队员的名字，马永赢、曹龙、朱晨露、朱连华、杨彦文等人的名字都与动物有关。曹龙笑着解释："马啊羊啊猪啊，都围着'槽'吃饭。现在张婉婉来了，终于有了'碗'，可以实行分餐制了。"

还有一个巧合。焦南峰是首任汉陵考古队队长，马永赢是第二任队长，曹龙是副队长，朱晨露是队里的青年骨干。而他们都是陕西人，年龄刚好都相差 11 岁。

"这其实也象征着我们考古队的传承。"朱晨露来到汉陵考古队 4 年，这里更像是他的另一个家。从起初的住工地板房，到住村民的房子，再到三个月前搬入的考古基地。不变的是，二十多位队员像家人般地相处。

每天早上 7 点多，开门的师傅会用陕西话喊一句"开门了"，考古基地大门随之打开。队员们吃过早餐，8 点准时到工地上干活，中午再回来吃碗面。下午 6 点，收工的队员们会在院子里打会儿乒乓球，然后聚在食堂，边吃晚饭边看考古类电视节目。

晚饭过后，是考古人难得的休闲时光。他们会三五成群地外出散步，绕着江村大墓和南陵走一圈，消消食。再晚一些，马永赢会在会议室里给大家放电影，从好莱坞大片放到国产喜剧。朱晨露偶尔会在院子里吹笛子，静谧的白鹿原上，飘荡着悠扬的笛声。

"运气好"

霸陵的发现，让白鹿原变得热闹，也让冷门的考古行业再次被大众关注。

考古结果公布后，一拨又一拨的游客来到"江村大墓"石碑处拍照，还有人扒着绿铁丝网观望考古现场。

平日里与黄土、文物打交道的考古工作者，开始面对镜头，一遍又一遍介绍霸陵、讲述发掘过程、强调文物保护的意义。说起这些，马永赢和曹龙如数家珍，他们记得寻找霸陵的每一个节点、每一份回忆、每一帧画面。

张婉婉面对镜头时，先是紧张，再慢慢变得释然。一天，朋友拿着采访截图调侃她像是"逃荒的"。这也应了考古圈内那句名言：远看像讨饭的，近看像捡破烂的，仔细一问，是考古（队）勘探的。

选择了这份工作，她似乎就与"美丽"告别，不能再穿好看的裙子，整天灰头土脸地跑工地。晚上回到宿舍，鞋子袜子里都能倒出一层黄土。张婉婉第一次在野外挖到人骨时，为它取名"翠花"。但因为害怕，他们都不敢把完整的"翠花"放在宿舍，只好分别保存。

辛苦之外，也有很多乐趣。在黄土高原上调研时，漫天黄沙吹来，戴着草帽的考古人，伴着西游记的主题曲，开始搞怪摆拍；休息时，大家躺在草垛上谈天说地；在深山老林里，围在一起看鬼片；爬上高高的山坡，眺望远处的十里桃花……

张婉婉的满足洋溢在脸上，她觉得自己刚毕业就能参与霸陵的发掘，十分幸运。同样觉得自己运气好的还有朱晨露，他在博士在读期间就开始参与汉陵考古队的工作。

4年前，朱晨露一来就住进了考古工地的板房里。板房冬冷夏热，冬天得盖两床被子，能听到屋外呼呼的风声；夏天热到衣服湿透，晚上还有板房热胀冷缩的"咕噜咕噜"声。

这个从小生活在考古遗址区的男孩，捡过陶片、瓦片和铜钱，长大后终于有机会去揭开它们的谜底。夜幕下，白鹿原头，灞河东流；不远处，就是长安的"万家灯火"。朱晨露静静守着古墓，想起了白居易的那首诗："灯火万家城四畔，星河一道水中央。"

曹龙的家乡在宝鸡市凤翔区，那是秦雍城遗址所在地。1994年，当别人还不知道考古为何物时，他已经决定到西北大学读考古专业。

3年后，曹龙的第一次实习在黄河边上。他当时觉得自己运气很差，因为同学们都挖到了遗迹，而他负责的探方什么也没挖到。老师安慰他，那片区域本来是个广场，没有房屋，"没有挖到东西，也有意义。"

"好运"在20多年后降临。曹龙的硕士毕业论文研究的是西汉帝陵，而霸陵的发现算是弥补了其中的一些不足。"作为这个项目的参与者，很有荣誉感，我也觉得运气很好！"

考古也要看运气。

当看到外藏坑那一排排陶俑时，马永赢感觉"像是中了头彩"。那次属于抢救性调查发掘，盗扰严重，他没有抱太大的希望。当工作人员用手铲清理最后一层黄土时，发现了陶俑的头部，再拿小刷子扫去轻尘，看到一张笑脸。那一刻，现场工作人员的脸上也展露了笑容。

汉文帝霸陵不同于海昏侯墓发掘墓葬本体时出土大量的金子和精美文物。这与汉文帝的节俭有关，他要求霸陵陪葬"皆以瓦器，不得以金银铜锡为饰"。

对马永赢而言，这些陶俑是社会进步的象征，陪葬陶俑代替了野蛮的人殉制度。"文物价值的判断，不在于本身材质的好坏，而是包含的历史文化信息。这些文物虽然看着很朴素，但也非常重要。"

未解之谜

从黑陶俑被盗到正式确定霸陵，20年，倏忽而过。

关于霸陵的考古工作，其实早已开始。1966年、1975年，陕西省考古研究所王学理、吴镇烽等对江村东、薄太后南陵的小型从葬坑进行了抢救发掘；20世纪80年代，社科院考古所的刘庆柱和李毓芳，对西汉十一陵进行了系统的调查及测量工作，为后续西汉帝陵考古奠

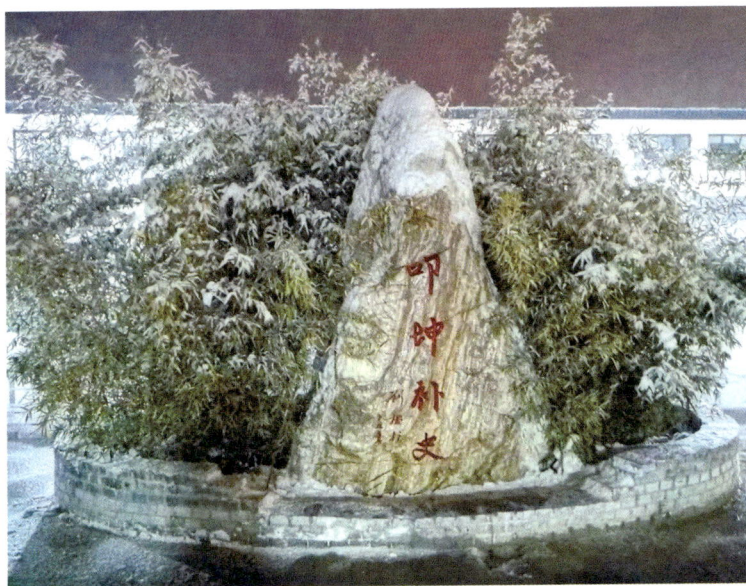

白鹿原考古基地内的石碑，是著名考古学家刘庆柱题写的四个大字——"叩坤补史"。马永嬴说，这是他们工作的真实写照，"探寻大地，补证历史"。受访者供图。

定了良好的基础。

2001 年，不法分子在江村附近盗掘出黑陶俑。当时，焦南峰等人正在做咸阳原上的西汉帝陵的考古工作，随后转向霸陵。2006 年，勘探发现江村大墓及其周边外藏坑、石围界等。由此，窦皇后陵与凤凰嘴、江村大墓的关系进入考古工作者的学术视野，开启了对文帝霸陵具体位置的讨论。

大量关注和热度，来了又去。

焦南峰几乎不接受记者的采访。但谈到很多人认为"霸陵的发现是因为盗墓贼的盗掘"，他又忍不住提高音量回几句："霸陵被盗，只是加快了我们抢救性发掘的考古计划。"

谈起那些被盗的文物，焦南峰痛心不已。当年的盗墓贼并不知道地底下是霸陵，他们只是猜测窦皇后陵附近有东西可挖。"盗墓贼挖到了东西，不能叫'发现'霸陵。我们考古学的'发现'指的是：我看见了，发掘了，然后科学地解释它。"

待媒体散去，马永嬴又带着考古队继续发掘、整理考古资料、协助地方政府编制保护规划。他的办公室墙上挂着一幅字画，那是他大半辈子的写照：渭水桥边春已渡，白鹿原上雨初晴。

再过 4 年，马永嬴就要退休了。20 多年来，心中关于霸陵的困惑终于解开，他喃喃自语："以后不会再弄错了。"

更多人关心的是霸陵的未来。汉文帝主墓会不会继续发掘？考古队员们给出了否定的回答。

"考古不是寻宝，不能见一个挖一个，选择发掘的都是研究所需。"焦南峰解释，我国的文物政策关于古代帝王陵墓原则上不允许进行发掘。从文物保护的角度来说，目前很多技术还不够完善，有些文物出土后，极容易被破坏。而对陵墓本身的破坏，是无法复原的。

"我们把这笔财富留给后人，等到技术成熟、他们的研究需要时，再继续发掘。"马永嬴坦言，现在需要做的是，好好保护这些陵墓和文物。他还希望，未来能在白鹿原上建一个遗址博物馆，用于保护和展示霸陵、薄太后南陵的发掘成果，也让更多人了解中华文化。

保护的力量确实在增强。在公布霸陵的第二天，灞桥区公安部门就与考古队召开了联席会议，将设置警务室、安装摄像头、加强夜间巡逻等，加强田野文物的安保。村里的文物安全巡逻员，也增加了巡逻的频率和人数。

焦南峰又回到了书堆中，白天，他看书、查阅资料、复印有用的文献；等到晚上 10 点，大家睡去，他才开始梳理和写作，直到凌晨两三点。关于霸陵，他想知道的更多，霸陵的门阙和寝殿尚未确定、陵邑在哪里、陪葬墓的数量和规模如何……

这位 67 岁的考古学家，研究秦汉陵墓 40 年，白发早已爬上双鬓，但他仍快乐得像个孩子。"考古是一份经常有成就感的工作。我们把西汉十一座帝陵都探了一遍，其中有 9 座是新发现的，这就是 9 次惊喜。"

白鹿原的夜，很宁静，只有远处的狗叫声。考古基地的大门正对着薄太后南陵，月光下，封土的影子依稀可见。焦南峰书房的灯一直亮着，月亮悄悄爬到上空，照亮了院子里的石碑，上面刻着著名考古学家刘庆柱题写的四个大字——"叩坤补史"。

文 | 吴采倩
于 2022 年 1 月

新疆文物考古研究所原所长伊弟利斯。《由此进入》摄制组供图。

在他看来，人来自什么地方，

最后就要回归于什么地方，

这是小河人群的信仰，

也是他的信仰。

伊弟利斯
考古学家的沙漠"告别"之旅

每年从大年初三开始的那些天，伊弟利斯·阿不都热苏勒都会在塔克拉玛干的沙子里度过，那里全是寸草不生的沙丘、雅丹地貌和纷纷扬扬的沙尘，沿着未知的干旱河床，或许还有未知的古代人类居址散落在其中。

1951年出生的伊弟利斯是乌鲁木齐市人，他的沙漠生活开始于1979年，此后的43年多里，作为老三届知青、考古队员、新疆文物考古研究所所长、文物保护志愿者，他无数次仅靠自己的眼睛、耳朵和双腿穿行于坟墓般的旷野、寥无人烟的荒漠，以至于千百年来一直居住在沙漠腹地的达里雅布依人称他为"沙漠之狐"。

在媒体报道中，伊弟利斯是中外学者中进入新疆罗布泊地区及塔克拉玛干沙漠腹地次数最多的人，参与、主持过新疆尼雅、楼兰、小河墓地及克里雅河流域等重大考古发掘和研究工作，完成5万多字的学术论文《新疆细石器遗存》。尤其是小河墓地的发掘成果震惊了整个世界，被评为"2004年中国十大考古发现"。

退休后，伊弟利斯依然坚持每年进出大漠深处，追寻小河人群居住的地方。正如他的同行所说的那样：如果热爱，一辈子也不够。

2023年3月，72岁的伊弟利斯带领乌鲁木齐的文物志愿者又一次走进塔克拉玛干，并配合拍摄一部关于他个人考古经历的纪录片《由此进入》，这部纪录片将记录下伊弟利斯重返考古现场时的讲述、他的智慧以及他对沙漠的无限情感。

"沙漠之狐"

身形消瘦、笑起来皱纹堆在脸上的伊弟利斯看上去威严又优雅，这种威严并非出于人高马大，他的狭长脸上长着精灵般的一对尖耳，下颚肌肉线条分明，下巴则像靴尖。

1970年，19岁的伊弟利斯在地处南疆鄯善的农村插队。因为"扛麻袋时间短还能挣到最高的工分"，夏天他就负责送粮食——半蹲在地上，抓住麻袋两个角让麻袋顺着小腿往上走，然后再用力往头后一甩，100公斤一麻袋的粮食就稳稳当当地到了肩膀上。

之后又打了半年铁，18磅的榔头，伊弟利斯和铁匠师傅两人一天要打20匹马的马掌，"一开始满手都是血泡，师傅就让我把手放在铁砧上磨，直到磨出老茧。"

两年后，因为身体好，伊弟利斯被分配到自治区博物馆考古队从事田野发掘工作，开始了他的考古生涯。1973年伊弟利斯参加了阿斯塔那古墓群的发掘。公社驻地距离墓葬群6公里，每天要靠两条腿"摆渡"，午饭是两个巴掌大的白高粱馍，条件不比在鄯善的农村好，但当发掘出的干尸、文物等被放进了博物馆让更多的人看到时，伊弟利斯感受到了不同以往的兴奋。

1977年，已经在西北大学考古专业毕业的伊弟利斯进入新疆文物考古研究所，随考古队进入塔克拉玛干以东的罗布泊，参加举世闻名的罗布泊地区古墓沟墓地等的发掘。此后十年里，他先后8次作为负责人之一带队深入罗布泊进行考古调查，3次深入尼雅遗址进行发掘前的调查工作。

"古墓沟就是后来的太阳墓葬，太阳墓葬是由大量树木建造的，一组组用七层胡杨木桩围成的同心圆圈。木径粗达三十余厘米。整座墓地远远望去，就如一轮古老沧桑的太阳，镶嵌在戈壁荒原上。"

伊弟利斯回忆，那时候条件非常差，风沙吹得眼睛睁不开，白天穿短袖，晚上紧裹着大衣和被子依然难抵酷寒。吃的只有馒头咸菜，最紧张的是水，上下工后，最多放一盆水公用，大家洗脸时只够洗两只眼睛。到后来只能每天给一缸子水刷个牙，更多的水要用来保证饮食。"全靠毅力和信念，我们干了一个多月，发掘了40多座墓。"

"沙漠之狐"是世代居住在塔克拉玛干大沙漠南缘，克里雅河流域的达里雅布依驮工给伊弟利斯起的名字，一是形容他走得快，二是说他的方向感强。

塔克拉玛干沙漠环境极其恶劣，被称为"死亡之海"，伊弟利斯带队有条铁律，就是除了他，不允许任何人单独出营地，靠着这条禁令，他带队进出沙漠近百次从未出过问题。

从营地走出去，伊弟利斯不会按原路返回，而是记住环境地貌的特征，画个弧线绕回来。对于自己为何要单独行动，伊弟利斯表现得轻描淡写，"我出去大家会放心，因为不管遇到什么样的沙尘暴，'老汉'都会回来的。"

让人印象最深的那次是2004年12月24日，同属罗布泊地区的小河墓地的发掘即将结束，考古队需要采购装箱起运文物的物资，伊弟利斯带了四五个人和两辆车完成采购后，中午离开公路进入小河区域，刚走了10公里，巨大的沙尘暴就席卷而来。

浩瀚的沙海变得昏天黑地，什么都看不见，而近处沙丘上的车辙也被刮得一点不剩。伊弟利斯只好凭着记忆和经验辨别方向，他步行找路，车辆再跟上。彻底天黑后，司机们陷入绝望，不敢走了。但伊弟利斯想到营地的队员在等，要求继续前行。

晚上11点，当伊弟利斯带着大伙连滚带爬地出现在营地时，营地的队员们早已点上灯轮流在红柳包上等候了很久，在队员们眼里，伊弟利斯等人是这样一副模样：毛孔和皱纹里填满了沙砾，双眼被风沙打得通红，泪水凝结着大块沙土堆积在脸颊上，连睫毛上都粘着沙子。有的队员抱着伊弟利斯就哭了，说"老汉"真不容易，这么大的沙尘暴又这么冷，还是回来了。

《由此进入》剧组拍到的尼雅佛塔。《由此进入》摄制组供图。

问他是怎么做到的，伊弟利斯的回答是，靠经验。塔克拉玛干是风沙地貌的博物馆，沙丘的形态初看起来好像到处都是一个样，很单调。但是，只要仔细考察，沙漠由于风、水分、植被等条件的不同，沙丘形态是十分复杂多样的，而且有惊人的规则性。

小河神秘依旧

虽然参与勘探挖掘了数不清的古迹和墓葬，但最让伊弟利斯醉心的还是对"小河墓地"的发掘和研究。

"每年的大年初二或初三我都在小河过。"伊弟利斯说。

小河墓地位于罗布泊下游河谷附近的荒漠之中。1910—1911 年由罗布猎人奥尔德克首次发现，1934 年瑞典考古学家贝格曼对墓地进行过调查和发掘。从此，小河墓地名扬海内外，但此后一直到 20 世纪末的 60 多年间，小河墓地湮没在漫漫黄沙中，再无任何后继者能抵达，直至 2000 年小河墓地又重回人们的视野。

2002 年 12 月底，新疆文物考古研究所决定对小河墓地进行调查和发掘工作，12 月 28 日考古队行至距小河墓地直线距离 16.5 公里时，被连绵起伏的沙垄阻挡，沙漠车无法行进。伊弟利斯率一支小分队率先徒步寻找遗址。

这是一个由 5 人组成的小分队，背负了一周的给养，给养很简单，一天两瓶矿泉水、两个馕，再加上睡袋和考古工具，每个人的负重将近 60 斤。天气非常寒冷，矿泉水都冻成了冰，5 个人在途中最多喝上两口水，啃两口干馕，就继续前进。

当时只有个大概的方向，没有太准确的 GPS 点，伊弟利斯回忆，他对大家说："一定要进去，如果进不去，找不到小河，我回去就辞职，不好意思再干这个了。"大家说："你辞职，我们也辞职。"

队伍休息的时候，伊弟利斯按惯例会一个人走出去调查，"不能坐车，线索就是沙地上的一个铜钱、一个琉璃珠、一个石核，坐在车上啥也发现不了。"其实，他连骆驼也很少骑，他要尽可能地缩短视线与地面的距离，所以只能是徒步探索点滴的历史线索。

这次，他先发现了一件约 26 厘米长的玉斧，后来又找到一些零星的陶片。此后，在 5 公里外，大家发现了更多的陶器、铜镜的残片还有箭头。伊弟利斯认为这些都是很重要的线索，预示着周围会出现墓葬或者人类居住的地方。

"28 日下午 5 点 40 分左右，大家已经走到极限了，我想找个高的地方看看，就站上一个小的红柳包，视线由东向南一点一点看，我看到了小河墓地，它非常独特，周围全是沙漠，它就像一个馒头上面插了很多筷子一样，其实是沙丘上有一片干枯的胡杨林，它当时距离我们大概还有 3.5 公里。"

第二天也就是 29 日早上，小分队到达小河墓地，墓地位于无名小河东 4 公里处的一个椭圆形沙山上。"我们当时太激动了，说终于找到小河墓地了，而且和贝格曼 60 多年前拍的一张照片和所述基本是一致的——小山的表面，特别是在山坡上，有许多我从未见过的、弯曲的厚木板，不论走到哪里，脚下都会绊到久经岁月摧蚀的人骨、被肢解了的木乃伊和厚毛织物碎片。"

"罗布泊地区每年 3 月进入风季，50 公斤装水的桶，20 个绑到一块大风都能刮走。我们 3 月到 9 月中旬这段时间不能工作，因为刮风、沙尘暴，什么都看不见，根本没办法照相、测量、绘图，因此我们干到 3 月，就只能外撤，10 月份再进来。留下两个人看守，再留一个卫星电话和一两个月的食物和水。他们先是住地窝子，后来住房车，每一两个月换一次人。"伊弟利斯说。

在多次进出的两年多里，考古队共发掘了 167 座古墓，另有已经被盗扰的 190 座墓，合起来小河墓地不过 2500 平方米的面积，至少叠压了五层共 360 多座古墓，每座墓葬前类似船桨的立木，包括极度夸张的大桨形，或类似芭蕉扇形，都被涂成红色。"看来这座'死神的立柱殿堂'曾笼罩在一片耀眼的红色之中。"伊弟利斯说，通过考古发现也证实了，小河墓地沙丘并非自然沙丘，而是经过长时间连续建构墓葬，人为形成的。

谈及发掘墓葬及出土文物，伊弟利斯说，举世闻名的"小河公主"其实就是一个普通人，但因为她距离现在3500年了还那么美丽，揭开棺木的那一刻把大家惊艳到了，当时不知道谁喊了声"小河公主"，在大家心目中她就被定格成"公主"了，其实从身份上来讲，她并没有什么特殊之处，她的埋葬方式、随葬品都跟普通人一样。

但对考古人来说，感受上古考古的魅力不止于此，小河墓葬蕴含着远古罗布泊居民物质、精神文化的众多信息，时至今日，这个文化面貌独特的青铜时期文化还有很多谜没有解开。对其深入研究，将有助于西域以及中亚古代文明的探索。

这些谜里最让伊弟利斯困惑的是小河棺木均用牛皮覆盖，有的悬挂着牛头，有的随葬有牛头，他曾经在贝格曼书中提到的已经坍塌的"内壁涂成红色的'木屋'"里清理出100多个牛头还有若干牛皮，牛的各部位在古墓里应用得相当广泛，包括发掘出的法器上还有一些羽毛涂着胶，都是用牛骨头和兽皮熬成的胶。有这么大量的牛，可以推测小河墓地曾经水草丰美。

小河墓地遗址为五层，上层一到三层有3500年历史，四到五层有4000年历史，有500年的时差，总得有个居住区，居住区又得有生活区和垃圾区，吃剩下的牛骨头常年堆积，肯定得形成一个垃圾堆积层。

那些胡杨砍伐后做的立柱、棺木搬到这个地方来也并不容易，所以小河人的居住区应该就在距墓地三四公里的范围内，棺木都有榫卯结构了，居住的房屋结构也应该是成一定规模的。"但墓地附近方圆四五平方公里的地方，我全都做过调查，仍然没有丝毫的发现。"伊弟利斯说。

只有墓葬却没有生活区，有装饰铜片却没有金属工具出土，就没

257

伊弟利斯参与《由此进入》纪录片拍摄时的场景。《由此进入》摄制组供图。

办法进行考古学比较研究，更无法通过聚落遗址的内部结合外部关系的研究，来完整地揭示出"小河文化"的历史面貌，甚至复原古代社会。

颠覆常识和认知或许正是科学的魅力所在，在小河墓地挖掘结束近二十年时间里，国内多家科研单位跟新疆文物考古研究所开展多领域合作：对出土纺织品的加工工艺和保存状况；出土铜片所反映的冶金技术以及草篓所含残留物的分析；从残存乳制品里发现牛奶发酵的方式；利用最新的古基因组技术，研究小河人群的源流；以及小河墓地人类骨骼考古学研究等，都有了新的进展。

而伊弟利斯也没有闲下来，2014 年退休至今的十年里，他每年都要重返小河，和年轻的文物保护志愿者们一起，在沙海里搜寻小河人群生活场景的新发现。

他认为，小河文化不是孤立的文化，相反它是曾经存在于塔里木盆地古老文明的代表，是罗布荒原上的中西文明交融之谜。

从圆沙古城到北方墓地

在塔克拉玛干沙漠南缘，昆仑山的崇山峻岭之下，有许多河流沿山而下，大多数河流不久就会被沙漠吞噬，但有两条河在这些短小的沙漠河里可以称为"大河"，它们是克里雅河与和田河，一路并辔而行，最终劈开沙漠，形成了一个"几"字。

"几"字外是大片高大的复合型沙垄，"几"字内，是人类的生命家园。但是，沙漠也会报复性地冲进"几"字里，在两条大河的河道上盘踞，于是这里的若干古代城址最终归于了沉寂。

1991年到1993年，伊弟利斯曾应法国科研中心中亚考古研究所邀请，赴法进行了两年多的"史前考古"研修，其间还与法方研究所合作，就新疆和田地区克里雅河流域古代遗址的兴废，探索人类活动与环境变化的关系为课题，推进政府间考古合作项目。

1993年起，"中法克里雅河联合考古"对位于克里雅河尾闾的喀拉墩遗址做了前期调查，1994年对一个古代民居两个佛寺进行了正式发掘。伊弟利斯记得，这个民居有冬天用的房子，也有夏天用的房子，有马厩和回廊，回廊下有一张木床，旁边是口大缸，附近还有沟渠，就像现在的人们喜欢坐在葡萄架下的木床上一样，于田县大河沿乡达里雅布依人的居住方式就和汉晋时期一模一样。

两个经典的"回"字形佛寺里被发现有壁画，考古队员们将橘红、红、黑色的泥壁残片简单拼接后，一张佛的脸出现了，他是佛初到中国时的样子——犍陀罗式，高而窄的额头，鼻子一直与额头相接，紧密卷曲的头发，穿着通肩的袈裟，交脚坐在白色莲座上。

在完成这个重要发掘后，伊弟利斯立即组织了一个中法合作的小分队，沿克里雅河河道向北进发。第四天时，他们发现了远处有一堵黑墙，走到跟前一看竟然是一个完整的古代的城。这天是 1994 年的 10 月 24 日。

这是西汉初期距今已有 2000 年历史的"圆沙古城"，它的形状酷似一个大桃子，在联合考古队对它进行正式发掘时，发现城内有大大小小的马鞍形石磨盘、数量众多的用于储存粮食的窖仓，还有宽 1 米的古渠遗存，证明了这里的灌溉农业曾经有相当大的规模。

伊弟利斯说："圆沙人几乎所有的生产、生活用品都取自胡杨：筑城墙，做城门，造房子、墓葬；木桶、木碗、木梳；取暖、做饭、冶炼等，但是现在这里已经看不到一棵哪怕就是死了的胡杨。"

克里雅河在古代就像现在的和田河一样，从南到北贯穿沙漠，再汇入沙漠北缘的塔里木河。但克里雅河现在消失的地方距北边的塔里木河已有二百多公里，其间是一望无垠的黄沙。

河流在一步步向后退缩，人类也在渐渐从沙漠腹地向外迁移。

沿克里雅河继续北上，1995 年，伊弟利斯在"圆沙古城"东北方向又发现了一处青铜时代晚期的居址遗存，虽然只有两间房子，但历经 3000 年，还保存有屋顶，院墙里到处散落着青铜短剑、箭头，考古队给它命名为"青铜时代居址"，并做了一个剖面取了点样，其余留待日后正式发掘。

此时，伊弟利斯的脑海里对于塔克拉玛干沙漠里的古代文明，已经形成了一条新的历史脉络：从丹丹乌里克遗址、喀拉墩遗址、圆沙古城、青铜时代居址等产生的时代序列来看，沿着克里雅河往北，是一个从细石器文化向青铜器时代、西汉初期、汉晋和唐代演变的过程。他还认为，从和田地区的于田县向阿克苏地区的库车县沙雅，应当有一条由南向北贯穿塔克拉玛干沙漠的古通道。

北方墓地的发现似乎又一次为他的想法提供了一条重要线索。2008年1月，于田县大河沿乡一位农民偶然发现了一处墓葬遗址，很多墓穴已被盗掘，四周乱扔着不少遗物。

当年3月22日，伊弟利斯带着考古队赶到当地，一片低矮的沙丘上，牛皮包裹的泥棺已被破坏，周围散落着大小不一、厚薄不同的棺板，还有一些成人和婴儿的干尸、毡帽、皮靴、粗毛布、草编篓等。由于抢救性发掘需要上报国家文物局批准，考古队将被盗掘的墓葬进行了回填和整理。

这处墓地与小河墓地极为相似，北方墓地总面积1500平方米，小河墓地2500平方米，两处墓地相距600公里。伊弟利斯说："我们对小河墓地做了多年的研究，它的墓葬形制是世界独一无二的，而北方墓地的每一处遗迹，都能感觉到小河墓地的影子，但很可能分处在两个不同时代。"

伊弟利斯认为，北方墓地距今大约有3500年到4000年，从墓葬特征来看，北方墓地与小河墓地有相同的文化背景，甚至透出文化传承与种族迁徙的信息，也许小河墓地的主人，是从克里雅河绿洲逐渐向罗布泊地区迁徙的，并在那里形成了一支更为显赫的族群。

离开北方墓地前，考古队又到遗址区5公里外的地方，试图寻找到当年的居民住房、枯胡杨或者其他，结果，与小河墓地一样，他们失望了，只发现了一些散落的陶器、石器、铜刀、石磨盘等。

"我们又继续向东走，近百条干河床坚硬无比，纵横交错在沙漠腹地，大片枯胡杨林一眼望不到边，走了3天才走出来，那些枯胡杨最粗的直径有1.5米，越往东南方向走，枯胡杨变得越来越小，也许，当年这些胡杨正在生长期，克里雅河却渐渐干涸了。"加上密布的河床和采集到的陶片、石器、石磨盘，伊弟利斯分析，这里曾具备人类生存的基本条件。

当考古队走到尼雅遗址的北部遗址区时，还发现了古代人类曾活动的遗迹，木架结构的房屋和散落的陶片、铜刀等，这里距离克里雅河北方墓地 161 公里。2008 年 4 月 5 日，伊弟利斯和考古队员们走上轮台和民丰之间的沙漠时，最大的感受就是，塔克拉玛干沙漠腹地曾是一个绿洲接一个绿洲，水草丰盛，流水汤汤，不同时期的很多人类都在这里依水而居，大漠交通纵横，而塔克拉玛干南北间通道要早于东西间通道。

"由此进入"

2023 年 3 月，考虑到已经 72 岁的伊弟利斯"进一次沙漠会少一次"，乌市的一些文物保护志愿者决定自筹资金，请来专业摄制组，为伊弟利斯拍一部纪录片，把伊弟利斯和他在塔克拉玛干发掘过的太阳墓葬、小河墓地、圆沙古城、北方墓地等遗址用影像记录下来，并为这次拍摄过程起名"由此进入"。

这次的重点目标是于田县大河沿乡以北、克里雅河尾闾上的喀拉墩遗址、圆沙古城、北方墓地、青铜居址，它们像是项链上的珠子，向沙漠纵深处排列。

车队一旦跃进沙海里，就像船一样飘荡。前方，一条银灰色的弧线破沙而出，将瀑布般的沙子和尘土撒得到处都是。N39，一条横穿塔克拉玛干沙漠东西直线距离最短的路线，横亘着数不清的高大沙丘，这也是伊弟利斯第一次穿越这条线路。

在深入塔克拉玛干腹地的 20 天里，白天，因为车队行走只有方向没有坐标，伊弟利斯坐头车负责大地形判断。在摄制组的镜头里，头车不断从 45 度倾角的沙丘上俯冲下来，用保险杠将沙子拱开，伊弟利斯也需要不断下车辨识路径。

而有几天的夜晚伊弟利斯不睡帐篷，他喜欢睡在篝火边，沙漠正笼罩在黎明前的静谧之下，抬眼就是天空，漫天星辰就像丢在青黑之水上的珠片面纱，月亮正透过朦胧的沙尘朝外张望，那是他的天地。

摄制组导演说，伊弟利斯身上总有着一种想发现的冲动。

《由此进入》剧组挖沙开路。《由此进入》摄制组供图。

在沙漠里什么意外都有可能遇见。给养供不上的时候、考察线路出现偏差的时候，伊弟利斯喝过铁锈水、吃过牙膏，他的胃因此出现严重问题，经常痛得他冒冷汗，止痛方法是就把开水灌进矿泉水瓶子里紧紧挤在胃部以缓解疼痛。这样的工作注定他无法储备脂肪，甚至回到家后一段时间都吃不下饭，"有时候好不容易养胖五六公斤，进一趟沙漠就全消耗完了。"

"我每次进去前都说这是最后一次，但是每过一段时间，又会重返沙漠考古现场，因为只要有新的发现，身体的疼痛就一起都忘了，因为苦中有乐。"伊弟利斯说。

除了乐趣，也有遗憾和痛心。

伊弟利斯回忆，2008年，考古队在克里雅河北方墓地发现三四十座完整的与小河墓地葬式相同的墓葬，2009年，因为要做全国第三次文物普查，他再次前往北方墓地，"到了一看我快哭了，真是伤心了，不到一年时间这些墓葬全没有了。"

而1995年发现的青铜时代居址也未能留存，伊弟利斯说，2018年，他再次回到那处古人居址做补充考察，"走到位置了，我却怎么也找不到那两间房，我仔细来回走着观察，最后发现原来是整个被推掉了，连一根木头都没剩。3000年前的房子，我们都没发掘，还没做研究。"伊弟利斯说，克里雅河北方墓地遭受的破坏让他和考古队员心痛不已，但他们很难对古代遗址进行全面的保护管理。塔克拉玛干沙漠腹地的区域广阔空旷，自然环境十分恶劣，盗墓贼猖狂，使得古代遗址面临着随时被破坏的被动处境。保护艰难的还有小河墓地，自2005年发掘结束后直到前两年，基本处于无人管理的状态，"有些搞特种旅游的把车直接开进墓地里，人来得太多，麻扎成了巴扎，矿泉水瓶、酒瓶、罐头盒、乱七八糟的垃圾扔得到处都是。"

"乌鲁木齐的文物保护志愿者们对丝绸之路、对塔克拉玛干文物古迹的内涵和文化非常感兴趣，他们提供车，我们都是AA制，我会在现场给他们讲解这些遗址的发现、发掘和保护的过程，同时带领大家把垃圾都捡出来，用最大号的尿素袋子装车上运走。我是个严厉的人，要求我们的人一个烟头都不能扔，见到一次罚款50元。"

几位跟着伊弟利斯多次去过小河的志愿者马玉山、于宙、文俊、王锋告诉记者："我们过去都是瞎玩，不知道这些遗迹里还有那么多的故事、那么多的历史、那么多的考古人员的情怀在里面。在伊弟利斯身上，我们能看到他的经历、他的本事，还有那种内敛的公正的气度，他人很和蔼但又不会与人过分亲近，所以大家都会听他的，都很遵守规则。"

　　在亲眼看到开上那些古老遗迹的车辙，了解了考古队发掘和保护的不易，《由此进入》的志愿者们明白了伊弟利斯不断寻找小河文化人群痕迹的深沉求索之心，并且开始重新看待个体生命的意义。

　　"他会在每处遗址上取点沙子装进瓶子带回来，说自己过世以后就让家人把这些沙子铺在自己身下。"摄制组用镜头记录了伊弟利斯每次装沙的过程，并且猜想他这样做的意义。也许就像当年发掘小河墓地、揭开"小河公主"棺木的时候，伊弟利斯发现它只有盖板没有底，她是直接躺在沙地上的。在他看来，人来自什么地方，最后就要回归于什么地方，这是小河人群的信仰，也是他的信仰。

文 ｜ 刘旻

于 2023 年 5 月

伊弟利斯（图中）、朱泓（图右）在小河遗址进行考古挖掘工作。
受访者供图。

让考古学家们疑惑的是，

这么大的墓地按常理周围应该有人类生活的遗址，

但始终没有找到这样的遗址，

只有孤零零的坟墓。

基因测序团队

探索"小河公主"来源之谜

2003 年，新疆塔里木盆地东部最低处的罗布泊地区，小河墓地被正式挖掘，其宏大的规模、奇特的葬制、数量众多的干尸、丰富的罗布泊早期文明信息……无不令考古学者慨叹，世界上没有任何墓葬与之类似。

墓地最上一层的"小河公主"出土后，这位沉睡了 3800 多年的美女的面部特征，引起了考古学家和体质人类学家的注意，对其种族众说不一，其中一种观点是，该女尸颧骨较高，眼窝深陷，鼻子尖而高，嘴唇薄且细长，毛发呈棕色……这些都是欧罗巴人种的典型特征。

新疆地处亚欧大陆腹地，丝绸之路要冲，一直是欧亚大陆东西部人群进行文化、技术以及遗传交流的重要通道。新疆史前人群的起源和迁徙一直是学界研究的热点问题。但小河人群的起源此前并无定论，曾有过"草原起源假说""绿洲起源假说"等。

2021 年 10 月 27 日，吉林大学生命科学院崔银秋教授团队利用最新的古基因组技术成功获得了小河墓地早期人群的基因组数据，这也是中国新疆迄今最早的古人类基因组数据，相关论文在国际顶级学术期刊《自然》（Nature）上发表。

古基因组研究结果表明，小河墓地早期人群在遗传上是一个由古北亚和古东亚成分组成的人群，其祖先成分形成时间距今 9000 年左右，该成分曾广泛存在于欧亚草原中、东部广袤区域。这一古老遗传谱系与青铜时代的欧亚草原人群以及中亚绿洲人群都没有直接的遗传联系，也没有显示出与任何其他全新世群体混合的迹象，产生这一现象的原因可能是由于塔里木盆地独特的地理环境形成的天然遗传屏障，造成塔里木盆地古代人群长期的遗传隔离。

但长时间的遗传隔离并未阻断该地区与外界文化的交流，研究人员采用古蛋白质组技术在小河人牙结石中发现了小河人群长期大量食用奶制品的证据，加之墓葬中小米以及小麦等考古发现，都呈现出了小河早期人群有文化交流的现象。崔银秋团队论文的发表为学术界广泛关注和争议的小河人群的来源问题提供了新的颠覆性认识。

对古 DNA 测序

吉林大学考古学院博士研究生张乃凡换上连体防护服，拿着一些古动物材料，里面有一根粗壮弯曲的来自小河墓地的牛角，先经过风淋间，倒计 10 秒把尘土吹掉，然后进入古 DNA 室的磨骨间进行样本处理。

样本分骨骼和牙齿。处理牙齿样本会先用棉花蘸取次氯酸钠溶液擦拭牙齿样本表面污染物，用次氯酸钠溶液浸泡后，依次用无菌水和无水乙醇冲洗一遍，放在超净台中让紫外线照射每个表面。等牙齿干燥后，用牙用钻头手动磨成粉末放在零下 20 摄氏度保存以备下一步抽提 DNA。

骨骼样本的处理要先切成 1 立方厘米左右的小块，之后的流程与处理牙齿大致相同。

吉林大学生命科学院硕士研究生李建解释说，此后骨粉被加入各种溶剂进行裂解，释放古 DNA，用二氧化硅层析柱进行纯化洗脱，得到古 DNA 提取液，之后是二代测序的文库构建，然后上机测序，得出下机数据即原始数据，还要进行一系列复杂的数据处理分析才能获得真实的古 DNA 数据。

古 DNA 是指古代生物遗体或遗迹中残存的 DNA 片段，包括古代人类 DNA、古代动植物、微生物 DNA。古 DNA 研究为构建和复原古代人群遗传结构和种族属性、群体间的交流及迁移模式，以及灭绝物种的系统发育学等研究打开了通道。

资料显示，DNA 测序技术一直是分子生物学研究中最常用的技术手段之一，目前，二代测序方法在生命科学的各个研究领域都已普及开来。

自然科学方法在考古学中的应用源于 20 世纪 80 年代，遗传学家开始把自然科学中的分子生物学技术应用到考古学研究中，用 DNA 检测技术来研究古代人的遗传学结构，这引起了学术界的广泛关注，20 世纪 80 年代中期，一些发达国家纷纷建立考古 DNA 的实验室。

当时，吉大边疆考古研究中心体质人类学朱泓教授敏锐地捕捉到了这一学科前沿的发展方向，说服了生命科学院的周慧教授加入这项工作，于是 1998 年，我国考古学界第一个从事古 DNA 研究的专业实验室吉大考古 DNA 实验室成立。

吉林大学生命科学院教授崔银秋解释说，古 DNA 与现生人群 DNA 不同。细胞死亡后，除了细胞中内源性的酶会对 DNA 进行降解，外源性的物质也会导致 DNA 出现破裂。相关数据表明，DNA 中 30 亿个碱基对的线性分子最后会变得很短，很快变成 30—70 个碱基对的小片段，并伴有高度损伤，造成可提供遗传信息的高质量 DNA 含量极低。

古 DNA 的保存状况不仅取决于样本材料的年代，更重要的是受遗址所处环境的影响。一般来讲，寒冷和干燥的环境对古 DNA 保存更加有利，而温暖潮湿的环境下，古 DNA 普遍被破坏得比较严重。

而对于古代人类的遗骸来讲，不同部位 DNA 的保存情况也不一样，牙齿和颞骨岩部的保存是最好的，其次是长骨，比较致密的骨骼对 DNA 也有保护的作用。

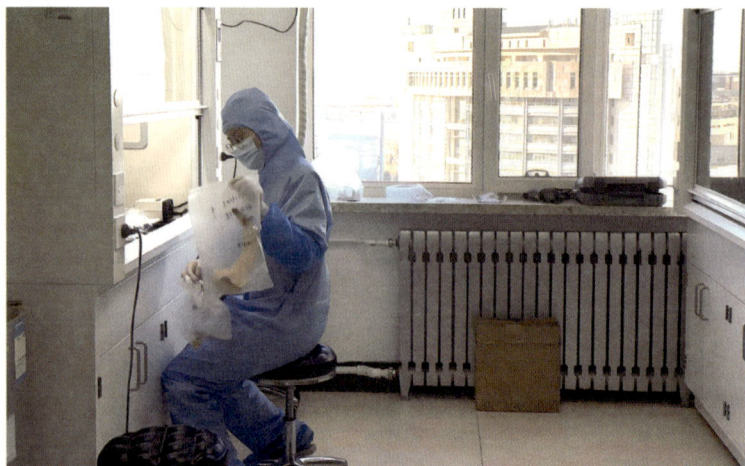

张乃凡穿着防护服，拿着古动物材料。新京报记者陈杰拍摄。

古 DNA 至少要 30 个碱基对以上的长度才能测序，短到一定程度可信度就非常低了。新疆的样本 DNA 保存相对较好，一般片段长度在 150 个碱基对左右，有的能达到 200 个碱基对。

崔银秋说，对做古 DNA 研究的人来说，新疆是个特别好的研究对象，被称为人类的基因库。干燥的气候使它能保存下很多干尸和骨骸，同时新疆是欧亚大陆人群迁徙的重要通道，人来人往，遗传会留下来，故事也会很多。像"小河公主"那样的干尸基本都留在了新疆，而大部分小河墓地的骨骸都在吉大考古学院人类学的库房里。这个库房总共有 3 万具古代人类骨骸，是亚洲第一。

由于这些古代遗骸太珍贵了，采集样本的原则是尽可能少破坏或者不破坏，比如头骨，先用三维的方法进行定位，再进行取样，在颅底用很细的钻头提取一点材料，头骨放回去以后，外观上看不出来。

2020 年，崔银秋团队开始对部分样本尝试无损取样，把牙齿直接浸泡在裂解缓冲液里，把最外面那层里的古 DNA 溶解释放出来，牙齿除了颜色变白，形态基本没有变化。这种新方法能拿到古DNA，但量不一定足够。

记者了解到，整个古DNA测序流程要分别在两处实验室完成。吉大古DNA室按照古DNA研究的国际规范，分为PCR（指生物学的聚合酶链反应）前和PCR后两部分，两部分采取物理隔离，分别位于两个建筑中，PCR前的流程在校园外的文科楼里进行，PCR后的工作在校园内生命科学院的楼里开展。两楼相距有15分钟的步行路程，"这样可以有效阻断生科楼里充满了现生人群DNA气溶胶的环境，等到古DNA的量被扩增后，就可以跟现代DNA一样进行处理。"崔银秋说。

"小河"传奇

"2003年的10月，新疆文物考古研究所的伊弟利斯所长来电话邀请我带着学生去小河墓地做干尸和古人骨体质人类学鉴定，我就很兴奋了，因为小河墓地对我们来讲是可望不可即的考古遗址，2000年它被重新发现之前，小河墓地在世界考古界中名气就很大，引人注目！"朱泓说。

小河墓地位于罗布泊地区孔雀河下游河谷南约60公里的罗布沙漠中，东距楼兰古城遗址175公里，西南距阿拉干镇36公里。墓地整体由数层上下叠压的墓葬及其遗存构成，是平缓的沙漠中突兀而起的一个椭圆形沙山。沙山高出地表7.75米，面积2500平方米。沙山表面矗立着各类木柱以及木栅墙。

"世界上出土干尸最多的墓葬""这个墓地给人一种最阴惨可怕和难以置信的感觉""整个墓地犹如一个插满了筷子的馒头"……这些是小河墓地最初留给考古学者和媒体的印象。而小河墓地的发现史本身也充满了传奇。

据相关史料，1910年到1911年间，生活在这片区域的罗布猎人奥尔德克发现了这座时人传说"有上千口棺材"的墓地，1934年瑞典考古学家贝格曼邀请奥尔德克担任寻找这座墓葬的向导。贝格曼和奥尔德克沿着孔雀河向南分支出的一条小河道南行，这条无名小河道被贝格曼随口称为"小河"。

1934年6月的一天，他们在小河西向约4公里处找到了这个墓地，贝格曼将其命名为"小河五号墓地"，并发现了他认为是"世界上保存最好的木乃伊"，但是他和探险队踏遍小河流域，也没有找到小河人群的古聚落遗址。

1939年，贝格曼在斯德哥尔摩发表《新疆考古研究》一书，对他在小河流域的考古调查及发掘进行了详细的介绍，小河墓地宏大的规模、奇特的葬制以及所蕴含的丰富的罗布淖尔（罗布泊古代时的称谓）早期文明的信息，引起了世界各地学者的广泛关注。

贝格曼考察小河后，一直到20世纪末的60多年间，再无任何后继者抵达。小河墓地深藏在罗布沙漠之中，失去了踪影。

2000年12月11日，新疆文物考古研究所研究员王炳华随一个纪录片摄制组，借助地球卫星定位仪进入罗布沙漠，再次找到小河墓地。2002年，经国家文物局正式批准，对小河墓地及周边遗址进行考古调查和小范围试掘。2003年10月，国家文物局批准启动小河墓地全面发掘项目，时任新疆文物考古研究所所长伊弟利斯·阿不都热苏勒担任小河考古队队长。

伊弟利斯认为，这个墓地在国内独一无二，在世界上也没有任何墓地与之类似。要准确地揭示小河墓地的秘密，仅仅依靠考古和历史学的知识是不能完全解释的，应该将各学科的一流专家请到发掘现场，置身于真实环境中具体研究，包括考古、环境、人类学、植物学、动物学、原始宗教学等多学科专家参与，只有这样，发掘研究工作才能进行得更快更好。

朱泓记得，那次同去的还有两个画家专门去绘图。考古学里，在遗址提取文物前，要给每个遗迹、墓葬、灰堆绘制平面图、剖面图，一般是由考古队里的绘图员来完成，但小河墓地很难画，多是干尸，不是简单的人骨架躺在那里，干尸周身上下的毡帽、靴子、羽毛饰件、毛斗篷有很多细节；一般墓葬的随葬品是青铜器、陶器、石器、玉器这些很简单的器型，但是小河墓地的每个墓穴里都有带横梁、形态各异的草编小篓、牛皮做的香囊，还有大量的牛头、小麦、黍、奶酪以及小河人群身上覆盖的大量麻黄草枝条。

两根胡杨树干被加工成一对比人体稍长一些的"括号"形，这是棺木的侧板，"括号"两头对接在一起，将挡板楔入棺板两端的凹槽中固定，没有棺底，棺盖是10多块宽度依棺木弧形而截取的小挡板。

棺木上都有一层牛皮，考古学家们推测出当时的情景：活牛被当场宰杀剥皮，整个棺木被新鲜的牛皮包裹。牛皮在干燥的过程中不断收缩，沙漠中干旱的气候会蒸发掉牛皮中所有的水分。最后牛皮紧紧地、严密地将棺木包裹，表面变得像盾牌一样坚固，棺盖——那些摆放上去不加固定的小挡板便因此非常牢固。然后在木棺前后栽竖象征男根女阴的立木、立柱。最后在墓坑中填沙、堆沙。

伊弟利斯告诉记者，考古发掘发现小河墓地从上至下共分为五层，到2005年2月最终发掘了167座棺木，出土了大量保存完好的干尸，碳十四测年表明整个墓地使用年限为距今约3980—3540年，跨度约500年，这暗示最底层出土的人很可能是这一地区最早的定居者，而最上一层青铜时期带有欧洲人体质特征的"小河公主"的发掘引起了全球考古学家的兴趣。

伊弟利斯说，根据小河墓地的上层遗存，反映的应是墓地晚期的文化面貌。从棺木形制、死者裹尸斗篷、随葬的草编篓、麻黄枝等文化因素分析，小河墓地与1979年在孔雀河北岸发掘的距今3800年左右的古墓沟第一类型墓葬、1980年在罗布泊北发掘的铁板河墓葬发现的"楼兰美女"有不少共性，楼兰美女曾被认为是中国最古老的具有欧亚西部特征的女性干尸，也在距今3800年左右。

学界的一种普遍观点是，距今4000年前的青铜器时代，有欧罗巴人种先到了塔里木盆地。有考古学者认为，这是印欧人种中一支古老的吐火罗人，他们的文化源于印欧人的发祥地，即西方的里海、黑海北岸的颜纳亚草原文化（距今5300年前）。

开棺验尸后，朱泓认为："小河人群总体是个混杂人群，既有东部欧亚的黄种人成分，也有西部欧亚的白种人成分。墓地底层（四至五层）最早期的小河人个体，黄种人的成分占比要高些。墓地上层（一至三层）晚期的小河人，白种人成分增加了一些。"朱泓解释说，小河人群早期保存的干尸较少，但从骨骼特征来看也完全能观察出来。黄种人特征是脸宽颧骨高，鼻梁低，面部比较大，长得像晚期"小河公主"那样的眼窝深陷、鼻子尖而高、嘴唇薄且细长的，在早期是极少的。

为了进一步揭开小河人群的来源问题，构建新疆古代居民种族分布以及演化的历史，2004年9月，新疆文物考古研究所和吉林大学边疆考古研究中心组成联合考古队，正式开展合作研究，项目负责人由伊弟利斯和朱泓共同担任。

吉林大学生科院高级工程师李春香说，考古人员在古DNA技术人员的指导下，对小河墓地出土人骨进行了采集。2005年，吉大古DNA实验室选取了92例保存完整、没有裂缝和磨损的骨骼和牙齿进行DNA测试分析，并获得了57个人类个体的线粒体高可变序列。

被"隔离"的古代人群

对小河群体的 DNA 测序和相关结论，走过了一个渐进的历程。

2011 年，经过多年研究，吉林大学生科院高级工程师李春香基于通过一代古基因测序技术得出的成果，发表了小河人群母系遗传多样性研究论文。论文显示，距今 4000 年前，最早到达新疆塔里木盆地东部地区的人群可能是来自南西伯利亚或其西部的东西方混合人群，随后不断有新的人群加入进来。其中，西北部或是北部人群对塔里木盆地东部的影响更大更早，而西部和东部人群的影响相对较小，并且很可能是间接的影响。

论文还推测小河的黄牛可能随着早期人群由西向东迁徙最先到达新疆地区，然后继续向西北—中原传播。对小河墓地那些草编小篓里装的麦粒和粟粒进行古 DNA 分析，证明了新疆在欧亚大陆东西部的农业传播过程中起到了重要的桥梁作用，小河是黍由东向西传播、小麦从西往东传播的中心的节点。

但是这些结论仍然回答不了小河早期人群的起源以及塔里木盆地人群迁徙及交流的具体情况。2012 年以后，崔银秋团队开始尝试使用新一代基因测序对新疆人群的基因组进行分析，二代测序技术具有低成本、99% 以上的准确度的优势，一次可对几百、几千个样本的几十万至几百万条 DNA 分子同时进行快速测序分析。

"一代的原理是基于双脱氧法进行，一次测一条，是对特定片段进行测序，二代的原理是边合成边测序，测出混合的所有基因组的所有片段，再用生物信息学的方法在计算机上与各种相关参考序列进行比对，把目标片段 call 出来。"崔银秋说。二代测序获得的生物信息量较一代大得多，并能够区分内源 DNA 和外源污染 DNA，解决了一代测序最关键的古 DNA 真实性问题。

有了这种高通量测序技术，2015年开始，崔银秋团队的研究目标就放在了小河人群的全基因组测序和分析比对上。

最终，团队提取了18具干尸的基因组DNA，其中13具来自小河文化，可追溯至青铜时代中期，5具来自新疆北部准噶尔盆地，可追溯至青铜时代早期，这是首次对新疆地区史前人口进行基因组规模研究。

崔银秋说，首先，在人类起源数据库得到2077个现代欧亚个体以及已发表的古代人类数据，进行主成分分析。欧洲人群、东亚人群，西伯利亚人群分别立在PCA图的三个角上，中亚人群在中间，把小河早期人群投射到现代人群的背景中，可以看到小河早期人群和任何现代人群都不聚类，只与铜石并用时期的哈萨克的波泰人群有重叠，这表明它的基因特征并没有被现代人群遗传下来。

接下来的分析更有意思，在PMR（成对错配率）图里，可以看到小河早期个体之间呈现出极低的错配率值，这表明他们之间的关系差异度几乎相当于一级亲缘关系（一个人的父母、子女以及亲兄弟姐妹），遗传多样性极低。

小河早期个体之间究竟是不是一级亲缘关系？崔银秋说，之后的ROH纯合性分析表明，他们之间并不是血亲关系。

崔银秋解释说，实际上，小河早期人群的遗传多样性的急剧降低，是由于出现了种群的瓶颈效应，而不是由近亲繁殖导致的。瓶颈效应可能是因为塔里木盆地不易进入的地理位置，使得小河有效人群量（指能够婚配产生下一代的）特别少，此时群体中基因的多样性会被极度降低或极度丢失，形成强隔离的遗传特征，即形成了隔离群体（受空间、时间等障碍不能进行基因交流或基因交流显著降低的群体）。

进一步用qpAdm祖先成分来分析，可以建模为ANE（古北欧亚人）和AEA（古东北亚人）7:3的混合，小河人群的祖先成分形成时间至少在 183 代以前，也就是距今 9000 年左右，与生活在欧洲东部黑海的颜那亚草原人群、中亚阿姆河的巴克特里亚绿洲农业人群、南西伯利亚叶尼塞河附近的阿凡纳谢沃游牧人群没有关系。

再用小河早期人群的成分为模型来分析所有的青铜早期人群，可以看到小河早期人群作为隔离人群，所代表的是一个非常古老的遗传成分，曾经是分布在更新世晚期整个西伯利亚南部的狩猎和采集人群的主要成分。

崔银秋说，可以设想，小河人群的祖先最早从北边迁徙而来，到达塔里木盆地这个隔绝的地理环境中，因而小河早期纯 ANE+AEA 的成分得以保留，并独立发展起来。在迁徙和定居至少 9000 年内，这些人并没有与外部发生过基因交流的情况，也许他们在来到塔里木定居之前，就已经遭遇到了遗传瓶颈。而在定居之后，这样的遗传瓶颈也没有解除，而是愈演愈烈。而北欧亚大片地域曾经拥有同样成分的其他人群在遗传上被替换或混合了。

崔银秋表示："小河成分代表了从旧石器晚期到新石器早期，在北欧亚大片地域分布着一个以前从未发现的谱系，它的发现对于重塑我们对整个欧亚大陆北部人群的起源历史至关重要。探究小河人群迁移历史的主要意义也就在这里。"

多学科交叉研究的范例

2021 年 10 月 27 日，崔银秋团队题为《青铜时代塔里木盆地干尸的基因组起源》的论文在国际顶级学术期刊《自然》上发表，但不少人对于小河早期人群文化是与外界相通、基因是隔离的结论，仍感到难以理解。小河早期的基因隔离会不会也是个"假说"，难道伴随文化交流就没有基因往来吗?

朱泓认为,带"古"字号的研究,比如古人类、古动植物、考古学、古地质学,都是得到了少量的古代材料,通过自然科学的方法,进行分析得出研究结论,这还是属于推论,轻易不太能达到终极真理,还需要更多的验证。

李春香认为,小河人群的隔离原因地理环境可能只是一方面,考虑到有文化的频繁交流,它的隔离也可能与宗教信仰有关。

"生物演化是为了适应环境和更好地生存繁衍,从早期基因交流上看,有替代、有融合,也有种群瓶颈效应下的隔离人群,都是不同的模式,怎么发生的,当时发生了什么,是很有趣的现象。"崔银秋也认为如何解释是接下来工作的一个重点:已经做完的小河墓地底层(4—5层)揭示的是小河早期人群的来源问题,小河墓地上层(1—3层)的分析还在进行中,将为解决后期小河人群的东西方谱系混合的过程以及他们的迁移路线提供线索。

"古DNA研究领域,国内外的成果都在不断增加数据,整个的遗传背景已经构建出来了。随着技术的进步,新的分析方法可以更好地解释之前无法解释的问题。"另外,崔银秋认为,古DNA在探索史前不同文化人群迁徙与交流方面有着独特的优势,然而,古DNA本身并不能回答人群迁徙的动因,古DNA的最大价值也必须依靠与考古学以及其他学科的交叉才能充分实现。小河墓地就是多学科研究特别好的例子。

崔银秋讲了一个有意思的现象:"我们发现小河人群的牙结石很多,有的大得像个套一样,这可能跟小河人所处的环境或食谱有关。"崔银秋说,通过对小河人古蛋白质组序列的测定,可以证明其牙齿中的乳蛋白的来源是牛或者羊,很有意思的是,回头去查小河个体的基因组会发现,虽然他们大量地消费乳制品,但是小河个体并不具有现

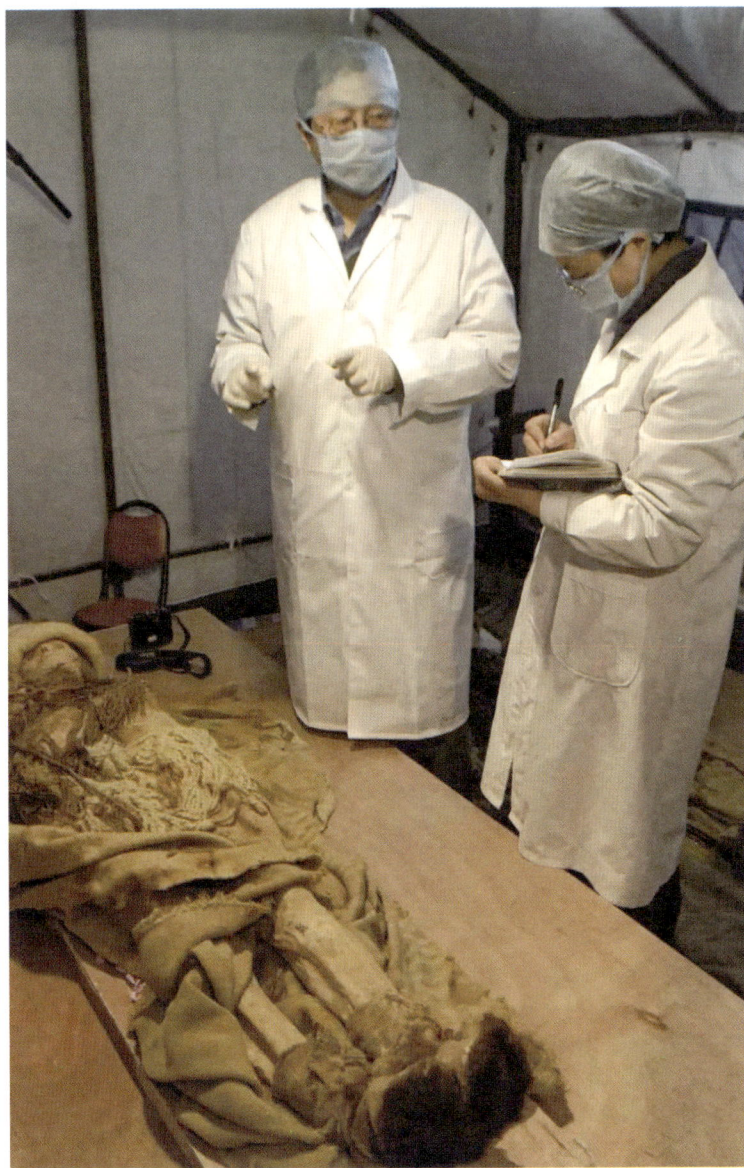

朱泓（图左）在给"小河公主"开棺验尸。受访者供图。

在西方个体常见的乳糖耐受基因。

之前，中国科学院大学考古学与人类学教授杨益民团队发表过文章，在小河遗址中发现了牛奶发酵的方式，古人首先用乳酸菌和酵母菌处理牛奶，制成一种特殊的酸奶——开菲尔，然后将其加工成奶酪来吃，小河蛋白质组的研究正好验证了小河个体并不具有乳糖耐受基因，但是他们仍然可以通过乳蛋白的发酵技术来消化这些乳蛋白。

从事古蛋白组研究的吉大生科院教师徐阳认为，交叉学科运用起来能解决很大的问题，传统的考古学研究更多是依赖于遗址中人类动物等遗骸的形态学鉴定、墓葬形制以及陪葬器物等特征，对研究人员的经验具有很高的要求；而自然科学的研究方法就是采用一套标准的实验流程，将遗址中保留的生物信息（包括 DNA、蛋白、有机残留物等）从骨骼、牙齿、牙结石、陪葬器物甚至土壤中提取出来并进行分析，从而获取古代人群遗传和文化相关的直接证据，来证实一些或者排除一些假说，能够更真实地回答人类历史文化演变的过程。

崔银秋说，对于古人群研究来讲，任何一个学科都无法只靠自身就得到一个非常肯定确切的结论，需要各个学科的相互支撑，从不同的角度对问题提出它的证据，然后才能逐渐得到确切的结论，这才是多学科交叉的目的，也是它的优势。

在考古学家看来，没有生产工具，小河墓葬出土的随葬品种类还不足以还原这群人日常生产生活的场景。只有找到更多的东西，才能去和其他文化进行类似因素的比较。让考古学家们疑惑的是，这么大的墓地按常理周围应该有人类生活的遗址，但始终没有找到这样的遗址，只有孤零零的坟墓。

新疆文物考古所原所长伊弟利斯近二十年来每年都要进入塔克拉玛干沙漠，寻找小河的人类生活场景的遗迹。但是，至今为止没有任何发现。

朱泓则期待着在新疆地区或者中亚有新的考古发现来对比印证。

崔银秋说，近些年来古 DNA 的研究领域开始应用于传染病和瘟疫历史等领域的研究，她的团队对新疆东天山地区的游牧聚落遗址致病菌研究，推测了古代沙门氏菌进入新疆游牧聚落的可能的传播途径。"小河人群作为隔离人群，非常珍贵，它或许会有某种特征性疾病，如果有，可能我们会进一步做功能基因组的分析。接下来能做的实在太多，我们先是把最容易的做了。"崔银秋说。

文｜刘旻

于 2021 年 12 月

邱桑温泉所在的石灰岩地貌。受访者供图。

手印和有意创作的脚印是古人类早期艺术表达形式之一，

在考古学、认知科学、心理学和艺术史的学术著作中

都被称为艺术作品。

章典
守护西藏"野人"手脚印

2021 年 12 月，全球最权威的考古学术期刊《考古》杂志评出了 2021 年"世界十大考古发现"。埃及"失落的黄金城"——位于帝王谷卢克索的古城遗址阿顿（Aten）位列榜单第一。排名第二位的便是由我国学者、广州大学教授章典等人在西藏邱桑温泉发现的古人类手脚印，这也是迄今为止世界发现的最早的古人类艺术遗迹。

章典长期从事地貌及自然环境研究和教学，其研究领域涵盖地球科学、地理学、环境学、考古和人文科学。曾任香港大学地理系主任，现为国家重大人才工程计划入选教授、广州大学"百人计划"特聘教授、香港大学荣誉教授、中国科学院名誉研究员。

新京报记者就青藏高原邱桑温泉古人类手脚印发现过程及亟待解决的保护问题等采访了章典教授。

跨越 30 年的"偶然"发现

新京报：邱桑温泉的手脚印出现在当地各种历史传说中由来已久，你是在怎样的机缘下发现的？

章典：最早是在 1988 年，当时我在英国曼彻斯特大学地理学院做博士论文，主题就是青藏高原的喀斯特地貌，需要做野外调查，我就来到了拉萨堆龙德庆区邱桑村海拔 4268 米的邱桑温泉。在完成测水量、测温度、化学取样等工作后，我随处走走，在附近大片的碳酸钙泉华沉积岩上，看到了一排手脚印，当时已经是下午，它们在夕阳下非常清楚。

我觉得很有趣，因为当地下热泉涌出地表时，原来溶解于水中的重碳酸钙离子会大量沉淀为碳酸钙软泥，这些软泥新的时候很松软，能为手脚印的创作提供"画板"，日久会逐渐变硬为碳酸岩石状物，所以这些手脚印应该是很早留下的，不是现在造的。

邱桑在藏语里是"好水"的意思，这个半坡上的天然热泉一直是藏族朝圣洗澡治病的地方，当时就一个池子和一个石头房子。泉水对面的山坡上有个小村庄，据说是吐蕃赞普赤松德赞的御医宇拓·云丹贡布的出生地，也是藏医的起源地。但是那天邱桑温泉周围就我一个人，远处有个牧民看见我在拍照，就走过来跟我打招呼，说那些是"野人"的手脚印，这个发现随后也搁置很久。

事隔10年，1998年我又去了西藏，那时我在香港大学地理系任教，重新开始研究青藏高原大地貌的特殊性，有一天就回到了邱桑温泉，想再看看那排奇怪的手脚印。我并不是学考古的，但现在的考古是最大的交叉学科，所有学科在考古上都有用武之地，那次去就对那一排18个手脚印做了测量、取样，用光释光测年法，通过分析和激发沉积物内矿物埋藏后所存储的辐射能来得出地质年龄，发现那些手脚印有2万年历史。2002年该成果发表在专业期刊上，随后《自然》也发表了评论文章，很轰动。

2万年前，地球气候仍处于"第四纪冰期"内，在当时西方学界的认识里，西藏应该是像格陵兰岛那样被一整个的大冰盖所覆盖，稀薄的空气、贫瘠的大地，从来都不会是人类生活的乐土，怎么会有人类的手脚印？所以，当时的论文否定了青藏高原最后冰期的大冰盖理论，把古人类长期或季节性占领寒冷缺氧高原的最早时间提前了1.5万年，因为那时候西藏最重要的考古遗址——位于昌都的西藏新石器晚期的卡若遗址年代距今为4000—5000年，也就是说在此之前西藏是没有人类历史的。

当时觉得揭示了古人类在青藏高原活动有2万年历史已经很惊喜，没想到后来又发现的10个古人类手脚印，为古人类长期或季节性占领高原的最早时间提供了更早的证据。

新京报：后来又有哪些新的发现？

章典：2017年年底，我辞去港大地理系主任的职务，到广州大学地理科学与遥感学院任教，2018年作为中国科学院青藏高原所客座研究员参加了第二次青藏高原综合科学考察，那年春天，我和中国科学院的合作伙伴陈发虎院士团队又去了邱桑温泉，在距离最初发现点十几米的石头上，又发现了几个新的手脚印。当年夏天，我和广州大学团队成员王蕾彬、王晓晴上高原继续考察时，村委会的人说还有其他手脚印，叫了一个知道地点的村民带我们去。

这次新发现的手脚印距离原遗址直线距离1.2公里，邻近雄曲河，海拔4062米，由有意按压的5个手印和5个脚印组成，手脚印排列有序，构成了一幅图像。当时我一看好兴奋，这10个手脚印所在山坡底部的岩层更古老，肯定不止上层的2万年。现场就做了测量、取样、照相，接下来最重要的就是要定年，并且要证明手脚印是在碳酸岩还是软泥时压出来的，不是雕刻出来的。

2021年，我们在《科学通报（英文版）》发表了论文，没想到之后会被《考古》杂志选为2021年度"世界考古十大发现"第二名。

目前已知世界上最早的岩面艺术

新京报：怎么来判定这些手脚印是古人按压还是后期雕刻？怎么证明古人类用手脚印进行有意识的创造？

2018 年夏天，章典带领广州大学团队在邱桑温泉发现 5 个手印和 5 个脚印的现场。受访者供图。

章典：鉴定手脚印是否为古人类在软泥上的创作是研究的关键。论文的第二作者是英国有名的行迹学家，他通过 3D 扫描、建模及人类手脚掌的解剖学统计做的定量分析，能够看到，这些发现的手脚印与现代人手脚印参考解剖学特征是基本一致的；手脚印边缘和手指脚趾之间都有因为软泥受挤压而形成的"脊"，这些脊明显高于相邻泉华表面，这种现象在硬岩石表面是不可能出现的；而且手脚印有明显的按压顺序，这种顺序是根据相邻印迹的挤压变形来确定的，也只能在软泥上出现。

另外，手掌（脚掌）按压后形成的光滑面与岩板周围泉华表面的粗糙面形成鲜明对比；手脚印及周围岩面上没有任何敲击、人为磨蚀以及其他石刻工具留下的痕迹，这些都否定了用工具雕刻的可能性。还有个有意思的现象，这些手印的手指都比较长，我们叫它"蜘蛛手"，这种现象在人口稀少的地区时有出现。

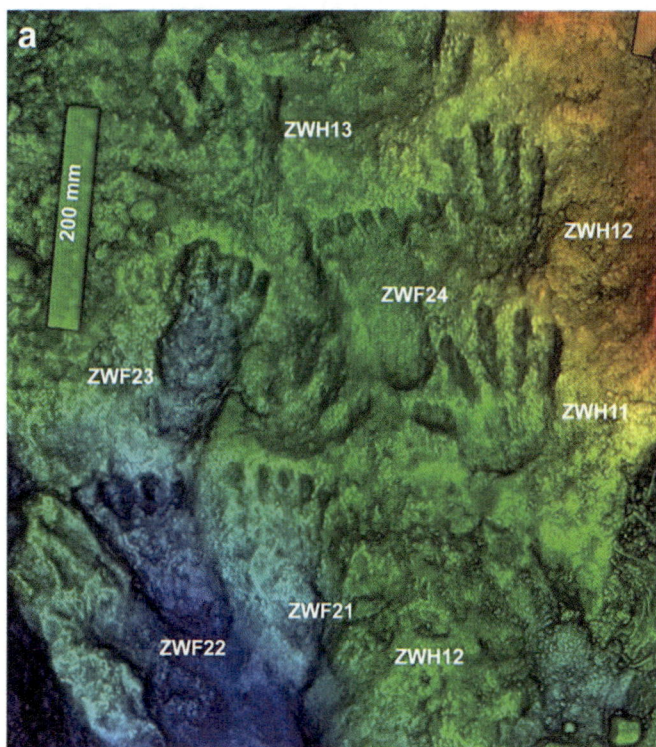

邱桑温泉手脚印彩色渲染 3D 扫描模型（部分）。受访者供图。

对形态和组成的分析可以观察到一些"有意识"的现象：印迹形成的图像在空间上排列有序；手指和脚趾的指向均一致；用力均匀以使所有手脚掌形态保持完整；在脚印编号 ZWF23 上还清楚地表明脚印有意地精确重叠；ZWH3 手指的旋转和 ZWF24 脚后跟的有意用力；按空间大小调整手指的张开程度，ZWH1 和 ZWH14 有意增大张开程度；手脚印距离的保持和尽量避免交叉的行为……你能想象出古人类从选择右手和脚，到将创作原型定位到可用空间的过程，以及提前对印迹的整体构成进行了深思熟虑的设计。

新京报：这次采用了哪种测年方法来确保准确？

章典：我们考虑了多种测年方法，西安交大同位素实验室通过目前较先进的铀系测量法，测定这块"艺术岩板"的表层年代为距今22.6万年至16.9万年之间，属于第三阶段泉华沉积。其中，编号ZWH15的位于两手指印之间挤压形成的脊的直接年龄为20.7万—18.8万年，脊只有1厘米厚，我其实更倾向于认可20.7万—18.8万年为岩面艺术更准确的年龄，因为手脚印形成的时间等于泉华沉积的时间。

古人类手脚印的创作是在碳酸钙泉华处于可塑形态时完成的，2019年我做了个现代温泉软泥沉积手印的实验，就是我在当前温泉下方的活跃渗流或者溪流含软钙华的地方竖着按压留下三个手印，2020年再去看的时候发现形成了一个岩化手印，另外两个冲掉了。碳酸钙泥成岩的过程是单向和快速的，只要一脱水就像水泥一样很快就凝结，而且一旦成岩再不可能软化。

新京报：为什么说5个手印和5个脚印构成的图像是一种古人类的艺术表达？

章典：由于史前文字的缺乏，岩面艺术通常被认为是古人类思想的一种表达。手印和有意创作的脚印是古人类早期艺术表达形式之一，在考古学、认知科学、心理学和艺术史的学术著作中都被称为艺术作品，比如南非布隆博斯洞穴中的砾岩上，就有距今7.3万年的抽象网纹岩画艺术；有些则以雕刻的手段实现，比如南非的岩洞中距今约6万年的鸵鸟蛋壳雕刻等。当然也有非常有创意的方式，比如将手掌放在岩壁上，把颜料吹上去，得到一个个手印轮廓等。

西藏邱桑这5个手印和5个脚印组合成的艺术岩版之所以可以被视为艺术，因为它是古人类对其肢体的印象模仿，并存在有意的按压制作的行为和图案组合方式。艺术的出现是人类演化的里程碑，哪怕只是几个刻意而为的手印，也意味着这样的行为已经超越了仅为生存而不得不完成的动作，并且它比目前所有世界上已知的岩面艺术都要古老。

20万年前的古人类认知水平

新京报：在古人类的进化过程中，旧石器制造和火的使用是古人类独特认知进化的里程碑，那么岩面艺术与之相比呢？

章典：岩面艺术是通过实质化的图像，直观展现古人类想象和想表达的东西。从图像感知能力和思维模式上看，它可能比创造旧石器更为复杂。5个手印和5个脚印，从大小推测，可能是两个儿童留下的。想象一下当时的场景，很可能是有成人在附近泡温泉，而两个孩子在软泥里玩耍，留下来这些手印和脚印。

如果把邱桑手脚印创作者在创作过程中展现的思维模式和视觉感知能力，与现代人类的认知发展过程相比较，操作具体物体有关的符号及图像阶段是现代人类儿童7—12岁的认知发展阶段，也就是说，如果解剖学估算的手脚印创作者年龄准确的话，它们在图像上的认知能力与现代的同龄人是相同的。它以痕迹的形式记录了感知心理学所说的"生态自我"。

不过尽管在解剖学上古人类与我们现代人类相似，他们的思维——这些手脚印的组合到底要表达什么——是否和现代人处在一个轨道上，有待其他证据的支持。

新京报：能推测下，到底是什么人留下来这些手印吗？

章典：20.7万—18.8万年在青藏高原上出现的古人类表明他们不是解剖学上的现代人类智人，并非我们的祖先，因为现代人类是7万年前才走出非洲的。5个手印和5个脚印的年代早于欧亚大陆迄今发现的所有智人，但其年龄与最近在青藏高原海拔稍低的地方发现的丹

远古人类在碳酸钙软泥上压置手脚印进行创造的模拟图。

尼索瓦人化石年龄（距今 16 万年）非常接近。因此，不排除在青藏高原高海拔地区出现丹尼索瓦人或其他古老的人种的可能性。

一直以来主流观点认为，尼安德特人和丹尼索瓦人等其他古人种消失的关键在于他们和现代人认知能力上的差别，艺术是智人的"专利"，但西藏邱桑这 10 个手脚印的创作者在艺术创作上与同龄的现代人并没有差别，这算不算是消失古人种对智人智力的挑战？

新京报：得知这批古人类的认知能力会带来怎样的启示？

章典：认知科学是 20 世纪世界科学标志性的新兴研究门类，它作为探究人脑或心智工作机制的前沿性尖端学科，已经引起了全世界科学家的广泛关注。手模和手印在全球的岩石艺术中随处可见，反映了手在人类进化中的必要作用。

我们正在从认知科学的角度撰写相关论文，通过对当时人类认知能力演化模式和史前艺术创作的研究，来阐述研究手脚印艺术的重要意义。

邱桑手脚印保护迫在眉睫

新京报：据说邱桑温泉现在已经是集沐浴、朝圣、旅游休闲为一体的旅游度假区，邱桑的地理环境和手脚印 30 年来有什么变化？

章典：邱桑温泉坐落在半山坡上，最早的时候要往上爬垂直距离200 多米才能到达，整片石灰岩地貌的面积大概有 0.7 平方公里，分布有很多古代泉眼、现代泉眼，还有几百年前的古建筑的遗迹。现在，邱桑温泉的水量很少，只顺着沟里流淌，泉华覆盖面也小了很多。

因为邱桑的温泉据说有神奇疗效，近些年，村里就修了崭新的上山路还有温泉浴池旅馆，都是就地取材，泉华是碳酸钙的沉淀结晶，形成岩石就是石灰岩，一层层的，很容易挖。当地人得知浴池的附近有远古人类按压的手脚印后，将其视为祖先留下的印迹，时常去膜拜和抚摸，最早发现的 18 个手脚印由于被当地人当作建筑材料误用，很多就被破坏了，它们本应该被保护起来。

2021 年 1 月 7 日，我又去了邱桑温泉，这次去是继续做地质剖面图和泉水取样等研究工作，同时呼吁社会各界对这些远古人类的手脚印加以保护。出发前我与国家文物局做过沟通，希望邱桑的考古发现能得到积极有力的保护。到达后的这几天，经过沟通，也与自治区各级文物局和邱桑村当地达成了统一认识，邱桑村李书记非常重视，并建议发展旅游的同时实施保护措施，比如先用玻璃罩子把远古手印罩起来。

文 | 刘昱

于 2022 年 1 月

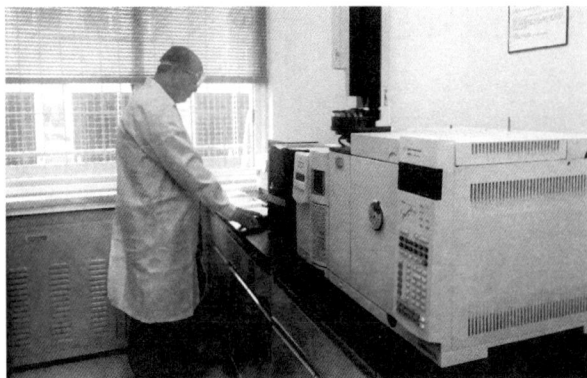

杨益民在实验室里工作。新京报记者彭冲拍摄。

在一间间设施现代的实验室里，

穿越时光，

和古人对话。

实验室里的考古学者
用科技揭晓古人的秘密

因解答"窖藏"2000多年的药酒是否能喝，43岁的杨益民走进公众视野。

他是一名考古学者。和人们印象中不同的是，杨益民很少发掘古墓，却常穿着白大褂，戴上手套、口罩和护目镜，走进满是试管、化学溶剂和精密仪器的实验室。

破碎的古代陶器残片、炭化的青铜器内壁残渣、一根深褐色的小尖棒……这些在公众眼里可能不值钱的东西，都是杨益民眼中的"宝贝"。他通过仪器，对这些古代有机物残留进行分析，还原出一幕幕有声有色的古代生活风貌。

工作15年来，杨益民检测过的文物已有1000多件，他曾发现3000多年前的奶酪实物、古代女性在面部进行红色彩绘的工具、古人吸食大麻的木制容器……

看似枯燥的科技考古，对于杨益民来说，却是充实有趣的，是在一间间设施现代的实验室里，穿越时光，和古人对话。

古代药酒和大麻："出土的容器内壁，藏着不少秘密"

生活中，杨益民对事物的成分很敏感。"看到一个东西，我就会不自觉地分析它的成分，比如玻璃成分、重金属含量，食品的话也会比较关注脂肪含量、蛋白质含量。"

这种习惯来自他的工作。作为中国科学院大学考古学与人类学系教授，他带领的课题组专攻古代有机残留物（如食品、药品、化妆品等）的分析。

2021年5月，杨益民接到新的任务，河南省三门峡后川村的一处西汉墓的陪葬品中，有一个天鹅造型的青铜壶，里面存放着3000多毫升、6斤多重的液体。

天鹅造型的青铜壶和倒入玻璃容器中的药酒。受访者供图。

三门峡文物考古研究所业务室主任燕飞曾提到，刚开始，他们不清楚壶内的液体到底是什么，也不知道这是不是古代液体，必须交由专业的检测人员。

杨益民带着手套、塑料滴管等常见的取样设备，动身去河南取样。用几支塑料离心管装取了三四十毫升样品后，他飞回了北京。"当时也不是特别激动，因为也有地下水渗漏的可能性。"

通过对液体中的浑浊物进行提取和碳十四测年，杨益民确定，这是来自公元前3世纪的古酒；再通过有机分析和电子显微镜分析，他

294

检测到了酒石酸等与酒相关的微量有机酸，液体中还发现了头发灰、植物灰等有助于消炎、止血的成分。

"我们认为是药酒，从古书上来讲是这样的，液体成分和湖南长沙马王堆汉墓出土的医学方书《五十二病方》记载的药酒成分相符。"考古中发现液体的情况比较少见，这个检测结果让杨益民很激动，如今，他还在进一步分析这壶药酒的制作工艺等信息。

至于这壶"窖藏"了2000多年的酒是否能喝，杨益民认为，药酒因酒精已经挥发，所以没有任何气味。虽然没有检测到有害的有机成分，但因为在青铜容器内保存了太久，酒内铅、铜等重金属含量较高，"硬要喝的话对身体会有害"。

十多年前，杨益民也曾做过酒相关的检测。

一个青铜酒器内壁上，贴附着很薄的一层黑色残渣，"因为埋在地下很久了，自然炭化了。"他在残渣中检测出了一些酒的标记物。

但当时的检测方式还是比较简单。如今，科技考古有了明显的进步。"一个是手段的多样性，以前我们可能只用一种方式，现在我们会用多种手段进行综合分析，比如红外、液相色谱—质谱联用、气相色谱—质谱联用等。再一个是仪器本身也在进步。"

出土的容器内壁，藏着不少秘密。杨益民还鉴定过一个内壁漆黑的木制容器，原来是古人吸食大麻的工具，"石头烧热后，放进去，再加入大麻，石头的热度让大麻焚烧，就把内壁熏黑了。"

靠着内壁上附着的黑色炭化层和石头上残留的物质，杨益民再现了公元前500年古人吸食大麻的场景：木制容器被放在地上，大麻烟雾在空气中缭绕。

封存 3600 年的奶酪：“了解古代农牧交错的渊源”

杨益民总在实验室里，和试管、化学溶剂、精密仪器打交道。他很少踏足古墓的发掘现场，“基本是（考古队）挖完了，把文物拿到考古所或博物馆，我去城市里的这些地方取样。”

多年来，杨益民的足迹也遍布全国，但他对南疆沙漠深处却情有独钟，这里一直在给杨益民带来惊喜。他印象最深的，是考古人员在新疆小河墓地发现的几块淡黄色固体，它们散布在麻黄枝上，覆盖在墓主人的颈部周围。

小河墓地位于新疆罗布泊地区孔雀河下游河谷南约 60 公里的罗布沙漠中。墓地遗址在平缓的沙地突兀而起，从外面看，就是一个椭圆形沙山。17 年前，新疆考古所在这里进行了发掘。

麻黄是一种中药。杨益民解释说，沙漠风沙比较大，呼吸道疾病比较多，喝麻黄汤可以对症治疗，这种植物在当地也很常见。但麻黄枝条间的块状物引起了考古学家的注意，“（块状物）和现在新疆的奶疙瘩差不多大。”

杨益民把这些块状物带回了实验室。通过红外、有机元素和蛋白质组学的分析，鉴定结果出来了：是古人制作的、约 3600 年前的奶酪。

“制作奶酪（的工艺）八九千年前就有了，东欧曾经出土了七千多年前用来制作奶酪的陶筛，但奶酪实物还是很难留存下来的。”虽然早就预想到，这些块状物可能就是奶制品，但杨益民还是有些激动，这是迄今为止，世界上发现最早的奶酪实物。

由于年代久远，这些淡黄色的奶酪闻不出什么气味，“手感粉粉的，有点掉碎渣。”杨益民回忆道。

这些奶酪的制作工艺也很特殊。进一步研究分析后，杨益民发现，古人先是用乳酸菌和酵母处理牛奶，制作成一种特殊的酸奶——“开菲尔"，再将其处理成奶酪。固态奶制品保质期长，而且也容易携带。

杨益民当时立即在淘宝上购买了开菲尔粒。"（开菲尔粒）类似于酒曲，可以直接吃，是益生菌的复合体，口感有点像口香糖，但是可以被消化。"他把开菲尔粒丢进新鲜牛奶，发酵后，开菲尔酸奶就做成了。"口感和普通酸奶差不多，还有点酒精味，但度数很低，类似米酒。"

封存3600年的奶酪秘密，一层一层被揭开。直到今天，杨益民依旧对古代的牛奶和奶制品感兴趣。

未来几年，他将自己的研究重点放在长城沿线的农牧交错带。杨益民认为，牛、羊等产奶的动物，其实都不是本土的，起源自西亚。对奶进行分析，可以了解更多有关农业区、畜牧区之间交流的细节以及农牧交错带形成的渊源。

"牛、羊传入中原是4000多年前的事情，那段时期也是中华文明起源的一个关键时段。"杨益民说。

动物内脏绘红妆："无法验证的谜题还有很多"

同样在小河墓地，杨益民发现了古人化妆的秘密。

那是一截指头长短的小尖棒，表面呈深褐色，局部有红色颜料，存放在小河墓地一处女性干尸的皮囊里。考古人员也很疑惑，不明白其成分和用途。

2015年前，杨益民将这个小尖棒带回实验室。"尖棒有一定硬度，从断层面来看，内里是黄色的。"检测工作首先从显微CT开始，他由此确定，尖棒的主要成分为有机质。之后，利用蛋白质组学的方法，他发现这根尖棒由牛的心脏制成。

杨益民解释，通过蛋白质组学的方法，他们可以确定动植物种类和种属。"它不仅可以告诉你蛋白质来自哪个生物，如果来自动物，它还能告诉你（蛋白质）来自动物的哪个部位，是奶还是血液，是心还是其他内脏。动物不同部位的蛋白质组成是不一样的。"

　　尖棒表面还有红色的赤铁矿颜料。杨益民推测，这应该是古代女性用于涂红的化妆棒，"不是口红，也不是胭脂，而是在面部进行红色彩绘的工具，这种彩绘在小河墓地也很普遍。"

　　"心脏是动物血液的'发动机'，血液是红色，颜料也是红色的。用心脏做化妆棒，或许有特殊的宗教意味。"但古人具体是怎么想的，由于没有文献的记载，杨益民能做的也只是推测。

　　古人墓穴里的"宝贝"多种多样，杨益民碰到的"无法验证"的谜题还有很多，他曾拿到西藏一处墓葬里发现的一块由青稞粉和整粒谷物掺杂起来做成的面食，"这就很奇怪，一般做面食的话，要么磨成粉，要么整粒整粒吃。这种掺杂起来的，可能是一种风俗，有特殊

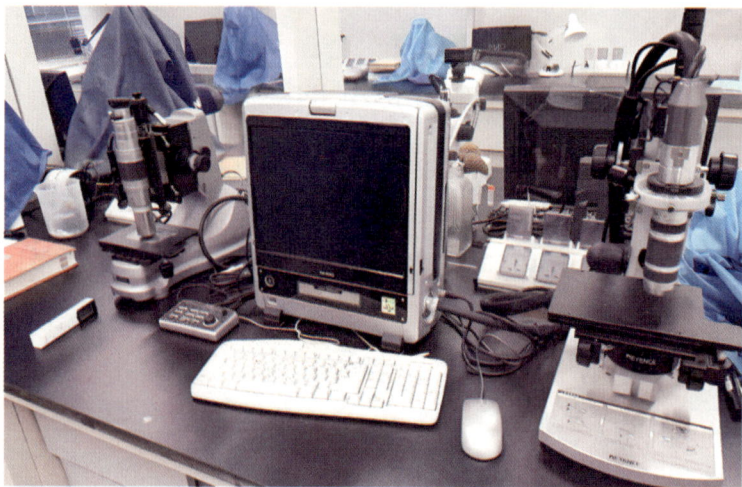

杨益民实验室里的显微镜。受访者供图。

的纪念意义吧。"

"（这门学科）不像自然科学那样有绝对的理性思维。实验室检测结束后，做解释的时候，也需要一些发散思维。"杨益民打趣说，"有时有点分裂。"

破碎的陶器残片："用科技挖掘古代文明"

杨益民的实验室里，还有几片陶器残片。最近，他在分析陶片上吸附的有机残留物，要先用有机溶剂，把附着在陶片内部的小分子溶解出来，再拿去检测。

这些有机残留物，一般肉眼不可见。但古人是否用陶器加工牛奶，煮小米，煮小麦，熬水里的鱼、虾和水藻，都能被现代科技"看到"。

在杨益民眼里，这些破碎的陶器残片、炭化的残渣、毫不起眼的颗粒物等，是意义重大的"宝贝"，却也是很难在博物馆被展出、与大众见面的"精品"，"可能不一定是公众眼里值钱的东西。"

但这是让他"穿越"回前朝、领略古人生活的时光机。

中学的时候，杨益民就对历史感兴趣。他喜欢明朝，当时郑和下西洋，开辟海上丝绸之路，是中国古代史上最后的辉煌。

1995 年，杨益民考入中国科学技术大学编辑出版专业。读研时，他想着追求自己的爱好，选择了科学技术史专业。当网络小说刚兴起时，杨益民曾经也很着迷，他最喜欢看明朝的穿越小说，"很多关于明朝的知识都是从穿越小说里了解到的，然后我再去跟正规的学术文献做比对。"

博士毕业后，他成为一名科技考古工作者。当时，国内的有机残留物分析基本还是一片空白，在学术带头人王昌燧老师的推动下，杨益民向这一冷门领域进发，一埋头就是十多年。

人们对于科技考古也很陌生。

杨益民却认为，科技考古和考古没有本质的区别。虽然他们不亲自去挖掘，但田野考古人员把文物挖掘出来后，他们会用仪器获得里面的信息，最后解决的问题和考古学一致。

"往小了说，科技考古是把古代一个物件的制作工艺等信息搞清楚；往大了说，是在挖掘文明。"杨益民说，他们是依靠现代科技，远观着历史的另一端。

文｜彭冲

于 2020 年 10 月